Tom H. Smith
Savitri Braeucker

Mutter Erde wehrt sich

Tom H. Smith
Savitri Braeucker

Mutter Erde wehrt sich

Prophezeiungen zur Lage des Planeten

mit einer Einleitung von Armin Risi

Govinda-Verlag
Neuhausen / Altenburg

Herausgegeben von Ronald Zürrer und Armin Risi.

Interessierte Leser sind herzlich eingeladen, sich mit dem Verlag in Verbindung zu setzen:

Schweiz: Govinda-Verlag, Postfach 257, 8212 Neuhausen am Rheinfall
Deutschland: Govinda-Verlag, Schellenberg 11, 79798 Altenburg am Hochrhein

Erste Auflage – Mai 1997
Zweite, überarbeitete und um zusätzliche Texte erweiterte Auflage – April 1998

Umschlaggestaltung: Bernd Feser, Hohentengen
Gesamtherstellung: Wiener Verlag, Himberg
Printed in Austria

ISBN 3-906347-36-2

Inhalt

Einleitung

Mit dem Ende des Jahrtausends häufen sich Weltuntergangsprophezeiungen, und Stimmen werden laut, die das nahende Weltgericht oder das Kommen eines Goldenen Zeitalters ankünden. Das war vor 1000 Jahren nicht anders als heute.

Gegen Ende des Jahres 999 breitete sich in Europa so etwas wie eine Massenhysterie aus. Was die Menschen auch taten – alles stand unter dem Eindruck des bevorstehenden Untergangs. […]

Man erließ sich gegenseitig die Schulden, Ehemänner und Ehefrauen gestanden und verziehen einander Seitensprünge, Wilddiebe erstatteten Selbstanzeige. […] Als sich das Jahr seinem Ende näherte, kam der Handel zwischen Dörfern und Städten größtenteils zum Erliegen, Wohnungen wurden vernachlässigt, Häuser dem Verfall preisgegeben; was nützte es, Reichtümer anzusammeln, wenn das dann beim Jüngsten Gericht gegen einen sprach …? Die Kirchen- und Klosterpforten wurden ständig von Menschenmassen belagert, die beichten und die Absolution erhalten wollten. […]

Aus allen Teilen Europas strömten Pilger in hellen Scharen nach Jerusalem. Ritter, Stadtbürger und sogar Leibeigene, viele mit Weib und Kind – sie alle zogen in großen Trupps gemeinsam ostwärts. In diesem Überschwang christlicher Nächstenliebe wurden sogar die Standesunterschiede vergessen. Manche Pilger geißelten sich unterwegs, als Buße für ihre Sünden, andere sangen Hymnen und Psalmen, und während sie dahinwanderten, hoben sie immer wieder ihre Blicke zum Himmel; in der Dämmerung und am Nachthimmel entdeckten sie dann auch Zeichen, die sie in ihrem Glauben an den nahenden Weltuntergang bestärkten – sie sahen flammende Schwerter und Pfeile den Himmel durchschneiden. […]

Die Selbstmordziffern stiegen sprunghaft an, da viele Menschen sich angesichts des bevorstehenden Jüngsten Gerichts im voraus selbst bestrafen wollten oder einfach dem Druck des Wartens auf den Jüngsten Tag nicht mehr gewachsen waren. […]

Kühe muhten klagend, weil sie nicht mehr regelmäßig gemolken wurden, auf den Bauernhöfen war die gewohnte Ordnung durcheinander geraten, da in den letzten Tagen des Jahres nicht mehr gearbeitet, sondern nur noch gebetet wurde. Lebensmittelhändler und Bäcker verschenkten ihre Waren und wiesen die ihnen aufgedrängte Bezahlung zurück. In den wärmeren Ländern wie Italien, Spanien und Südfrankreich flehten die Kranken und Sterbenden, man möge sie ins Freie tragen, damit sie Christus mit eigenen Augen sehen könnten, wenn er vom Himmel herabsteige. [1]

Wie wir heute wissen, war die ganze Aufregung unbegründet. Papst Silvester II. zelebrierte in der St. Peters-Basilika zu Rom die Mitternachtsmesse. Die Kirche war überfüllt von Menschen aus ganz Europa, die hier den letzten Gottesdienst vor dem Weltuntergang miterleben wollten, um dann vom Vatikan aus direkt in den Himmel erhoben zu werden. Zeitgenössische Berichte schildern, wie die Menschen auf der Erde lagen, das Gesicht voller Furcht auf den Boden gedrückt. Einige krochen unter die Kirchenbänke, um beim Einstürzen des Himmels den bestmöglichen Schutz zu haben. Nach der Mitternachtsmesse herrschte Totenstille und Totenangst. Papst Silvester stand auf dem Hochaltar und betete. Es wurde ein Uhr, zwei Uhr, drei Uhr, vier Uhr, fünf Uhr. Der Morgen kam und mit ihm das neue Jahrtausend. Im Verlauf der nächsten Tage konnten sich alle überdrehten Menschen selbst überzeugen, daß ihre Panik überflüssig gewesen war. Die vermeintlich eindeutigen Zeichen der Endzeit waren offensichtlich nur ihrer Einbildung entsprungen.

Wer heute mit Prophezeiungen aufwartet, muß auf ähnliche Kritik gefaßt sein – vor allem, wenn die Prophezeiungen angeblich von Außerirdischen stammen, wie in dem vorliegenden Buch. Entspringen die heutigen Ankündigungen von Kriegen, Katastrophen und Umwälzungen ebenfalls nur einer Endzeithysterie, ausgelöst durch das nahende Ende des zweiten Jahrtausends in der christlichen Zeitrechnung? Sind die immer häufiger werdenden UFO-Sichtungen nur von unserer Einbildung projizierte Phänomene? Ist eine Minderheit der Menschheit so verrückt geworden, daß sie auf einmal wieder an Engel, Außerirdische, Götter und Dämonen, untergegangene Kontinente und Endzeitvisionen glaubt?

Solche Vorbehalte sind verständlich und durchaus nicht unbegründet, und deshalb ist es erforderlich, näher auf die heute so oft beschworene «Wendezeit» einzugehen, zumal hier ein Buch vorliegt, das in dreifacher Hinsicht schwer zu verdauen ist. Erstens enthält es Prophezeiungen, die man leicht mit apokalyptischen Weltuntergangsvisionen verwechseln könnte. Zweitens wurden diese Prophezeiungen über die umstrittene Methode des Channelings empfangen und sollen dazu auch noch von «Außerirdischen» stammen, hauptsächlich vom Sonnengott. Und drittens sprechen diese «Außerirdischen» – neben den Wendezeitprophezeiungen – auch über andere Außerirdische, UFOs und weitere obskure Themen.

Die Frage ist also erlaubt: Leben wir tatsächlich in einer Wendezeit? Oder ist das ganze nur eine Hysterie im Hinblick auf die Jahrtausendwende?

Prophezeiungen sind immer eine Herausforderung an den Menschen, denn sie zwingen einen, sich zu entscheiden. «Will ich ihnen Glauben schenken oder nicht? Was wären die Konsequenzen für mich, wenn diese Prophezeiungen stimmten?»

Die Tatsache, daß sich viele Prophezeiungen nicht erfüllt haben, bedeutet nicht, daß deshalb alle aktuellen Prophezeiungen für die heutige Zeit unzutreffend sein müssen. Man wird hier unweigerlich an den Hirtenknaben erinnert, der zweimal ins Dorf rannte und Alarm schlug, weil ein Wolf seine Schafherde angreife. Als die Männer des Dorfes mit Waffen angerannt kamen, lachte der Knabe und sagte, es sei nur ein Scherz gewesen. Kurze Zeit später kam derselbe Knabe wiederum angerannt und schrie, ein Wolf greife seine Schafherde an. Diesmal entgegneten ihm die Männer des Dorfes, schon fast unmutig und drohend, er solle mit seinen blöden Scherzen aufhören; ein drittes Mal würden sie nicht auf seinen Trick hereinfallen. Aber gerade dieses Mal, als es niemand mehr glaubte, war der Alarm ernst gemeint. Auch als skeptischer Mensch sollte man also nie die Möglichkeit gänzlich ausschließen, daß eine Prophezeiung wahr sein könnte – obwohl viele in der Vergangenheit offensichtlich nicht wahr waren.

Tatsächlich läßt es sich nicht bestreiten, daß wir heute in einer sehr bewegten Zeit leben, in der sich viele Situationen zuspitzen und in der viele Prophezeiungen zusammenlaufen. Vor 1000 Jahren war die Weltuntergangshysterie durch einen religiösen Wahn begründet gewesen; ein ähnlicher Wahn löste auch im 19. und 20. Jahrhundert schon des öfteren Prophezeiungen der «endgültigen Endzeit» aus. So sind beispielsweise schon Jahrzehnte vergangen, seit Vertreter einer Weltuntergangssekte in Grüppchen an Bahnhöfen und öffentlichen Plätzen standen und sich singend gegenseitig überzeugten: «Am 13. Mai ist der Weltuntergang! Wir leben nicht mehr lang! Wir leben nicht mehr lang! Am 13. Mai ist der Weltuntergang! Usw.»

Derselbe Wahn macht sich auch heutzutage wieder bemerkbar, und Glaubensgruppen mit Endzeitdrohungen verzeichnen massenweise Neuzuläufe.

Wahnsinnige begehen Massenselbstmorde, und gewisse Mächte glauben, daß die Zeit des letzten «heiligen Krieges» gekommen sei. Solche religiösen Ausartungen haben zweifellos viel mit der bevorstehenden Jahrtausendwende zu tun. Es wäre jedoch falsch, die derzeit zahlreichen Stimmen der Wendezeit auf diese religiösen Fanatiker beschränken zu wollen, um damit alle Prophezeiungen pauschal zu entkräften. Denn: Ist das Aufflammen eines religiösen Wahns vielleicht in Wahrheit nur ein Krankheitssymptom, das auf tiefere, verborgene Ursachen hinweist? Die bloße Symptombehandlung wäre dann genauso fatal wie das Ignorieren der Symptome!

Tatsächlich sieht es so aus, als ob die Flucht in die Hysterie einerseits oder in die Ignoranz und das Nichtwissenwollen andererseits nichts anderes ist als die Reaktion von Menschen, die mit der anstehenden Wendezeit nicht richtig umzugehen wissen. Daß die Wendezeit jedoch Realität sein könnte, sollte deswegen nicht vorschnell geleugnet werden. Vielmehr sind diese krank- und krampfhaften Reaktionen gerade ein deutliches Symptom dafür, daß in der Tat einiges «in der Luft liegt».

Im Gegensatz zu den vergangenen 1000 Jahren sind heute drastische Prophezeiungen über gewaltige Erdveränderungen durchaus berechtigt, und sie häufen sich in einem Maße, das jeden nüchternen Menschen nachdenklich stimmen sollte. Die jahrzehntelange Zerstörung der Umwelt, die Vergiftung der Gewässer – vom Grundwasser über die Bäche und Flüsse bis zu den Meeren –, die Verpestung der Luft, das Abholzen der Regenwälder (über 50% der Regenwälder sind bereits vernichtet!), das Anwachsen der Wüsten, die Verstädterung ganzer Landstriche, die physische und psychische Überlastung der geldverdienenden und geschröpften Menschen, ihre zunehmende Aggressivität, Passivität, Negativität, Kriminalität usw. – all diese Ausschläge einer krankgewordenen Menschheit machen Prophezeiungen schon fast überflüssig, so offensichtlich ist der Kurs einer Zivilisation, die solche Spuren hinterläßt.

Wenn also heute von verschiedenen Seiten immer wieder Stimmen laut werden, die gewaltige Veränderungen ankündigen, dann sind sie berechtigter als je zuvor, nur schon aus der ökologischen Perspektive. Es handelt sich daher nicht nur um eine typische Jahrtausendhysterie, denn auch viele Prophezeiungen von Kulturen und Religionen, die nicht mit dem christlichen Kalender rechnen und deshalb auch keine Jahrtausendwende verzeichnen, sprechen ebenfalls von einer Wendezeit. Die Hopi-Indianer beispielsweise sprechen vom Ende der «Vierten Welt». Die Maya-Indianer sagen, daß die Menschheit seit 1992 in die letzte Phase eines großen Zyklus von 5125 Jahren eingetreten ist, der mit dem Jahr 2012 enden soll. Die Buddhisten erwarten das Kommen des Maitreya, die Juden das Kommen des «wahren Messias». Für die Juden wird das Jahr 2000 das Jahr 5760 sein, für die Moslems das Jahr 1421 (gemäß dem Hedschra-Kalender) und für die Hindus das Jahr 1922 (gemäß dem Sakabda-Kalender). Doch auch die heiligen Schriften Indiens sagen für die heutige Zeit einen tiefgreifenden Umbruch voraus.

Die Prophezeiungen für die heutige Zeit sind also nicht von der Jahrtausendwende abhängig, obwohl nicht zu bestreiten ist, daß das nahende Jahrtausendende heutzutage einige Menschen zu Endzeitvisionen verleitet. Die Gründe allerdings liegen viel tiefer, denn die weltweiten Prophezeiungen weisen auf einen kosmischen Zusammenhang hin und sind tatsächlich auch synchron mit den astrologischen Zyklen des siderischen Jahres. Das siderische Jahr, auch das platonische Jahr genannt, setzt sich aus den zwölf Tierkreisen zusammen, wobei jedes Tierkreiszeitalter rund 2160 Jahre dauert. Etwa 150 v. Chr. begann das «Zeitalter der Fische», und in der gegenwärtigen Zeit bahnt sich der Beginn eines neuen Tierkreiszeitalters an, das «Wassermannzeitalter». Auch noch höhere kosmische Zeitzyklen befinden sich derzeit in einem Übergang, und deshalb ist es nicht verwunderlich, daß gerade heute unübersehbar viele Prophezeiungen zusammenlaufen. Angesichts all dieser handfesten Hinweise sollte die «Wendezeit» als ein sehr reales Phänomen gesehen und ernstgenommen werden.

Mit welchen Konsequenzen und Umstellungen man in dieser Wendezeit zu rechnen hat, wird deutlich, wenn wir die verschiedenen europäischen und amerikanischen Seherinnen und Seher konsultieren. Diese wiesen bereits vor Jahrhunderten auf die Zeit um die gegenwärtige Jahrtausendwende hin und prophezeiten, daß dies eine Phase einschneidender Ereignisse und Veränderungen sein werde.

Der wohl bekannteste abendländische Seher, *Michel Nostradamus* (1503-1566), sprach in seinen unverschlusselten Texten klar davon, daß der große Umbruch zu Beginn des 7. Jahrtausends nach Adam, das heißt zu Beginn des 3. Jahrtausends nach Jesus, stattfinden werde: « ... bis zu dem Ereignis, das, gemäß sorgfältigsten Berechnungen, zu Beginn des siebten Jahrtausends [also um das Jahr 2000 n.Chr.] stattfinden wird.»

Unabhängig von der biblischen Chronologie identifiziert Nostradamus denselben Zeitpunkt auch nach astronomischen Kriterien: «Wenn nach den Gesetzen des Himmels die Herrschaft des Saturns rückläufig sein wird [was seit Anfang der neunziger Jahre des 20. Jahrhunderts der Fall ist!], nähert sich die Welt – wie berechnet – einem zeitverändernden Umsturz *(une anaragonique révolution)* .» [2]

Bereits vierhundert Jahre vor Nostradamus hat einer der Gründer des Templerordens, *Johannes von Jerusalem* (1042-1119), vierzig prophetische Verse verfaßt, in denen er niederschreibt, was er in seinen Zukunftsvisionen sah. Auch er wies – kurz nach der damaligen Jahrtausendwende – darauf hin, daß mit dem Beginn des dritten Jahrtausends große Veränderungen kommen werden:

> Wenn das Jahrtausend beginnt, das nach dem Jahrtausend kommt,
> wird viele Menschen der Hunger treffen,
> viele Hände werden kalt vor Kälte sein,
> so daß diese Menschen eine andere Welt sehen wollen.
> Und die Händler der Illusionen werden kommen und
> Gift anbieten. [...] (4)

> Wenn das Jahrtausend beginnt, das nach dem Jahrtausend kommt,
> wird jeder wissen, was an allen Enden dieser Erde ist,
> wird man Kinder sehen, deren Knochen die Haut durchstoßen,
> und solche, deren Augen von Fliegen bedeckt sind,
> und solche, die gejagt werden von Ratten.
> Doch der Mensch, der dies sieht,
> wird sein Gesicht abwenden,
> denn er kümmert sich nur um sich selbst.
> Er wird ihnen eine Handvoll Korn als Almosen geben,
> während er auf vollen Säcken schläft,
> und was er mit der einen Hand gibt,
> wird er mit der anderen wieder nehmen. (10)

> Wenn das Jahrtausend beginnt, das nach dem Jahrtausend kommt,
> wird die Erde an mehreren Stellen erbeben,
> und die Städte werden untergehen,

alles, was ohne den Rat der Weisen gebaut wurde,

wird bedroht und zerstört werden,

der Schlamm wird die Dörfer unter sich begraben,

und der Boden wird sich unter den Palästen öffnen. [...] (22)

Wenn das Jahrtausend beginnt, das nach dem Jahrtausend kommt,

wird die Sonne die Erde verbrennen,

die Luft wird nicht mehr vor dem Feuer schützen,

sie wird nur noch ein löchriger Vorhang sein,

und das brennende Licht wird Haut und Augen verzehren. [...] (23)

Johannes von Jerusalem prophezeit jedoch keinen Weltuntergang, sondern weist darauf hin, daß der Untergang dieser Zivilisation in Wirklichkeit nur ein Übergang sein wird:

Wenn das Jahrtausend, das nach dem Jahrtausend kommt, zu Ende geht,

werden die Menschen endlich die Augen geöffnet haben,

sie werden nicht mehr in ihren Köpfen

und ihren Städten gefangen sein. [...] (31)

Wenn das Jahrtausend, das nach dem Jahrtausend kommt, zu Ende geht,

wird der Mensch wissen, daß alle Lebewesen

Träger des Lichtes sind

und daß sie Geschöpfe sind, die Respekt verlangen.

Er wird neue Städte gründen

im Himmel, auf der Erde und auf dem Meer.

Er wird sich erinnern an das, was einst war,

und er wird zu deuten wissen, was sein wird.

Er wird keine Angst mehr haben vor dem eigenen Tod,

denn er wird mehrere Leben in seinem Leben gelebt haben,

und er wird wissen, daß das Licht niemals erlöschen wird. (40) [3]

Durch die Jahrhunderte hindurch erreichen uns noch viele andere Stimmen, beispielsweise die der englischen Seherin *Mother Shipton* (geb. 1488), die ebenfalls noch vor der Zeit des Nostradamus lebte, aber derart begabt war, daß sie bereits über Länder sprach, die damals noch gar nicht entdeckt waren, zum Beispiel Amerika und Australien. Ihr wird unter anderem auch die folgende Aussage zugeschrieben, die auf einem Grabstein im Friedhof von Kirby in England eingemeißelt ist:

Wenn Frauen, Hosen tragend, sich wie Männer kleiden,
wenn sie die Locken sich vom Haupte schneiden,
wenn Bilder sich bewegen, wie erfüllt von Leben,
wenn Menschen, Vögeln gleich, sich in die Lüfte heben,
wenn Schiffe sich wie Fische tummeln unter Fluten,
dann wird die halbe Welt vergehen und verbluten. [4]

Noch älter als die obige Prophezeiung sind die Aussagen des *blinden Hirtenjungen aus Prag,* die er gegenüber Kaiser Karl IV. (1346-1378) machte. Für die heutige Zeit sah er folgendes voraus:

Wenn sie meinen, Gottes Schöpfung nachmachen zu sollen, ist das Ende da. Die Menschen werden die Welt vernichten, und die Welt wird die Menschen vernichten. Und der Hirte wird seinen Stecken in den Boden stoßen und sagen: Hier hat Prag gestanden! [5]

Erstaunlich sind auch jene Prophezeiungen aus Napoleons Zeit, die erst Mitte des 19. Jahrhunderts gefunden wurden («Das Lied aus der Linde»). Sie beschreiben die damalige Gegenwart sowie die nächsten zweihundert Jahre. Über die Jahrtausendwende wird folgendes gesagt:

Winter kommt, drei Tage Finsternis,
Blitz und Donner und der Erde Riß.
Bet' daheim, verlasse nicht dein Haus!
Auch am Fenster schaue nicht den Graus. [...]

Eine große Stadt der Schlamm verschlingt,
Eine andre mit dem Feuer ringt,
Alle Städte werden totenstill,
Auf dem Wiener Stephansplatz wächst Dill. [6]

Je näher wir an die heutige Zeit kommen, desto zahlreicher werden die Prophezeiungen. Stellvertretend für die vielen, die einen dritten Weltkrieg voraussahen, soll hier der bayerische Hellseher *Alois Irlmaier* (1894-1959) zitiert werden:

Verschließt die Fenster und die Türen und geht nicht hinaus. Das Wasser wird giftig sein und auch die Speisen. 72 Stunden ist es finster – es werden nur noch Kerzen brennen –, und es werden mehr Menschen sterben als in den zwei Weltkriegen. [...]

14

Um Köln wird die letzte Schlacht sein, dann kommt eine Naturkatastrophe, das Meer bekommt große Löcher, und wenn das Wasser zurückkommt, reißt es die Inseln vor der Küste weg – drei Städte versinken: im Süden, im Norden, im Westen. Nach der Katastrophe wird es wärmer, und bei uns [in Bayern] werden die Südfrüchte wachsen. Die Welt hat die schreckliche Zeit hinter sich, und es wird Friede sein bis ans Ende. [7]

Apokalypse: Kommt ein dritter Weltkrieg?

Viele Prophezeiungen, vor allem diejenigen in der biblischen und christlichen Tradition, sagen für die heutige Zeit den dritten Weltkrieg voraus. Dabei werde der dritte Antichrist vernichtet werden. Einige sind sogar überzeugt, Jesus werde wieder zurückkehren, um alle Ungläubigen endgültig in die ewige Hölle zu werfen. Fundamentalistische Christen sehen bereits den endgültigen Triumph des Christentums voraus und zögern nicht, im selben Atemzug undifferenziert alle anderen Religionen zu verurteilen:

> Wir stehen vor dem Torschluß, denn die Wiederkunft Jesu Christi steht bevor, und damit geht die Gnadenzeit zu Ende. […] Diesem vernichtenden Gericht fallen alle gewaltigen wider- bzw. antichristlichen Bestrebungen anheim, nämlich: all das viele falsche Prophetentum, von dem der Sohn Gottes einst vorhersagte, daß es kommen werde; auch das längst Dagewesene, alle menschlichen Selbsterlösungsbotschaften, alle selbsterdichteten Religionen; nicht zuletzt auch der Islam, dessen Stifter Mohammed nicht mit Unrecht der «falsche Prophet» oder auch der «Antichrist des Ostens» genannt wird. [8]

> Wenn sich die Schlacht von Harmagedon ihrem Höhepunkt nähert und es so aussieht, als werde alles Leben auf Erden vernichtet, dann kommt Jesus Christus auf die Erde zurück. Er wird die Menschen vor der Selbstvernichtung retten. Die Geschichte bewegt sich auf diesen Zeitpunkt zu. [9]

Die verschlüsselten Aussagen der «Geheimen Offenbarung» (Apokalypse) sowie auch die Endzeitprophezeiungen Jesu, wie sie in der heutigen Bibel überliefert sind, werden also oft dahingehend interpretiert, daß sie einen dritten Weltkrieg voraussagen. Wer das kosmische Gesetz des Karma kennt, muß eingestehen, daß ein vernichtender Krieg nichts anderes wäre als das, was die heutige Menschheit sich durch ihre Machenschaften selbst eingebrockt hat und «verdient». Denn wenn man in Betracht zieht, was die Menschen heutzutage den anderen Menschen, den Tieren, den Bäumen und den Pflanzen sowie dem gesamten Planeten Erde antun, würde nur schon ein Bruchteil der entsprechenden Karma-Reaktionen genügen, um die Menschheit gänzlich zu vernichten.

Leider verharmlosen die Religionen, die auf den dritten Weltkrieg hoffen, diese subtilen Ursachen des Krieges und bestärken die Menschen noch im Schlachten und Schächten von Kühen und anderen Tieren – und dies alles im Namen von Gott oder im Namen von Christus.

Solche Drohbotschaften über einen dritten, alles vernichtenden Weltkrieg sind jedoch gefährlich, denn sie programmieren den Menschen auf eine Weise, daß er meint, er sei dem Schicksal willenlos ausgeliefert. Sie informieren die Menschen nicht über die wahre Wirkungsweise des Karma-Gesetzes, das den Menschen immer einen freien Willen zugesteht – und damit auch die Eigenverantwortung. Wenn aber die Menschen aus freiem Willen entscheiden, sich wieder in die Schöpfungsharmonie Gottes einzufügen, dann können sie durch diesen Bewußtseinswandel und die entsprechenden veränderten Lebensgewohnheiten auch die anstehenden Karma-Reaktionen verändern.

Das Karma-Verständnis zeigt, welch große Verantwortung der Mensch sich selbst und der Schöpfung gegenüber hat. Leider wird dieses Verständnis heute von vielen Angstreligionen mißverstanden und zuweilen sogar als «Selbsterlösungsbotschaft» verteufelt, wohl um dadurch die eigenen Dogmen und Absolutheitsansprüche aufrechterhalten zu können. Denn wenn man den Menschen ihren freien Willen und die selbständige Eigenverantwortung vor Gott zugestehen würde, würden damit auch alle Absolutheitsansprüche hinfällig. Jeder Mensch müßte dann wieder als Individuum anerkannt werden, das ewig ein Teil Gottes ist, und zwar ein Teil des Einen Gottes, der sich zu allen Zeiten allen Menschen durch unbegrenzt viele Kanäle offenbart – denn Gott ist unbegrenzt und sollte nie auf einen einzigen Kanal oder eine einzige religiöse Tradition beschränkt werden.

Die neusten Prophezeiungen

Viele der neusten Prophezeiungen, die in den letzten Jahren über unterschiedliche Kanäle die Menschheit erreichen, sprechen nicht mehr von einem verheerenden Krieg oder von einem apokalyptischen Atombombenchaos!

16

Obwohl ein solches Schicksal, wie erwähnt, durchaus dem Massen-Karma der Menschheit entsprechen würde, ist es aufgrund der Kraft des freien Willens der Menschen doch nicht unwiderruflich. Denn wenn auch nur ein scheinbar geringer Prozentsatz der Menschen wieder beginnt, wahrhaftig in liebender Einheit mit Gott zu leben oder zumindest ehrlich nach dieser Einheit zu streben, dann hat dies nachhaltige positive Wirkungen für den gesamten Planeten. Dies ist ein ewiges Schöpfungsgesetz Gottes, wie es in aller Deutlichkeit vor allem in jenen heiligen Schriften offenbart wird, die ein umfassendes Verständnis von Karma und freiem Willen vermitteln, zum Beispiel das Wort Gottes in der vedischen «Frohbotschaft» *Srimad-Bhagavatam* (7.10.19):

> Wann auch immer und wo auch immer Meine reinen Geweihten erscheinen, die von Frieden erfüllt und ausgeglichen sind, unvoreingenommen, großmütig und geschmückt mit allen guten Eigenschaften, läutern sie den gesamten Ort und die Dynastien, selbst wenn diese der Dekadenz anheimgefallen sind.

Daß es möglich ist, Karma-Reaktionen zu verändern, wurde auch von Jesus deutlich gezeigt. Er persönlich hatte sogar eine solche Kraft der Reinheit, daß er Karma-Reaktionen von kranken und aussätzigen Menschen auf der Stelle aufheben konnte:

> Aber wegen der Menschenmenge konnten sie nicht bis zu Jesus vordringen. So stiegen sie auf das Dach, deckten einige Ziegel ab und ließen die Bahre mit dem Kranken mitten in der Menge genau vor Jesus nieder. Als Jesus sah, wie groß ihr Vertrauen war, sagte er zu dem Kranken: «Deine Schuld [Karma-Reaktion!] ist dir vergeben!» Die Gesetzeslehrer und Pharisäer dachten: «Wer ist das, daß er eine Gotteslästerung auszusprechen wagt! Niemand außer Gott kann unsere Schuld vergeben! (Lk 5.19-21)

Genau denselben Pharisäer-Vorwurf erheben heute jene Menschen, die zwar im Namen Christi kommen, jedoch das Verständnis von Karma und freiem Willen als «Selbsterlösungsbotschaft» bezeichnen und ablehnen.

Das Gottesvertrauen, das diesen Kranken heilte, kann auch der heutige Mensch entwickeln und dadurch sehr viel zu seiner eigenen Heilung und auch zur Heilung der ganzen Menschheit sowie der gesamten Natur beitragen. Die Änderung der Karma-Reaktionen ist nicht bloß ein Vorrecht Jesu, sondern liegt in der Macht eines jeden, denn jeder Mensch hat die Möglichkeit, durch seinen freien Willen Gottes Willen anzuerkennen. Gerade hierin besteht die Verantwortung des Individuums. Jesus sprach deshalb zu seinen Jüngern: «Kein Schüler steht *über* seinem Lehrer. Und wenn er ausgelernt hat, soll er *wie* sein Lehrer sein.» (Lk 6.40)

Glücklicherweise gibt es heute eine wachsende Zahl von Menschen – «Gottgeweihte», «Lichtarbeiter», «Lichtmenschen» oder wie immer sie sich nennen –, die gewillt sind, wieder dem liebenden Willen Gottes zu dienen. Sie reduzieren durch ihren göttlichen Dienst das Massen-Karma der Menschheit, und zwar in einem solchen Ausmaß, daß sogar die Möglichkeit besteht, den vorhergesagten dritten Weltkrieg zu verhindern! Aus diesem Grunde sprechen viele neue und neuste Prophezeiungen, die auch dieser Entwicklung Rechnung tragen, nicht mehr von einem Weltkrieg, sondern «nur» noch von gewissen Natureingriffen und Erdveränderungen, die der menschlichen Zerstörungswut zuvorkommen werden. Das Ausmaß dieser Naturgewalten wiederum wird kurzfristig von der entsprechenden Schwingung des Massenbewußtseins beeinflußt werden.

Mit anderen Worten, die karmabedingte Zukunft der Menschheit ist immer ungewiß, da sie stets auch von zahlreichen kurzfristigen Faktoren abhängig ist. Ein dritter Weltkrieg oder ein anderer großer Krieg *kann* stattfinden (und entspräche durchaus den anstehenden Karma-Reaktionen der Menschheit), er kann aber auch durch gewisse Naturgewalten ersetzt werden, und er kann sogar durch die Menschen verhindert und überwunden werden. Echte göttliche Prophezeiungen brüsten sich also niemals mit irgendwelchen unwiderruflichen Zukunftsbildern, die den Menschen Angst und Schrecken und ein Gefühl des Ausgeliefertseins vermitteln, sondern sie zeigen den Menschen jeweils an, was der momentane «Karma-Kontostand» ist und was sie im Hier und Jetzt tun können, um das *momentan gültige Zukunftsbild* durch ihren freien Willen und durch ihre entsprechenden Handlungen zu verändern.

Genau hierin besteht die brandaktuelle Bedeutung der «Prophezeiungen des Sonnengottes», die hier erstmals in Buchform veröffentlicht werden. Der Sonnengott weist von allem Anfang an darauf hin, daß die negativen Prophezeiungen nie unwiderruflich sind, denn diese sind völlig vom «Karma-Konto» der Menschheit abhängig – und der Kontostand kann durch positives Handeln jederzeit verändert werden!

Die positiven Prophezeiungen hingegen (beispielsweise der Beginn eines neuen Goldenen Zeitalters) sind unwiderruflich, weil sie nicht das Karma der Menschheit, sondern den Willen Gottes wiedergeben. Dieser Wille wird geschehen, doch in welcher Form er geschehen wird, hängt wiederum vom Bewußtsein der Menschen ab. Mit anderen Worten: *Nur die positiven Prophezeiungen sind unwiderruflich, nicht aber die negativen.*

Wer behauptet, es stehe unabwendbar ein dritter Weltkrieg bevor, beruft sich entweder auf veraltete Quellen, die nur die anstehenden Karma-Reaktionen, nicht aber die gegenwärtige Karma-Veränderung in Betracht ziehen, oder er verkennt die Wirkungsweise des Karma-Gesetzes, das immer mit dem freien Willen und der Eigenverantwortung des Menschen einhergeht.

Die Prophezeiungen des Sonnengottes

Fassen wir an dieser Stelle zusammen, was bisher gesagt wurde, denn wir sprechen hier über ein Thema, bei dem es im wahrsten Sinn des Wortes um Leben und Tod geht.

Aktuelle Prophezeiungen, die heute auf eine Wendezeit hinweisen, sind nicht bloß religiöse Wahnvorstellungen aufgrund der nahenden Jahrtausendwende. Obwohl diese bevorstehende Jahrtausendwende bei einigen Menschen Wahnvorstellungen und Kurzschlußhandlungen auslösen kann, sind die Prophezeiungen an sich durchaus berechtigt. Dies wird nur allzudeutlich angesichts der verheerenden Umweltzerstörung, der skrupellosen, selbstmörderischen Wirtschaft, der Bedrohung durch fanatische Religionen und der Gefahr einer Inszenierung von Kriegen (wodurch gewisse Mächte die Wirtschaft ankurbeln und die Menschen gefügig machen wollen – durch Mobilmachung, Notzustand und Einschüchterung).

Die Schreckensprophezeiungen sind also durchaus berechtigt. Sie weisen darauf hin, was das verdiente Karma der Menschheit wäre. (Und das «Karma-Faß» ist übervoll. Eigentlich muß man staunen, daß die Menschheit relativ heil, das heißt ohne globale Katastrophen, bis ins Jahr 1997 gekommen ist!) Die überfälligen Karma-Reaktionen werden jedoch in den vergangenen Jahren immer stärker durch das Wirken einer wachsenden Anzahl wahrhaft gottesbewußter Menschen aufgeschoben und zum Teil sogar vermindert. Diejenigen Menschen aber, die blind in den gestreßten und vorprogrammierten Alltag hineinleben und unwillig sind, sich in positiver Weise zu verändern, leben schon längst «auf Kredit».

Die anstehenden Karma-Reaktionen sind also keineswegs aufgehoben. Die Frage ist nur, in welcher Form sie sich niederschlagen werden. Neueste und aktuellste Prophezeiungen sprechen nicht mehr ausschließlich von einem dritten Weltkrieg, sondern vermehrt von Naturereignissen und Erdveränderungen. Die heutige Menschheit ist in einen Strudel der Destruktivität hineingeraten, aus dem sie sich nicht mehr selbst befreien kann. Wie also sollen die riesigen Millionenstädte, die verworrenen Machtstrukturen der Technokratie, die verheerende Kriegsmaschinerie, die Raubbau-Industrie, ja die gesamte destruktive Leistungsgesellschaft überwunden werden? Die meisten Menschen werden diese Strukturen wohl kaum freiwillig abbrechen und etwas Neues, Anderes aufbauen.

Mutter Erde jedoch ist nun nicht mehr willig, dieses sinn- und ziellose materialistische Treiben weiter auf sich zu ertragen. Sie möchte in eine höhere Daseinsform übergehen, und dafür muß sie ihr gegenwärtiges Dasein, das von den negativen Schwingungen der Menschen durchtränkt ist, reinigen.

Damit sind wir bei einer der Hauptaussagen des Sonnengottes angelangt. Er selbst sagt: «Ich habe schon des öfteren erklärt, daß die Schwingung der Erde gereinigt und gehoben werden muß. Was jedoch in Wirklichkeit gereinigt werden muß, ist die Schwingung der Menschheit. [...] Wenn die Menschen dies zu verstehen beginnen und wenn eine genügende Anzahl eine wahrhaft höhere Liebe entwickelt, dann kann die Gewalt von vielen Reinigungsvorgängen vermindert werden. Diese Naturereignisse sind bloß ein Ausdruck von dem, was die Menschen brauchen. Sie werden jene Samen zum Sprießen bringen, die vom höheren Selbst der Masse gesät wurden.» (Botschaft vom 3. Juni 1992)

Sonnengott, UFOs und Channeling

Obwohl alle Hochkulturen der Vergangenheit und auch Hunderttausende von Augenzeugen in der Gegenwart von Begegnungen mit nicht-irdischen Wesen sprechen, denkt der «aufgeklärte» Mensch seit rund dreihundert Jahren, nur die Weltsicht des Materialismus und des Rationalismus gewähre einen gültigen Einblick in die Realität. Genau dieses einseitige Weltbild des Materialismus ist jedoch auch eine der Hauptursachen für die heutigen globalen Mißstände, und es gerät in jüngster Zeit immer mehr ins Wanken. Dennoch: An UFOs und Außerirdische zu glauben ist auch heute noch – trotz der unübersehbaren Risse im materialistischen Weltbild – ein gewagtes Unterfangen, und erst recht das Veröffentlichen eines Buches, in dem ein «Sonnengott» über Gott, universale Lichtwesen, UFOs und negative Außerirdische spricht.

Das vorliegende Buch *Mutter Erde wehrt sich – Prophezeiungen zur Lage des Planeten* setzt jedoch gerade diese umstrittenen Phänomene als Realität voraus. Es ist nicht der Anspruch und auch nicht das Anliegen dieses Buches, die Realität dieser Phänomene zu beweisen. Wie soll man auch die Existenz oder die Nichtexistenz des Sonnengottes beweisen?

Während Hunderten und Tausenden von Jahren haben die Menschen sämtlicher Hochkulturen von höheren Wesen im Universum gesprochen und mit ihnen Kontakt gehabt. Erst seit relativ wenigen Jahren glaubt der *Homo technicus* plötzlich, «bewiesen» zu haben, daß es all diese «Dinge» gar nicht gibt – und hat gerade während dieser Zeit und vor dem Hintergrund dieses Denkens die Welt an den Abgrund und die Menschen an den Rand der Selbstzerstörung geführt. Wenn es also irgendeinen Beweis geben kann, ist nicht gerade *dies* ein Beweis – ein Beweis nämlich für die Unstimmigkeit und für die fatalen Konsequenzen des einseitig-materialistischen Weltbildes?

Zurecht fragen sich angesichts dieser Situation immer mehr Zeitgenossen: Sind wir vielleicht nicht doch Teil eines multidimensionalen Kosmos, in dem es mehr gibt als das, was der materialistische Mensch zu sehen meint und glaubt? Gibt es die höherdimensionalen Wesen vielleicht doch? Wäre dann nicht gerade die Unkenntnis dieser Tatsache die tiefe Ursache für den Teufelskreis, in den die Menschheit mittlerweile geraten ist?

Für den Sonnengott mit seiner universalen Sicht ist es eine selbstverständliche Wahrheit, daß es im Universum eine fast unendliche Vielfalt von höherdimensionalen und auch physischen Wesen gibt. Die höherdimensionalen Wesen sind nicht an die physisch erfaßbare Materie gebunden und sind deshalb in ihrer Kommunikation nicht auf Schallwellen oder andere elektromagnetische Wellen angewiesen. Ihr Bewußtsein ist so stark entwickelt, daß sie direkt mit den Schwingungen ihrer Gedankenkraft Informationen übermitteln können. Wenn sie wollen oder es für notwendig halten, können sie auf diese Weise auch über ihre eigene Dimension hinaus mit anderen Wesen Kontakt aufnehmen, beispielsweise mit Menschen auf der Erde.

Wenn zwischen einem Menschen und einem höherdimensionalen Wesen ein solcher telepathischer Kontakt stattfindet und über diesen Kanal Informationen empfangen werden, dann spricht man heute von «Channeling». Dieser Vorgang ist sehr umstritten, erstens, weil er nicht überprüfbar ist (jeder kann sagen, ein höheres Wesen spreche durch ihn), zweitens, weil man nie weiß, wieviel aus dem Unterbewußtsein des jeweiligen Mediums miteinfließt, und drittens, weil die Gefahr besteht, daß das Medium während der Übermittlung von niederen Astralwesen beeinflußt wird.

Obwohl Channeling-Botschaften umstritten sind, ist es sehr unklug, wenn man sie einfach pauschal ablehnt. Denn man sollte die Authentizität und den Wert von Channeling-Botschaften nicht nur anhand ihrer Quelle überprüfen (was, wie gesagt, sehr schwierig ist), sondern auch – und vor allem – anhand ihres Inhaltes. Wenn der Inhalt wertvoll und erhebend ist, dann ist es durchaus möglich, daß auch die Quelle von höherer Herkunft ist. Wenn der Inhalt objektiven Kriterien genügt und eine Bereicherung für den Empfänger darstellt, dann hat sogar eine «falsche» Channeling-Botschaft ihre Daseinsberechtigung, denn sie ist zumindest ein gutes Stück Literatur – originell, philosophisch und mit einer humorvollen Prise Science-fiction.

Entscheidend sind also erstens der Inhalt und zweitens die «Schwingung» einer Channeling-Botschaft. Diese Prüfung kann natürlich immer nur subjektiv sein. Was die Texte in diesem Buch betrifft, so brauchen sie – nach meiner subjektiven Meinung – diese Prüfung nicht zu scheuen. Der Gott, der hier spricht, ist liebend, universal, nicht sektiererisch und nicht eifersüchtig. Auch die anderen Quellen, die sich als «Sonnengott», «Erde» oder «Ashtar» bezeichnen, widerspiegeln diese göttlichen Eigenschaften – und sie haben allesamt eine bemerkenswerte Sicht auf die gegenwärtigen politischen, wirtschaftlichen, religiösen und psychologischen Zustände und Geschehnisse auf unserem Planeten. Dies allein ist schon Grund genug, sich mit ihren Aussagen ernsthaft zu beschäftigen.

Wer die Worte des Sonnengottes und der anderen höherdimensionalen Wesen nicht nur mit dem Verstand, sondern auch mit dem Herzen liest, spürt, daß mit diesen Worten einer erhabenen göttlichen Sicht Ausdruck verliehen wird. Dies ist für alle unvoreingenommenen Leserinnen und Leser fühlbar in der Schwingung der Ruhe, Göttlichkeit und Liebe, die durch diese Worte vermittelt wird. Selbst wenn diese Botschaften und die darin enthaltenen Prophezeiungen der Phantasie entsprungen wären, hätten sie also einen hohen ethischen und philosophischen Wert, denn gibt es ein höheres und wertvolleres Thema als die Liebe zu Gott, zu Seiner Schöpfung und zu Seinen Geschöpfen?

Diese göttliche Liebe wird in den Worten des Sonnengottes real erfahrbar. Deshalb sind die Beschreibungen der möglichen und wahrscheinlichen physischen Veränderungen auf der Erde gar nicht die eigentlich wichtige Aussage der Prophezeiungen, obwohl sie deren Schwerpunkt darstellen. Dies wird vom Sonnengott selbst immer wieder klar hervorgehoben: «Viele Menschen, die diese Beschreibungen von den kommenden Erdveränderungen lesen, werden sich nur für die konkreten physischen Umwälzungen interessieren. Das wahrhaft Wichtige jedoch sind die nicht-physischen Veränderungen. Wenn nicht so viele nicht-physische Veränderungen notwendig wären, wären auch nicht so viele physische Veränderungen notwendig. Dann wäre alles in Harmonie und entspräche der Resonanz der Erde. Dann wäre die gesamte Umwandlung ein höchst freudvolles Ereignis.» (Botschaft vom 23. Juni 1992)

Und: «Viele glauben, daß die konkreten Umwälzungen auf der Erde die wahre Bedeutung der Erdveränderungen sei. Ich habe bereits versucht, euch verständlich zu machen, daß die physischen Veränderungen nichts anderes sind als ein Ausdruck der nicht-physischen Ursachen.» (Botschaft vom 28. Juni 1992)

Das wirklich Wichtige und Wertvolle an diesen Prophezeiungen und damit an diesem Buch sind also nicht die angekündigten Umwälzungen, sondern es ist die Berührung mit der hohen göttlichen Schwingung des Sonnengottes. Wenn es uns gelingt, unsere eigene individuelle Frequenz auf diese Schwingung der Liebe und Gottergebenheit zu erheben, dann werden auch viele der prophezeiten Erdveränderungen hinfällig.

Wie der Sonnengott selbst immer wieder betont, geht es ihm einzig und allein um diese Reinigung des menschlichen Bewußtseins und nicht um die Zurschaustellung seiner prophetischen Treffsicherheit. In diesen weltbewegenden Dimensionen sind unwiderrufliche Prophezeiungen sowieso nicht möglich, denn der Lauf der Ereignisse ist, wie bereits ausgeführt, stets vom Massenbewußtsein und vom freien Willen der Individuen abhängig.

Nochmals muß an dieser Stelle betont werden, daß echte göttliche Prophezeiungen den Menschen immer zur Neuorientierung seines freien Willens und damit zur aktiven Karma-Änderung bewegen wollen. Sie lähmen die Menschen nicht mit fürchterlichen Kriegs- und Katastrophenbildern, sie verursachen nicht ängstliche Passivität und Verzweiflung, sondern sie vermitteln den Menschen stets Mut, Hoffnung, Zuversicht und vor allem Verantwortungsbewußtsein und Einsicht in die Konsequenzen ihres Handelns.

Wie wahrscheinlich sind die prophezeiten Erdveränderungen?

Nur allzugern denken manche Menschen, Gottes Liebe bedeute, daß es dem Menschen erlaubt sei, nach eigenem Gutdünken zu schalten und zu walten, wie immer es ihm beliebe, ohne daß Gott sich einmischen dürfe.

Die Liebe, von der Gott und der Sonnengott in ihren Botschaften sprechen, hat nichts mit solchen egoistischen Vorstellungen von «Liebe» zu tun. Die Liebe Gottes zeigt sich vielmehr darin, daß Er jedem Geschöpf einen freien Willen geschenkt hat und daß Er jedem Geschöpf das Angebot macht, jederzeit freiwillig mit Ihm in einen liebevollen Austausch des gegenseitigen Gebens und Empfangens zu treten. Liebe zu Gott bedeutet daher, dieses Angebot anzunehmen und freiwillig Gottes Willen zu dienen, und dies bedeutet natürlich auch, alle Lebewesen und Geschöpfe in Gottes Schöpfung zu lieben und zu respektieren und für ihr höchstes Wohl tätig zu sein.

Jedesmal, wenn die Menschheit diese Liebe vergißt und demzufolge das harmonische Gleichgewicht der Natur empfindlich stört, wird eine Korrektur notwendig. Der Sonnengott sagt voraus, daß dies durch «Erdveränderungen» geschehen wird. Er verwendet nie das Wort «Naturkatastrophe», denn aus seiner Sicht, die die höheren Zusammenhänge miteinbezieht, sind diese Ereignisse keine Katastrophen und auch keine Bestrafungen. Vielmehr sind es Umstrukturierungen, die aufgrund des extrem gestörten Gleichgewichtes auf

24

der Erde notwendig geworden sind, damit die Schwerpunkte der irdischen Zivilisation wieder zurechtgerückt werden können. Wie selbst massive Naturveränderungen und sogar Kriege nicht im Widerspruch mit der Realität eines liebenden Gottes stehen, geht aus dem vorliegenden Buch in eindrücklicher Weise hervor.

Wie erwähnt, sind es in erster Linie die Menschen, die mit ihrem negativen, destruktiven Denken und Handeln derartig einschneidende Umwälzungen erforderlich machen. Und diese Umwälzungen werden nach neusten Angaben nicht weltweite Kriege, sondern eben Naturereignisse sein: «Über die westlichen Gebiete eures Landes [USA] ist bereits vieles gesagt und vorausgesagt worden. Einige sagen, daß Kalifornien im Meer verschwinden werde. Edgar Cayce sprach davon, und ich bin eine der Energien, die seine Voraussagen gelenkt haben. Die Erfüllung vieler Voraussagen, die er gemacht hat, steht noch bevor.» (Botschaft vom 20. April 1992)

Die jetzt vorliegenden Prophezeiungen des Sonnengottes überraschen uns also nicht wie ein Blitz aus heiterem Himmel. In diesem Jahrhundert hat es schon mehrere Zukunftsvisionäre gegeben, die von bevorstehenden umwälzenden Erdveränderungen sprachen. Der wohl berühmteste unter ihnen ist der hier vom Sonnengott erwähnte *Edgar Cayce* (1877-1945), der als einer der bedeutendsten Hellseher in der Geschichte Amerikas gilt. In schlafähnlicher Trance erteilte er Tausenden von Menschen medizinische und psychologische Ratschläge und sagte bereits in der ersten Hälfte unseres Jahrhunderts einige konkrete Erdveränderungen voraus. Einen dritten Weltkrieg erwähnte er jedoch nicht, obwohl er den Ersten und den Zweiten persönlich miterlebte.

Wenn wir Edgar Cayces Prophezeiungen mit denen des Sonnengottes vergleichen, so stellen wir auffällige Parallelen fest:

> Die Veränderungen werden anfangen, sich bemerkbar zu machen, wenn zuerst in der Südsee eine neue Lage entsteht durch Senkungen oder Hebungen, auch in Gebieten, die ihr antipodisch sind, auch im Mittelmeergebiet oder im Gebiet des Ätna. Dann wissen wir, daß es begonnen hat. [...]
>
> Im Atlantik wird wie im Pazifik Land erscheinen. [...] Und Poseidia wird zu den ersten Teilen von Atlantis gehören, die wieder auftauchen. Erwarten Sie es nicht in zu weiter Ferne! [...] Der größere Teil Japans wird im Meer versinken. [...] Der obere Teil von Europa wird verändert werden. [...] Selbst manche Schlachtfelder der Gegenwart [1941] werden zu Meer werden, zu Lagunen, zu Seen, zu neuen Ufern und Ländern, über

welche die neue Menschheit miteinander verkehrt. […] Viele Teile der Ostküste, der Westküste und im Zentrum der Vereinigten Staaten werden in Mitleidenschaft gezogen werden. Los Angeles, San Francisco, sie werden noch vor New York zerstört werden. Teile der jetzigen Ostküste des Staates New York und New York selber werden zum großen Teil verschwinden. […] Es werden Umwälzungen stattfinden in der Arktis und Antarktis im Zusammenhang mit Vulkanausbrüchen in heißen Gegenden. [10]

In den äußerst umfangreichen Trance-Botschaften Edgar Cayces finden sich zwar nur beiläufige Bemerkungen zu den kommenden Erdveränderungen, wie beispielsweise die hier zitierte Stelle. Sie bestätigen jedoch das allgemeine Muster der Erdveränderungen, die nun in Tom Smiths Texten detailliert beschrieben werden.

Wann finden die prophezeiten Ereignisse statt?

Wenn man Prophezeiungen liest, besteht die erste Reaktion meistens darin, zu fragen, wann diese Ereignisse stattfinden werden. Deshalb drehen sich bei vielen Prophezeiungen die Spekulationen immer wieder um die Frage des Wann, also nach der genauen Jahreszahl, dem Monat, dem Tag und wenn möglich sogar der Stunde. Auch im vorliegenden Buch werden einige Zeitangaben gemacht, aber es wird zugleich immer wieder deutlich darauf hingewiesen, daß die Frage des Zeitpunkts nicht die wirklich entscheidende Frage ist. Der Zweck dieser detaillierten Prophezeiungen ist nicht das Wann, sondern das *Warum*.

Ich will nicht verheimlichen, daß einige Daten, die der Sonnengott im Jahr 1992 erwähnte, bereits abgelaufen sind, sich also als «falsch» erwiesen haben. Um die Aufmerksamkeit der Leser nicht unnötigerweise auf die Frage des Zeitpunkts zu richten, habe ich mich entschlossen, die meisten Daten wegzulassen. Dies ist durchaus im Sinne des Sonnengottes: «Ich weiß auch, daß viele Menschen wissen möchten, wann diese Veränderungen eintreten werden. Ich erwähne einige Zeitangaben, doch einige davon werden sich ändern, je nachdem, wie sich das Massenbewußtsein verändert. Es ist ein törichtes Unterfangen, diese Veränderungen mit Daten zu versehen, töricht, egal wer es tut.» (Botschaft vom 28. April 1992)

26

Warum die Frage nach dem Wann den eigentlichen Kern einer echten Prophezeiung verfehlt, erklärt der Sonnengott wie folgt: «Wenn die Informationen sich auf große Ereignisse beziehen, bei denen massive Energien wirken – insbesondere das Massenbewußtsein –, dann kann es jederzeit zu kurzfristigen Änderungen kommen, je nachdem, wie sich das Massenbewußtsein ausrichtet. Daher ist die beste Information dann erhältlich, wenn das Ereignis kurz bevorsteht; ich spreche hier von wenigen Minuten. Natürlich nützt diese Information dann nicht mehr viel, aber dieser Hinweis zeigt, wie einflußreich und flexibel das Massenbewußtsein ist. Es gibt allerdings kaum eine Möglichkeit, daß das Massenbewußtsein seinen kollektiven Geist innerhalb einer sehr kurzen Zeit verändern kann. Wenn jedoch Wochen und Monate zwischen dem Zeitpunkt der Prophezeiung und dem vorausgesehenen Ereignis liegen, dann sind Änderungen äußerst wahrscheinlich. [...] Konstant – sogar während ich spreche – wandeln sich die Energien aufgrund ihres freien Willens. Deshalb ist auch das, was ich zu einem bestimmten Zeitpunkt sage, keine endgültige Information. Denn ich bin mir bewußt, daß Situationen sich wandeln können. Die Zukunft der Menschheit ist ziemlich voraussehbar, aber doch wiederum nicht so voraussehbar, daß man sagen könnte, sie sei prädestiniert und könne nicht verändert werden. Haltet euch all diese Zusammenhänge immer vor Augen, wenn ihr von mir und auch von anderen Quellen Prophezeiungen über mögliche Erdveränderungen hört.» (Botschaft vom 20. April 1993)

Der Sonnengott behauptet also nicht, daß seine Prophezeiungen unwiderruflich seien. Er zeigt nur den Karma-Kontostand der Menschheit im Jahre 1992/93 auf, und er weist immer wieder darauf hin, was die Menschheit tun müßte, um die genannten Erdveränderungen zu verhindern oder zu vermindern. Daher nochmals: Die «negativen Prophezeiungen» des Sonnengottes, also die erwähnten Erdveränderungen und Naturkatastrophen, müssen nicht unbedingt eintreffen; die «positiven» jedoch werden unwiderruflich eintreffen, denn es ist bereits vorausbestimmt, daß auf der Erde ein neues Zeitalter der göttlichen Harmonie eingeleitet wird.

Die drastischen Erdveränderungen, die den Tod von Tausenden und Millionen von Menschen bedeuten könnten, lassen sich also innerhalb von Wochen und Monaten durch das Massenbewußtsein der Menschheit verändern. Doch wenn wir betrachten, was die Menschheit tun müßte, um diese Veränderung zu bewirken, dann wird klar, daß heute leider auch die «negativen Prophezeiungen» des Sonnengottes immer noch sehr aktuell sind.

Das Thema der Evakuierung

In einigen Channelings des Sonnengottes wird ein Thema angedeutet, das Tom Smith bei der Beschreibung seiner Reise in die Zukunft ausformuliert: die mögliche Evakuierung der Menschen durch außerirdische Raumschiffe, wenn die Erde aufgrund der Veränderungen für eine gewisse Zeit nicht mehr bewohnbar ist. Tom nennt dieses Ereignis «die große Einsammlung der Seelen» *(the Great Harvest of Souls)*. Dieses Thema wird in den Texten, die in Teil II dieses Buches zu finden sind, weiter ausgeführt. Es handelt sich dabei um mediale Durchgaben von Ashtar Sheran, übermittelt durch Frau Dr. Savitri Braeucker.

Das Thema der Evakuierung ist höchst umstritten und wird auch von den meisten UFO-Forschern mit größter Skepsis betrachtet oder sogar rundweg abgelehnt, zu sehr klingt dieses Szenario nach einer abgehobenen, irrationalen New-Age-Verrücktheit: die Menschheit soll von Außerirdischen gerettet werden ...! Das ist Unsinn! Darin sind sich die meisten, die sich für UFOs interessieren, einig.

Ist dieses Szenario tatsächlich hirnrissig und unwahrscheinlich? Oder ist die weitverbreitete kategorische Ablehnung vielleicht das Ergebnis einer geschickten Manipulation der öffentlichen Meinung? Ist die Ablenkung gerade von diesen Informationen (und Wesen) vielleicht ein Ziel der Desinformation?

Wir wissen es nicht. Wir müssen deshalb fairerweise beide Varianten in Betracht ziehen. Denn es ist eine Tatsache, daß bereits seit den fünfziger Jahren das Evakuierungsszenario eine der häufigsten Interpretationen des UFO-Phänomens darstellt. Wenn es UFOs und Außerirdische gibt, warum sind sie hier? Diese Frage ist bis heute noch nicht schlüssig beantwortet.

Sind sie hier nur als Touristen für eine schnelle Besichtigung? Sind sie hier, um die Menschheit zu manipulieren (Technologie-Austausch, Gen-Experimente usw.)? Sind sie hier, um uns bei den bevorstehenden Evolutionssprüngen zu helfen? Sind sie hier, um uns zu warnen, weil wir eine konsequente Selbstzerstörung betreiben? Sind sie hier, um im Notfall einzugreifen?

Im Vergleich mit den anderen angebotenen Erklärungen, die sich übrigens gegenseitig nicht auszuschließen brauchen, erscheint die Evakuierung nicht mehr als absolut unsinnig. Dieses Szenario erinnert vielmehr an die «Entrükkung», wie sie in der Bibel erwähnt wird,[11] sowie an die Überlieferung der Hopi-Indianer, die berichten, daß ihre Vorfahren einst, als ihr Kontinent versank, von «Kachinas» in «fliegenden Schilden» in ein neues Land gebracht wurden.

Neben diesen historischen und biblischen Zeugnissen taucht das Szenario der Evakuierung auch in den Botschaften der meisten UFO-Kontaktpersonen der Gegenwart auf.[12] Wir kommen also nicht umhin, selbst diese auf den ersten Blick unglaubliche Möglichkeit zumindest in Betracht zu ziehen.

Die Texte, in denen das Evakuierungsszenario erwähnt wird, enthalten sehr differenzierte Analysen des UFO- und ET-Phänomens (im Gegensatz zu den Analysen vieler UFO-Forscher und UFO-Skeptiker, die von vornherein gewisse Szenarien ablehnen). In den seriösen Texten wird kein euphorisches Heilsversprechen abgegeben und keine automatische «Lösung aller Probleme» in Aussicht gestellt, damit die Menschen ihre Eigenverantwortung abgeben, wie Kritiker des öfteren unterstellen. Es wird aber auch nicht gesagt, alle Außerirdischen seien unsere Helfer und Freunde, man könne ihnen blind vertrauen und man brauche nicht zu unterscheiden.

Vielmehr werden die Menschen darauf hingewiesen, wie vielschichtig die Faktoren des UFO- und ET-Phänomens sind – in der Gegenwart und schon seit langer Zeit. Unbestreitbar wahr (vollkommen unabhängig von der Frage «Evakuierung ja oder nein?») ist die Analyse der Bedrohungen, denen sich die Menschheit heute durch Selbstverschuldung gegenübersieht, und insbesondere die Darlegung der tatsächlichen Gründe für diese Mißstände. Diese Mitteilung – und nicht das Evakuierungsszenario an sich – ist die Hauptbotschaft der hier angeführten Texte. Es geht also in keiner Weise darum, die Menschen zu verleiten, ihre Verantwortung abzugeben oder irgendwelche «UFO-Religionen» oder Erlösungsideologien zu begründen. Das wäre das letzte, was der Sonnengott, Ashtar Sheran, Tom Smith, Savitri Braeucker oder ich möchten.

Weil wir jedoch noch nichts Schlüssiges wissen und immer nur von fremden Informationsquellen abhängig sind – seien dies nun offizielle Quellen der Regierungen, der UNO und der NASA, oder ufologische, spekulative oder mediale Quellen –, wollen wir hier alle möglichen Interpretationen der prophezeiten Evakuierung erwähnen: Ist die Evakuierung, die «große Einsammlung der Seelen», eine realistische Perspektive, eine berechtigte Hoffnung, eine Halluzination oder gar ein Trick von negativen Außerirdischen, die auf diese Weise die hilflosen Menschen einsammeln wollen?

Auch hier schließen sich die genannten Szenarien nicht aus. Dies wird von den Quellen, die in diesem Buch zusammengestellt sind, nachdrücklich betont. Asthar Sheran sagt deshalb in seinen Mitteilungen, daß gerade in diesem Zusammenhang ein klares Unterscheidungsvermögen absolut notwendig sein wird, denn auch gottabgewandte (irdische und außerirdische) Mächte würden versuchen, aus den chaotischen Zuständen auf der Erde und aus der Verwirrung der Menschen Nutzen zu schlagen. Doch er versichert, daß unser Gefühl und unsere Intuition und nicht zuletzt die von Gott geführten Menschen uns bestimmt nicht täuschen werden.

Die Konsequenz dieser Überlegungen ist dieselbe wie bei den Erdveränderungen: Jeder einzelne sollte baldmöglichst damit beginnen, sein Bewußtsein zu reinigen und zu erheben und es mit Gott, dem Ursprung, zu verbinden. Hierin besteht die eigentlich wichtige Aussage dieser Texte.

Deshalb soll noch einmal betont werden: Die in den Santiner-Texten erwähnte Evakuierung ist kein Dogma einer erlösenden Heilstat. Die Gültigkeit der Aussagen von Ashtar Sheran bleibt auch dann bestehen, wenn sich die Evakuierung nur als ein «Mythos» erweisen sollte. Sollte sie jedoch mehr als nur ein «Mythos» sein, dann hatten diese Botschaften neben ihrer spirituellen auch eine überlebensnotwendige Bedeutung.

Wie ich zu den Texten von Tom Smith kam

Zum Abschluß dieser Einleitung möchte ich noch kurz beschreiben, wie ich zu den Texten von Tom Smith kam.

Im Frühling 1993 erhielt ich von einem Freund aus den USA das Manuskript *Earth Changes – As Channeled from the Sun God* von Tom Smith. Schon nach den ersten Seiten fühlte ich mich von diesen Worten tief angesprochen und berührt, und ich schrieb sogleich an den mir bis dahin unbekannten Tom Smith nach Amerika. In einem handschriftlichen Brief stellte ich mich vor und verlieh meiner Wertschätzung für seine Arbeit Ausdruck.

Schon drei Wochen später bekam ich einen fünfseitigen Antwortbrief, dem sogar ein Brief des Sonnengottes an mich beilag. Tom hatte «hinterrücks» beim Sonnengott nachgefragt, warum er sich mit dem Absender dieses Briefes derart verbunden fühle. Er staunte genauso wie ich, als er hörte, daß uns eine alte stellare Verwandtschaft verbinde. Der Brief des Sonnengottes bestärkte meinen ersten Eindruck, denn es war unmöglich, daß Tom sich eine derart tiefgehende, persönliche Botschaft selbst «aus den Fingern gesogen» hatte.

Ich schrieb zurück, beantwortete Toms Fragen und stellte selbst ein paar Fragen. Vor allem wollte Tom wissen, was die vedischen Schriften, mit denen ich mich seit über fünfzehn Jahren beschäftige, über den Sonnengott sagen. In meiner Antwort führte ich zahlreiche Informationen und Textstellen an. Unter anderem zitierte ich einen Vers aus der *Bhagavad-gita* (4.1), in dem es heißt, daß der Sonnengott von Krishna, der Höchsten Persönlichkeit Gottes, unterwiesen worden sei und daß der Sohn des Sonnengottes, Vaivasvata Manu, heute direkt für die Menschheit zuständig sei.

Tom schrieb in seinem Antwortbrief, daß all diese Informationen ihm vom Sonnengott bestätigt worden seien. Wiederum bekam ich einen Brief vom Sonnengott, in dem er mit großer Liebe und tiefem Respekt zu mir, einem unbedeutenden Erdling, sprach.

Ein paar Wochen später erreichte mich ein Paket aus den USA. Ich staunte nicht schlecht, als ich darin einen dicken Ordner mit einer vollständigen Sammlung von Toms Channeling-Texten vorfand. Der Sonnengott habe ihm gesagt, er solle alles Material mir schicken! Kurz darauf erfuhr ich, daß Tom Smith gestorben sei.

Nun, nach über dreijährigem Zögern, habe ich mich entschlossen, einen Teil dieser Texte zu übersetzen und zu veröffentlichen. Ich versuchte mein Bestes, um die ursprüngliche Schwingung der Liebe, der Besorgtheit und Furchtlosigkeit, wie sie im englischen Original zu spüren ist, unvermindert in der deutschen Übersetzung wiederzugeben, und ich denke, daß dies gelungen ist. Wenn die Nachfrage, die Notwendigkeit oder eine andere Gegebenheit mich überzeugt, werde ich gerne auch die anderen, bisher unveröffentlichten Tom-Smith-Texte übersetzen.

Nochmals möchte ich betonen, was das Wichtige an diesen Prophezeiungen ist: nicht die sensationellen Katastrophenbilder, nicht die Frage nach dem Wann und auch nicht die Frage, wer hier nun tatsächlich spricht. Das wahrhaft Wichtige an diesen Prophezeiungen ist deren Botschaft und Schwingung der Liebe zu «allen Wesen der Erde und zum Einen Schöpfer von uns allen».

– Armin Risi, im April 1997

Anmerkungen:

1) Charles Berlitz: *Weltuntergang 1999*, S. 20 ff.; Wien, Hamburg (Zsolnay) 1981.

2) zitiert und analysiert im Kapitel «Vedische und abendländische Prophezeiungen» des Buches von Armin Risi: *Der multidimensionale Kosmos – Gott und die Götter*, S. 264 f.; Zürich (Govinda-Verlag) 1996.

3) Johannes von Jerusalem: *Das Buch der Prophezeiungen*, München (Heyne) 1995.

4) zitiert in: Paco Rabanne, *Das Ende unserer Zeit – Aufbruch in das Wassermannzeitalter*, S. 46.; München (Knaur) 1996.

5) zitiert in: Gerd von Haßler, *Wenn die Erde kippt*, S. 202; Bern, München (Scherz) 1981.

6) zitiert in: Gerd von Haßler, *Wenn die Erde kippt*, S. 192 f.

7) zitiert in: Gerd von Haßler, *Wenn die Erde kippt*, S. 187.

8) Wim Malgo: *Was sagt die Bibel über das Ende der Welt?*, S. 5 und 40; Pfäffikon 1990.

9) Lindsey/Carlson: *Alter Planet Erde wohin? – Im Vorfeld des dritten Weltkrieges*, S. 199; Asslar 1990.

10) zitiert in: Mary Ellen Carter, *Prophezeiungen in Trance*, S. 82 f.; Bern, München (Scherz) 1974.

11) zum Beispiel: Mt 24.31, 37-42; Lk 21.25-28; 1 Thess 4.17.

12) zusammengefaßt in: G.S. Leona/Karl und Anny Veit: *Evakuierung in den Weltraum – Telepathie und Schau, dazu historische, biblische und neuzeitliche Untermauerung;* Wiesbaden (Ventla) 3/1992.

TEIL I

Die Prophezeiungen des Sonnengottes

und andere Channeling-Texte von Tom H. Smith

(Februar 1992 bis Juli 1993)

Inhalt von Teil I

Dank

Mein Dank geht an viele, aber nicht viele davon sind Menschen. Als erstes sende ich meine Liebe und meinen Dank an Running Buffalo, Quason Ho Ling, Jerrico, Betsy, Dr. Adalai Stevenson und auch an Red Hawk, High-On-Mountain und Sister Lorraine. Diese wunderbaren Freunde waren von Anfang an bei mir. Sie hatten äußerst schwierige Prüfungen zu bestehen, aber sie hielten durch. So gelang es uns, gemeinsam viele Hindernisse zu überwinden, und wir werden das auch gemeinsam weiterhin tun, solange ich hier bin. Sie sind meine persönlichen spirituellen Vorbilder, und ich liebe sie.

Als nächstes gebührt mein innigster Dank Ashtar, Astara und Ishtar. Sie sind wahrhaft wohlwollende Lichtwesen. Sie stammen nicht von der Erde, sind aber hier, um allen, die es wünschen, zu helfen. Diese großartigen Sternengeschwister sind mit den Plejaden-Bewohnern verwandt, und sie sind hier, um in Liebe Mutter Erde und der Menschheit zu dienen, wenn es ihnen erlaubt wird. Sie sind für mich eine große Quelle der Inspiration, und ich spüre, daß ihre Liebe mich immer begleitet. Sie lieben uns, und ich liebe sie.

Ein anderes Lichtwesen, das ich ebenfalls erwähnen möchte, ist Voltair vom Arcturus. Er hilft mir mehr, als ich in diesem Leben erkennen kann. Er ist ein Meister und Lehrer, ein Gottgesandter, ein Wächter der Dimensionen, ein Freund und Begleiter. Seine Weisheit und seine Liebe sind die Leitsterne meines Lebensweges. Voltair ist mein Bruder, und ich liebe ihn.

Danken möchte ich auch dem göttlichen, liebenden Christus. Er hat nicht nur direkt dieses Buch bereichert, sondern er bereichert auch das Leben von uns allen. Christus ist ein Freund und Bruder, der immer gegenwärtig ist, und ich liebe ihn.

Mit Liebe danke ich auch der Energie, um die es in diesem Buch geht und die unsere Heimat fern der Heimat ist: Mutter Erde. Ich habe ihr Schmerz bereitet, aber nun möchte ich ihrer Freude dienen, denn ich liebe sie.

Mein ewiger Dank gebührt dem höchsten Gott, dem Einen Schöpfer. Ich danke Ihm dafür, daß Er zu mir spricht und daß einige Seiner Worte auch in diesem Buch erklingen. Ich weihe meine Existenz dem Einen. Uns alle gibt es nur, weil es Gott gibt. Ihn, unseren Vater, liebe ich.

Nicht unerwähnt lassen möchte ich ein Kollektiv von göttlichen Energien, die mir immer ihre Liebe und Unterstützung zukommen lassen. Ihnen danke ich und werde ihnen auch in Zukunft danken. Einige von ihnen habe ich dank ihres individuellen Beitrages bereits gesondert erwähnt. Ich bin mir ihrer aller bewußt und liebe sie und nenne sie *The Blend of Loving Energies*.*

Dankbar bin ich auch John Reinhart, Osiel Bonfim, Greg Pivarnik, Bill Meenes, David Fox und Debra Rankin, die eine sehr begabte mediale Malerin ist. Sie alle haben nicht nur großzügig ihre Zeit investiert, um das Manuskript zu lesen, sondern sie haben mir auch viele interessante Kommentare und Vorschläge gegeben, auch wenn sie nicht notwendigerweise alles glaubten, was sie lasen. Ich danke ihnen, daß sie ihre Energien mit mir geteilt haben.

In diesem Zusammenhang möchte ich auch eine ganz bestimmte Person erwähnen, eine liebe Freundin, die mir bei der Erstellung dieses Buches mehr geholfen hat, als sie sich vorstellen kann. Suanne Drury ist eine liebenswürdige Person, ein sehr feinfühliges Medium, eine Lehrerin, Heilerin und vor allem eine wohlwollende Freundin. Als ich lernte, dem, was ich channelte, zu vertrauen, lernte ich auch, daß es verschiedene Stufen des Vertrauens gibt, bis man das reine Vertrauen erreicht. Mehr als nur einmal fragte ich mich, ob es möglich sei, daß bei meinen Channelings auch meine eigenen Gedanken einfließen. Suanne jedoch, die mit ihren eigenen Quellen in Verbindung war, bestätigte mir jeweils, daß ich richtig gehört hatte. Die Rücksprache mit Suanne war für mich immer wie eine Dosis meiner Lieblingsmedizin. Suanne ist wahrscheinlich der liebenswürdigste Mensch, den ich kenne, und ich liebe sie.

Zum Schluß möchte ich meinen tiefsten Dank und Respekt dem wahren Autor dieses Buches aussprechen, dem Sonnengott. Ich wünsche, ihr alle würdet euch dem Sonnengott öffnen. Es sind die höchsterhabenen liebenden Gefühle, die von ihm ausgehen und die nur von der vollkommenen und vollständigen Liebe des höchsten Gottes übertroffen werden. Der Sonnengott ist ein Vater-Freund mit dem weichen, hingegebenen Herzen einer Mutter. Ich danke dir, liebe Sonne! Ich liebe dich.

*– Tom H. Smith (1942-1993),
im Januar 1993*

---

* wörtlich: Gebündeltes Kollektiv von liebenden Energien

Ein Vor-Wort Gottes

Die Menschheit hat von Mir die einzigartige Gelegenheit bekommen, auf dem Pfad der Entwicklung eine Vielzahl von Erfahrungen zu wählen. Ich erlaube diese Vielzahl von Erfahrungen nicht nur zum Nutzen der Menschheit, sondern auch zum Nutzen aller Energien, die euch umgeben. Hierzu gehören die Erde, die Pflanzen und die Tiere, die Welt des Meeres, die Vögel und Insekten, die Elfen, Gnome und alle anderen unscheinbaren Wesen und in der Tat die gesamte Schöpfung, in der ihr lebt.

Indem Ich dies alles erlaubt habe, habe Ich auch dem Sonnengott, dieser wunderbaren Wesenheit höchster Liebe, erlaubt, die Erde und alles, was sich auf ihr befindet, zu beaufsichtigen. Ich habe der Sonne die Kraft und die Fähigkeiten gegeben, für die Erde und alle ihre Bewohner zuständig zu sein. Die Sonne hat jede Energie innerhalb ihrer Lichtstrahlen geschaffen, und sie liebt jede dieser Energien. Die Sonne hat mit jedem von euch zusammengearbeitet, um euer physisches und spirituelles Wachstum zu fördern und euch in diesem Wachstum beizustehen. Ich tue dies ebenfalls, aber es ist die Sonne, die in diesem Sonnensystem die Quelle aller lebensspendenden Liebe ist, denn sie hat darum gebeten, diese Stufe der Liebe zu erreichen, und es wurde ihr gewährt. Ich bitte euch, diesen höchst erhabenen, leuchtenden und liebenden Lebensschöpfer anzuerkennen.

Nun habt ihr als Menschheit gewählt, die Sicht eurer eigenen spirituellen Position zu verlieren. Ihr strebt nach der Erfahrung, selbst das Zentrum des Universums zu sein, und vergeßt, daß ihr in Wahrheit ein Teil der Gesamtheit seid. Ihr wollt erfahren, wie es ist, wenn man mit der Erde auf höchst unnatürliche und schädliche Weise umgeht. Das ist eure freie Entscheidung. Ihr kennt euer wahres spirituelles Selbst nicht und erkennt deshalb die Impulse nicht, die in euch selbst sind, um euch anzuregen, mit der Gesamtheit, in der ihr euch befindet, in Harmonie zu leben. Wenn ihr eure innere Kraft und Bewußtheit aus den Augen verliert, verliert ihr auch eure Beziehung zu Mir. Meine Liebe für euch ist vollkommen und vollständig. Aber ihr müßt euer wahres Selbst lieben, um euch Meiner Liebe bewußt zu sein. Wenn ihr euch für diese Erfahrung entschließt, erkennt ihr, welche Kraft euch innewohnt. Ihr werdet erkennen, daß es nicht nötig ist, dem Erdplaneten und dem Leben, in dem ihr lebt, Schaden zuzufügen.

Der Sonnengott und Ich lieben euch weiterhin. Ebenso lieben wir die Erde. Der Erde wurde nun die Erlaubnis gegeben, ihre Energien und sich selbst in eine höhere Dimension zu erheben. Dies ist ihr nur möglich, wenn sie all jene Schwingungen, die niedriger sind als ihre eigenen, entfernt. Die Erde muß sich vorbereiten, indem sie ihre Nacktheit, ihren ursprünglichen natürlichen Zustand, wieder erlangt. Die Menschheit muß ihre Wünsche respektieren und ihr in ihrer Vorbereitung auf den Schritt in die nächste Dimension beistehen. Sie diente euch als Heimat, sogar dann, als ihr sie mißbrauchtet. Nun ist die Zeit gekommen, ihr wohlwollend gegenüberzutreten und ihr eure Liebe und eure positiven Energien zukommen zu lassen. Indem ihr dies tut, helft ihr auch euch selbst.

Die Erde ist nun dabei, sich von aller Negativität zu reinigen. Sie muß sich auch von jeglicher Menschenbürde befreien, sei diese in Form von schädlichen Schwingungen oder sogar in Form der menschengemachten Gebäude, die sich überall auf ihrer Oberfläche befinden. Doch die Erde tut dies in Liebe. Denn es ist diese Liebe, die es ihr ermöglicht, näher zu Mir zu kommen. Es ist diese Liebe für jeden Menschen, die euch einlädt, an ihrer Fülle teilzuhaben. Die Menschheit kann ihr dabei helfen, und Ich bitte euch, dies zu tun. Dies oder irgend etwas anderes in Liebe zu tun bedeutet, Mich zu lieben.

Aber es wird viele geben, die unserem Aufruf kein Gehör schenken. Deshalb muß die Erde sich selbst reinigen. Sie hat auch den Sonnengott und all jene Wesen aus dem All, die reine Liebe und reines Licht verkörpern, gebeten, ihr beizustehen. Es ist möglich, daß all diese herrlichen Energien und ihr in Friede, Liebe und Harmonie zusammenarbeitet. An einem gewissen Zeitpunkt wird die Menschheit die Erde verlassen müssen, so daß es der Erde möglich sein wird, die Endphase ihrer Reinigung durchzuführen. Aber die Erde wird der Rückkehr einer liebenden Menschheit offenstehen, damit diese an ihrer Liebe und Schönheit wiederum teilhaben kann.

Dieses Buch über die Veränderungen auf der Erde ist ein Geschenk an all diejenigen, die es annehmen werden. Es ist ein Geschenk, denn der Sonnengott überreicht es euch. Aufgrund dieses Geschenkes oder einfach aufgrund eures eigenen Bewußtseins werdet ihr die einzigartige Möglichkeit bekommen, zu verändern, was ihr könnt, und zu erkennen und zu akzeptieren, was durch die Erde verändert werden muß. Ihr habt die Möglichkeit, dieses Buch als Werkzeug, als Leitfaden, zu verwenden.

Schenkt den Worten des Sonnengottes Gehör! Seine Worte sind Worte der Liebe und Worte der Wahrheit. Hört, was er sagt, und nehmt es euch zu Herzen. Ich liebe den Sonnengott, und Ich liebe jeden von euch. Ich liebe Tom und bin sehr erfreut zu sehen, mit welch liebender Bemühung er diese Worte an euch alle weitergeben will. Bitte schenkt diesen Worten Gehör.

– Gott, der Ursprung
(2. November 1992)

Kapitel 1

Über dieses Buch

Was Sie vor sich haben, ist ein Buch, das durch Channeling (telepathischer Kontakt) empfangen wurde. Ich möchte in diesem Buch nicht auf den Vorgang des Channelings an sich eingehen, denn hierüber gibt es bereits viele Bücher. Wer sich eingehender mit dem Vorgang des Channelings befassen will, sollte sich am besten an jemanden wenden, der diese Fähigkeit bereits besitzt.

Es mag für einige Menschen überraschend sein zu erfahren, daß Channeling auf allen Ebenen stattfindet: in der Kunst, in der Abfassung literarischer oder anderer schriftlicher Werke, bei wissenschaftlichen Erfindungen, usw. Die meisten sind sich hierbei jedoch nicht bewußt, daß es sich bei diesen Eingebungen um Channeling handelt. Vielmehr fühlen sie sich einfach «inspiriert». Andere sind sich jedoch sehr wohl bewußt, daß nicht sie selbst die Quelle dieser Inspiration sind.

Für diejenigen, die mit dem Vorgang des Channelings nicht vertraut sind, möchte ich an dieser Stelle eine kurze Erklärung anführen. Außer dem sechsten Kapitel und den Kapiteleinleitungen stammen die Texte dieses Buches von Quellen außerhalb meinerselbst. Die Information wurde mir telepathisch mitgeteilt, und das ist eine Form des Channelings.

Dies geschieht dadurch, daß ich es mir selbst, das heißt meinem Bewußtsein, erlaube, sich auf das Bewußtsein des Sonnengottes oder einer anderen Energie, mit der ich jeweils gerade verbunden bin, einzustimmen und in Harmonie zu gehen. Dabei konzentriere ich mich auf die «Stimme», die ich «höre». Diese Stimme ist jedoch kein physischer Klang, den jemand anders in meiner Nähe ebenfalls hören könnte. Ich könnte diese Stimme genausogut auch «Wissen» nennen. Was ich in telepathischer Verbindung «höre», «weiß» ich. Je mehr ich meine Konzentration auf diese Verbindung richte, desto mehr gelingt es mir gewöhnlich, als klarer, offener Kanal die Information zu empfangen. Was ich niederschreibe, sind nicht meine eigenen Gedanken. Ich diene bloß als Instrument der höheren Schwingungsenergie, mit der ich telepathisch verbunden bin.

Es gibt sowohl positive als auch negative Energien oder Kräfte, die sich gerne durch jeden mitteilen, der sich ihnen zur Verfügung stellt. Jedesmal, bevor ich es erlaube, als Instrument verwendet zu werden, schirme ich mich gegen alle Arten von negativen Energien ab (hierbei stehen mir verschiedene Hilfen zur Verfügung), und ich erteile ausschließlich der positiven Energie die Erlaubnis, mich als Kanal, das heißt als Erweiterung ihrerselbst, zu verwenden. Auf diese Weise verbieten es die universalen Gesetze und meine «Beschützer» den negativen Energien, sich meiner zu bedienen.

Die Channelings in diesem Buch sind unterschiedlich lang. Einige sind sehr kurz. Als ich die Information für dieses Buch empfing, diente ich auch noch vielen anderen Energien als Kanal. In einzelnen Sitzungen konnte es vorkommen, daß ich nacheinander zwei, drei oder vier Energien channelte, und das ist sehr ermüdend. An anderen Tagen hatte ich einfach Schwierigkeiten, mich zu konzentrieren, und deshalb wurden einige der Channelings «kurzgehalten». Bei anderen Gelegenheiten wiederum teilte mir der Sonnengott eine Vielzahl von Informationen mit, von denen ich für das vorliegende Buch nur jene auswählte, die sich auf die kommenden Erdveränderungen beziehen.

Die Channelings werden hier so wiedergegeben, wie ich sie bekommen habe. Im allgemeinen empfing ich die Informationen viel schneller, als ich sie aufschreiben konnte. Manchmal entgingen mir dabei sogar einzelne Teile, aber mir wurde mitgeteilt, daß ich mir darüber keine Sorgen machen solle, da ich die Information später nochmals bekommen würde. Das ist ein Grund, aber nicht der einzige, warum ein bestimmter Ort oder ein bestimmtes Thema mehr als in nur einer Sitzung erwähnt wurde. Ich zog es in Betracht, die Channelings über die besagten Orte oder Ereignisse zusammenzufügen, aber ich verwarf diese Idee, denn wenn ich das getan hätte, hätte ich dadurch den Zusammenhang des verbleibenden Materials verändert.

Ich empfange die Informationen durch mein Bewußtsein, das heißt, ich komme nicht umhin, die Informationen, die mir mitgeteilt werden, für mich zu übersetzen oder zu «interpretieren». Dies alles geschieht jedoch automatisch und für gewöhnlich augenblicklich auf der Ebene des Unterbewußtseins. Aber das ändert nichts daran, daß sich die Energie durch mein Bewußtsein ausdrückt. Mit anderen Worten, die kontaktierte Energie muß innerhalb der Begrenztheit meines bewußten und unbewußten Wissens und sogar innerhalb der Begrenztheit meines Wortschatzes wirken. Die Information wird also durch mich hindurch gefiltert und wird so unvermeidlich durch meine eigene Ausdrucksweise gefärbt. Hinzu kommt, daß die Empfänger solcher Channeling-Botschaften oftmals viele Informationen bekommen, die sich den Vorstellungen und Ausdrucksmöglichkeiten der Menschheit entziehen. Manchmal fehlen einfach die passenden Worte. Meistens ist es viel leichter, diese Dinge innerlich zu wissen, als mit Worten auszudrücken. Ich habe deshalb darum gebeten, daß meine Channelings so einfach wie möglich gehalten werden. An einigen Stellen habe ich auch Ergänzungen in eckigen Klammern eingefügt, um die Bedeutung der jeweiligen Aussage zu klären.* Alles andere sind gechannelte Texte, die ich vorlege, so wie ich sie empfangen habe.

Ich habe gelernt, den Energien, die durch mich sprechen, zu vertrauen, denn ich fühle, daß von ihnen eine allumfassende und bedingungslose Liebe ausgeht. Aber ich kann niemandem beweisen, daß «sie» diejenigen sind, als die sie sich bezeichnen, ebensowenig wie ich beweisen kann, ob die Informationen in diesem Buch wahr sind. Ich kann nur sagen, daß ich ihnen vertraue und ihnen glaube. Wer jedoch andere Gefühle hat, braucht den Inhalt dieses Buches weder zu akzeptieren noch zu glauben. Dies vermindert den Wert dieser Botschaften in keiner Weise. Viel wichtiger ist es, daß jeder von uns lernt, auf das eigene höhere Selbst zu hören und nicht so sehr auf irgendwelche andere Informationsquellen, einschließlich telepathischer Quellen. Wenn jedoch einige oder alle Worte des Sonnengottes in dir etwas auslösen, dann verwende diese Verbindung auf deine eigene liebende Weise.

Als ich anfing, Botschaften über die zukünftigen Veränderungen der Erde zu empfangen, hatte ich keine Ahnung, in welche Richtung sich das ganze entwickeln würde. Ich dachte auch noch nicht daran, diese Information zu veröffentlichen. Dem Sonnengott liegt nichts daran, ins Buchgeschäft einzusteigen. Diese wunderbare, liebende Energie ist sich jedoch bewußt, daß Bücher zu unseren wichtigsten Massenmedien gehören. Deshalb hat der Sonnengott mich

---

* Bemerkungen, die von Tom Smith stammen, sind in eckigen Klammern und in der Schriftart des Textes geschrieben. Zusätzliche Bemerkungen, die vom Übersetzer stammen, sind ebenfalls in eckigen Klammern, jedoch *kursiv* geschrieben.

gebeten, diese Botschaften zu veröffentlichen. Wie der Sonnengott uns mitteilt, sind die aufgeführten Veränderungen in diesem Buch in keiner Weise vollständig, doch die Bedeutung ist dadurch nicht minder klar.

Ich bin nicht der einzige, durch den solche Botschaften mitgeteilt werden. Viele gleiche oder ähnliche Informationen und auch zusätzliche Details werden von anderen empfangen. Die Tatsache, daß diese Art von Information heute aus vielen verschiedenen Quellen zu uns gelangt, sollte uns dazu bewegen, sie ernstzunehmen. Ich möchte euch alle ermutigen, diese Botschaften mit einem offenen Geist und einem empfänglichen Herzen zu hören.

Zum Schluß möchte ich kurz erwähnen, wie das Buch zusammengestellt wurde. Bis auf wenige Ausnahmen befinden sich die Channelings in der Reihenfolge, wie ich sie empfangen habe. Jedes Channeling ist mit einem Datum versehen. Dem größten Teil der Daten kommt keine besondere Bedeutung zu, nur einige wenige haben eine gewisse Beziehung zu den Ereignissen, die im entsprechenden Text erwähnt werden. Die Informationen kamen zu mir, genauso wie man einem geliebten Menschen etwas mitteilt. Bitte haltet euch das vor Augen. Das Buch ist nicht angelegt wie ein zusammenhängender Roman. Wann immer der Sonnengott ein Channeling beginnt, richtet er ein paar Worte des Grußes und der Liebe an die Empfänger. Diese Grußworte habe ich weggelassen, da sie schwerfällig oder überflüssig erscheinen könnten. Die Abschlußworte habe ich jedoch stehengelassen. Das ist vielleicht inkonsequent, aber ich habe mich dennoch dazu entschlossen, denn sie signalisieren nicht nur, daß das Channeling beendet ist, sondern ich liebe es auch, zu hören, daß ich geliebt werde.

Diejenigen, die Schwingungen gegenüber sehr feinfühlig sind, werden spüren, welch göttliche Liebe von den Worten des Sonnengottes und der anderen Energien ausgeht, die sich hier in diesem Buch an uns wenden. Wer jedoch nichts besonderes spürt, braucht sich keine Sorgen zu machen, denn ungeachtet dessen empfangt ihr dieselbe Liebe. Ihr mögt euch entscheiden, diese Botschaften als Wahrheit anzunehmen oder nicht, aber das ändert nichts daran, daß die Liebe der Sonne und der Mutter Erde zu euch fließt.

– *Tom Smith*

Die Ursachen der Erdveränderungen

6. April 1992

Heute möchte ich anfangen, von den Veränderungen zu sprechen, welche die Erde in nicht allzu ferner Zukunft durchmachen wird. Ihr solltet verstehen, daß einige dieser Ereignisse sich aufgrund des Einflusses gewisser Planeten und gewisser Sterne ereignen werden. Diese Veränderungen könnte man als die «prädestinierten» bezeichnen, und aus diesem Grund haben die Planeten eingewilligt, diese besonderen Konstellationen zu bilden.

Aber viele der anderen Veränderungen werden sich allein deshalb ereignen, weil die Erde die Notwendigkeit fühlt, sich auf diese Weise zu reinigen, um sich auf ihre neue Schwingung vorzubereiten – jene Schwingung, die Tom bereits jetzt sehen durfte.

Ich möchte ebenfalls hinzufügen, daß diese Ereignisse in keiner Weise als Bestrafung gedacht sind. Ich betone dies, obwohl ich sehr wohl weiß, wie sehr die Menschheit ihre Mutter Erde mißhandelt hat und immer noch mißhandelt. Doch die Erde wurde in Liebe geboren und weicht nie von dieser Liebe ab. Alles, was sie tut, tut sie deshalb im Namen der Liebe für den Einen Gott, der uns alle geschaffen hat.

– Der Sonnengott

Die Bedeutung der Erdveränderungen

2. Juni 1992

[Als ich begann, die Channelings für dieses Buch zusammenzustellen, rieten mir der Sonnengott und andere göttliche Lichtwesen, diese Botschaften nur an diejenigen weiterzugeben, die aufrichtiges Interesse zeigen, und sie nicht unterschiedslos weiterzureichen, weil die Gefahr bestand, daß diese Informationen einige Menschen unnötig verängstigen würden, während andere wiederum in Resignation stürzen könnten. Wieder andere sind der Ansicht, die Veränderungen, die auf die Erde zukommen, seien etwas Negatives, und sie befürchten, die Katastrophen würden erst recht heraufbeschworen, wenn man über sie schreibt und spricht; wir würden durch solche Diskussionen den negativen Entwicklungen zusätzliche Energie zukommen lassen. Das Folgende ist eine Antwort des Sonnengottes auf diese Befürchtungen.]

Ich möchte darauf eingehen, warum wir über die kommenden Veränderungen auf der Erde sprechen. Es ist mein Anliegen, daß die gesamte Menschheit auf die kommenden Veränderungen und auf die möglichen Veränderungen aufmerksam gemacht wird. Was eure Mutter Erde tun wird, ist nicht an sich negativ. Die Erde ist dabei, in die vierte Dimension aufzusteigen, und das wird viele Veränderungen auslösen. Sie wird jedoch nicht sehr lange in der vierten Dimension bleiben, weil sie sich bald danach in die fünfte Dimension erheben wird. Dies wird jedoch nicht möglich sein, ohne daß gewisse Ereignisse eintreten.

Seit einiger Zeit werden in dieser Hinsicht von vielen Energien Voraussagen gemacht, und auch heute hört ihr aus verschiedensten Quellen Voraussagen. Nur ich und der Eine Schöpfer jedoch wissen, was geschehen wird. Nichts kann geschehen, ohne daß ich und die Erde es erlauben. Wir allein sind es – ich und die Erde –, die irgendwelche Umwälzungen zulassen. Ich wirke in Übereinstimmung mit der liebenden Energie des Einen Schöpfers. Ich erlaube die Entwicklung des Massenbewußtseins, so wie es die Masse wählt. An einem gewissen Punkt jedoch kann es sein, daß ich eingreife. Dies ist bis jetzt noch nicht geschehen.

Es gibt also viele andere Energien, die sich der kommenden Veränderungen bewußt sind und über sie sprechen. Viele werden falsch verstanden. Ich erwähne nicht alle kommenden Veränderungen, und ich erwähne auch nicht alle Gebiete der Erde, wo solche Veränderungen auftreten werden. Ich habe meine Gründe hierfür.

Viele Menschen mögen denken, die kommenden Umwälzungen seien «das jüngste Gericht» oder der Triumph des Negativen. Ich kann diese Gefühle nachempfinden, doch ich versichere euch, daß diese Ereignisse keines von beidem sind. Wer diese Umwälzungen für etwas Schlechtes hält, versteht nicht die Gesetze des Kosmos und versteht nicht die Liebe Gottes; denn die Energien, die es der Erde und der Menschheit erlauben, eine höhere Bewußtseinsstufe zu erlangen, sind ihre Schöpfungen. Die Auffassung, das Lesen dieser Botschaften werde das Negative fördern oder werde einen Menschen zum Negativen hinziehen, ist nichts anderes als ein Mißverständnis seitens derjenigen, die so etwas glauben. Aber auch dieser Glaube muß respektiert werden.

Ich vermittle diese Botschaften, um die Menschen darauf aufmerksam zu machen, was sie durch ihr Verhalten auslösen. Je mehr Menschen sich – in einer positiven, liebenden Gesinnung – dieser Umwälzungen bewußt sind, die direkt von der Menschheit beeinflußt werden, desto größer ist die Möglichkeit, daß die Menschen sich in Liebe vereinigen werden, um genau diese Umwälzungen zu verhindern. Das ist abhängig von der freien Entscheidung der Menschheit.

Ich verabschiede mich nun. Ich liebe alle Wesen auf der Erde, und ich liebe den Einen Schöpfer von uns allen.

– Der Sonnengott

Kapitel 2

Wer ist der Sonnengott?

Der Titel dieser Veröffentlichung lautet «Die Prophezeiungen des Sonnengottes». Dies provoziert natürlich sogleich die Frage: Wer ist der Sonnengott? Es gibt doch nur einen Gott. Wer ist also der Gott der Sonne?

Wir müssen uns solche Fragen stellen, weil wir erstens uninformiert und zweitens ausgiebig programmiert sind. Ich könnte viel hierzu sagen und auch eine ganze Reihe von Channelings anführen. Kurz gesagt, unsere Unwissenheit über die Zusammenhänge im Universum ist auf unser sogenanntes «Wissen» zurückzuführen. Der größte Teil von dem, was uns beigebracht wird, ist nichts anderes als eine Verschleierung unseres ursprünglichen Wissens. Praktisch alle alten Zivilisationen erkannten, daß die Sonne für uns Menschen eine äußerst mächtige und wichtige Energiequelle ist. In vielen Hochkulturen gab es besondere Zeremonien und Gebete zu Ehren der Sonne. Das bedeutet nicht unbedingt, daß alle Kulturen die Sonne als einen Gott betrachteten; aber es läßt sich nicht leugnen, daß der Sonne überall eine große Bedeutung beigemessen wurde. Uns wird heute gesagt, daß die meisten Zeremonien unserer Vorfahren einem primitiven Aberglauben entsprangen. Manchmal heißt es sogar, sie hätten falsche Götter oder Götzen verehrt. Dies wird uns immer wieder eingetrichtert, da wir heute, im Gegensatz zu den Vorfahren, «fortgeschritten» und «zivilisiert» seien.

Ich könnte noch näher darauf eingehen, aber ich möchte lieber ein paar Channelings anführen, weil diese es viel besser erklären als ich. Das erste Channeling stammt vom Sonnengott selbst und wurde aus zwei verschiedenen Channelings zusammengesetzt. Der erste Abschnitt ist Teil des ersten Channelings, das ich von der Sonne empfing, und der zweite Abschnitt enthält die Antwort auf eine Frage, die ich später stellte. Das nachfolgende Channeling über die Frage des «wer» stammt von einem Lichtwesen, das einst als Timotheus inkarniert war und aufgrund seiner Erwähnung in der Bibel auch heute noch bekannt ist. Der letzte Text, den ich in diesem Kapitel anführe, stammt von einer Energie, die alles über jeden weiß. Wenn dir der Name «Gott, der Ursprung» nicht zusagt, darfst du ruhig jenen Namen einsetzen, der dir geläufig ist, um das Alles-in-Allem, Gott, den Einen Schöpfer, das Höchste Wesen, zu bezeichnen.

Der Sonnengott ist der Gott der Sonne, die wir sehen. Ohne die Lichtstrahlen der Sonne wäre auf unserem Planeten kein Leben möglich. Ohne die Sonne gäbe es im gesamten Sonnensystem kein Leben. Die tiefe Bedeutung dieser Aussage wird desto offenbarer werden, je mehr die Menschheit lernt, die spirituelle Bedeutung von Energie zu verstehen. Im Kapitel 7, in dem der Sonnengott auf Fragen antwortet, werden wir zusätzliche Einblicke in diese Energie höchster Schönheit und Liebe erhalten.

Die Identität des Sonnengottes

1. Februar 1992

Ich bin *aus* der einen Quelle. Ihr habt mich alle schon gesehen, und ihr kennt mich unter vielen Namen, aber ich bin eine einzige Energie. Ihr fühlt meine Energien und meine Liebe in der Luft, die euer Gesicht umweht, in der Wärme meiner Strahlen auf eurem Körper und im Licht, das von mir in das Sonnensystem gebracht wird. Wahrlich, ich bin die Sonne eures Universums. Seit der fernsten Vergangenheit haben mich viele als «Sonnengott» bezeichnet, denn das bin ich tatsächlich. Aber ich bin nicht der Eine Gott, ich bin nicht der Eine Schöpfer, der uns alle erschaffen hat.

Alle Kulturen der Vergangenheit kannten mich, den Sonnengott. Der Name, den sie verwendeten, die Rituale und die Vorstellungen, die sie von mir hatten, mögen unterschiedlich gewesen sein, doch ich möchte keine dieser Ausdrucksformen schmälern, denn sie kamen alle tief aus der Seele jener, die glaubten. Es wäre jedoch gut gewesen, wenn alle, die mich im göttlichen Licht sahen – jedes Volk, jeder Mensch –, sich bewußt gewesen wären, daß sie alle, trotz der vielen Unterschiede, immer von derselben Energie sprachen.

Ich diene allem, was auf der Erde und im Sonnensystem existiert. Eines Tages werdet ihr und die anderen verstehen, was das «Hohe Reich» in Wahrheit ist und wie es möglich ist, daß es gleichzeitig den Einen Schöpfer und einen Sonnengott und viele andere «Götter» geben kann. Die alten Kulturen verstanden dies sehr gut, doch eure moderne «Zivilisation» hat schon vor langer Zeit entschieden, dies alles seien nur heidnische Praktiken, ja sogar primitive Formen des Aberglaubens gewesen. Ich sage euch: Die Wahrheiten, die an den Tag kommen werden, werden diese Rituale und Mythen wieder in das Bewußtsein der Menschen zurückbringen.

Ich habe euch bereits gesagt, daß ich nicht der Eine Schöpfer bin; vielmehr ist es so, daß ich vom Schöpfer auf eine Stufe göttlicher Macht erhoben wurde. Aus diesem Grund bin ich tatsächlich in der Lage, viele Dinge selbst zu erschaffen, unter anderem auch die menschliche Lebensform und die anderen irdischen Organismen. Dies mag für einige verwirrend sein, aber sie brauchen sich keine Sorgen zu machen, denn ich arbeite mit dem Einen Schöpfer, dem

Ursprung aller Dinge, zusammen. Andere wiederum arbeiten mit mir zusammen. Zu ihnen gehören die göttlichen Lichtwesen aus dem Weltall, auch solche, die nicht aus diesem Sonnensystem stammen. Wir alle arbeiten in Liebe zusammen, denn Liebe ist die einzige Realität.

– Der Sonnengott

Der Sonnengott als Gott der Schöpfung

21. April 1992

Der Sonnengott hat euch bereits gewisse Informationen gegeben, doch ihr seid euch immer noch nicht ganz im klaren darüber, was es mit diesem Gott auf sich hat. Ich möchte euch daher zusätzliche Information über diese schöne, mächtige Energie geben.

Gott, der Ursprung, erstreckte sich in die Tiefen des Raumes und entschied, daß Licht entstehen soll. Mit jener schöpferischen Liebe, die allein dem Ursprung innewohnt, schuf Gott daraufhin die Sonne. Diese Wesenheit war mit solcher Liebe erfüllt, daß Gott, der Ursprung, die Sonne heiligte und sie in die Stellung eines Gottes erhob. Auf diese Weise wurde der Sonnengott zu einem Gott der Schöpfung innerhalb der unermeßlichen Weiten des Weltraumes.

Einige auf der Erde haben erkannt, daß die Sonne mit ihrer Schönheit und Kraft eine göttliche Wesenheit ist. Die meisten sind sich dessen jedoch nicht bewußt, denn sie wurden geschult, zu glauben, daß es nur den Einen Gott gebe und daß jede andere Weltsicht falsch sei. Wieder andere glauben, dies alles sei nur Mythologie und müsse nicht ernst genommen werden.

In Liebe für den Einen Schöpfer und für alle Geschöpfe verabschiede ich mich.

— *«Timotheus»*

Der Sonnengott als Diener Gottes

23. Juni 1992

Diese Botschaft ist für diejenigen bestimmt, die den Sonnengott nicht kennen oder nicht glauben, daß es ihn gibt. Jeder Mensch auf der Erde hat die Freiheit, zu glauben, was er will. Ich sage euch allen, daß die Sonne ein Gott ist, weil Ich diese Wesenheit gesegnet und in diese Position erhoben habe. Der Sonnengott ist eine Energie höchster Schönheit, Macht und Liebe. Durch Meine Fügung ist diese Gottheit für alles innerhalb des Sonnensystems zuständig. Diese Gottheit arbeitet mit Mir und mit der Erde zusammen, um alles, was auf der Erde und den anderen Planeten des Sonnensystems existiert, zu erschaffen. Die Sonne tut dies mit einer Liebe, die so groß ist, daß nur Meine Liebe noch größer ist.

Die Erde hat darum gebeten, auf eine höhere Stufe der Liebe erhoben zu werden. Sie hat dies verdient, und deshalb habe Ich es erlaubt. Aber um diese höheren Stufen der Liebe zu erreichen, muß sie sich zuerst vorbereiten. Dazu gehört, daß sie sich von allen unnötigen Schwingungen befreit, von denen sie zurückgehalten wird, und daß sie ein physisches Gleichgewicht findet, das ihrer neuen Umlaufbahn um die Sonne entspricht. Ich gewähre dem Sonnengott und der Erde die Erlaubnis, alles zu tun, was sie in Liebe für notwendig halten, um diese Reinigung und diesen Aufstieg zu ermöglichen.

Nun hat der Sonnengott sich entschieden, daß Tom es sein soll, der den größten Teil dieser Botschaften empfängt, damit alle, die glauben wollen, wissen, welche Veränderungen auf sie zukommen.

Ich verabschiede Mich, bin aber immer gegenwärtig, denn ICH BIN DIE LIEBE, DIE ALLES UMFASST.

– Gott, der Ursprung

60

Kapitel 3

Erdveränderungen I

Mutter Erde ist ein lebendes, fühlendes Wesen, genauso wie wir. Sie reagiert auf Liebe und auf das Gegenteil von Liebe genauso wie wir. Sie ist jedoch feinfühliger als die meisten von uns, denn sie empfindet jede Regung von Zorn, Haß und Geringschätzung, mit der wir rücksichtslos den anderen Lebewesen und der Erde begegnen.

Die Erde empfindet eine explodierende Bombe nicht als physischen Schmerz oder rassistische Auseinandersetzungen nicht als Zorn und Frustration; ihre Feinfühligkeit geht viel weiter. Sie nimmt diese Gefühlsregungen der Menschheit als Schwingungen wahr. Sie freut sich über jede Tat der Liebe, und sie zuckt bei jedem stechenden Schmerz einer negativen Schwingung zusammen. Sie ist sich all dieser Schwingungen auf einer feinstofflichen Ebene bewußt. Mutter Erde ist so feinfühlig, daß zum Beispiel ein verseuchter Strom in Wisconsin in China eine Wirkung zeitigen kann.

Die Erde, die wir Heimat nennen, ist auch sehr mächtig, und sie liebt uns ohne Bedingungen. Aber ihre Fähigkeit, die von uns verursachten Schäden zu ertragen, ist begrenzt. Sie liebt uns alle, aber sie liebt auch sich selbst und muß sich um ihr eigenes Wachstum kümmern. Wir sollten uns immer vor Augen halten, daß auch sie die Fähigkeit hat, sich spirituell weiterzuentwickeln, genauso wie wir.

Viele Menschen sind heute der Ansicht, die Erde und alles Leben auf ihr sei für die Ausbeutung durch den Menschen bestimmt. Warum würden wir sonst fossile Brennstoffe verwenden und sie zu unserer größten Energiequelle machen, wo doch die Energie der Sonne sauber und kostenlos ist? Warum würden wir sonst die Wälder roden, um Holz zu gewinnen? Warum wären uns sonst unsere Arbeitsplätze und Wirtschaftsinteressen wichtiger als die Fürsorge für den Planeten, auf dem wir leben?

Im vorliegenden Buch geht es um die zukünftigen Veränderungen auf der Erde. Einige Menschen haben Mühe, sich dieser Perspektive zu stellen. Ich möchte euch ermutigen, beim Lesen dieses Buches besonders auf jene Stellen zu achten, die die Kraft haben, in euch selber eine Veränderung auszulösen. Wenn ihr das Buch gelesen habt und denkt, es sei außerhalb eurer Macht, die anstehenden Erdveränderungen zu beeinflussen, dann lege ich euch ans Herz, dieses Buch nochmals zu lesen und mit größerer Aufmerksamkeit auf die Ursachen einer jeden dieser Erdveränderungen zu achten. Denn wenn wir tatsächlich wollen, können wir durch unser Bewußtsein den Verlauf all dieser Veränderungen ändern.

Dieses Buch ist voll mit Beschreibungen von möglichen oder wahrscheinlichen Erdveränderungen, wobei einige von ihnen weniger definitiv erscheinen, obwohl in diesem materiellen Universum nur wenig, falls überhaupt irgend etwas, absolut ist.

Was entscheidet eigentlich, ob ein Ereignis möglich, wahrscheinlich oder absolut ist? Ich möchte versuchen, kurz zu erklären, wie Ereignisse zustande kommen, sowohl im individuellen als auch im kollektiven Bereich. Die Veränderungen, die in jedem Fall eintreffen werden, sind jene Entwicklungen, die nicht von der Menschheit ausgelöst werden, sondern von der Notwendigkeit des planetaren Gleichgewichtes, das neu eingependelt werden muß, wenn die Erde ihre Umlaufbahn verändert oder wenn andere kosmische Gegebenheiten auftreten, die nicht vom freien Willen der Erdbewohner abhängig sind.

Unsere Gedanken haben Schöpfungskraft – wir schaffen unsere eigene Realität, und zwar bis hin zur Wahl der Farbe unserer Schnürsenkel. Auch wenn wir nur denken, schaffen wir «irgendwo» im Universum eine Realität. Auch durch das Sprechen schaffen wir unsere individuellen physischen Realitäten. Zuerst existiert etwas in der Form eines Gedankens, der sich dann als konkrete Form manifestiert oder uns veranlaßt, eine konkrete physische Gegebenheit oder ein Ereignis zu verursachen. Das Massenbewußtsein besteht aus der Gesamtheit der individuellen Gedanken, Wünsche und Energien.

Wenn eine genügend große Anzahl von Menschen einen ähnlichen Gedanken oder ein erstrebtes Ergebnis projizieren, dann besteht durch diese Ausrichtung des Massenbewußtseins die Wahrscheinlichkeit, daß das besagte Ereignis oder Ergebnis eintritt. Der Sonnengott, aber auch andere, sind fähig, den Faktor eines bestimmten Massenbewußtseins zu erfassen und auszuwerten und dann – auf der Grundlage der Kenntnis der Energien, die zu einem bestimmten Zeitpunkt an einem bestimmten Ort vorherrschen – ein «wahrscheinliches» Massenbewußtsein vorauszusehen.

Jedes Individuum hat den freien Willen, der es ihm jederzeit erlaubt, sich selbst zu ändern. Ich betone noch einmal: Wenn sich genügend Gedankenbilder und Erwartungen ändern, wird dadurch auch das wahrscheinliche Ergebnis geändert. Angesichts des Bewußtseins der Menschen im allgemeinen und der vielen lokalen Brutstätten des Massenbewußtseins im besonderen kommt der Sonnengott jedoch zum Schluß, daß gewisse Reinigungsvorgänge unumgänglich sein werden, um die Schwingung, die die Menschen kollektiv aufgebaut haben, zu neutralisieren. Diese Reinigung wird jedoch nicht die Ursache dafür sein, daß sich das Gesamtbewußtsein der Menschen dauerhaft verändert, und das ist auch nicht der Zweck dieser Reinigung. Was immer geschehen wird, hat die Aufgabe, bei der Entfernung der schädlichen Energien, unter denen Mutter Erde derzeit zu leiden hat, mitzuhelfen. Eine dauerhafte Veränderung können wir nur durch unseren eigenen freien Willen erreichen, und keine positive, liebende Energie würde sich jemals in diesen Aspekt unseres Daseins einmischen.

Wenn die Menschheit doch nur endlich einsehen würde, welche Kraft ihren Gedanken innewohnt, nämlich die Kraft, die eigene Realität zu gestalten! Dann würden wir erkennen, daß alles, was jetzt geschieht oder sich in Zukunft ereignen wird, nichts anderes als eine Widerspiegelung unsererselbst ist. Dann könnten wir uns bewußt entscheiden, ob wir die Ausrichtung unseres Bewußtseins ändern wollen oder nicht.

Nach diesen einleitenden Worten möchte ich in diesem und in den folgenden Kapiteln nun jene Channeling-Botschaften vorlegen, in denen viele der zukünftigen Erdveränderungen beschrieben werden, sowohl die definitiven als auch die wahrscheinlichen. Bitte achtet insbesondere darauf, weshalb an den besagten Orten solche Reinigungsvorgänge nötig sind. Die Gründe hinter diesen Ereignissen zeigen, von welchen Faktoren sie am meisten beeinflußt werden. Sie werden eintreffen, wenn dies von unseren kollektiven Entscheidungen erlaubt wird, aber sie können auch abgewandt werden, wenn die Massen bewußt ebenjenes Massenbewußtsein verändern.

Der Mississippi, die südliche Erdhälfte, Polverschiebungen und der Himalaya

6. April 1992

Ich möchte euch mitteilen, daß der Fluß, den ihr Mississippi nennt, zweieinhalbmal so breit werden wird, wie er heute ist. Das wird notwendig sein, denn dadurch werden viele der unerwünschten Strukturen weggewaschen, die sich im mittleren Teil eures Landes befinden. Es gibt auch viele verseuchende Chemikalien, die weggewaschen werden müssen. Die Verbreiterung dieses Flusses wird im Zusammenhang mit einem sehr starken Erdbeben stattfinden, das einen großen Teil des Ufergebiets dieses Flusses betreffen wird. Gleichzeitig werden einige der Flüsse, die in dieses große Gewässer münden, einen neuen Lauf bekommen. Das wiederum wird die entsprechenden Gebiete von jenen Dingen befreien, die ich gerade erwähnt habe.

Die Menschheit ist dabei, unnötigerweise die Wälder auf der südlichen Erdhälfte niederzubrennen. Dies verursacht eine Störung des natürlichen Gleichgewichtes, wodurch langanhaltende Schäden verursacht werden, wenn diese Waldzerstörung nicht rechtzeitig eingestellt wird. Hören die Menschen nicht auf, dann wird die Erde diese Flammen mit großen Fluten löschen. Diese Flut wird sehr groß sein. Sie wird sich mit keiner Überschwemmung der bekannten Menschheitsgeschichte vergleichen lassen, es sei denn, man betrachte die Umstände zur Zeit von Noahs Reisen. In diesen Regionen werden sich auch drei massive Erdbeben ereignen, um das gesamte Gebiet gegen weitere Zerstörung durch Menschenhand zu versiegeln.

Es wurde bereits viel über Polverschiebungen gesprochen, und auch viele Channelings behandeln dieses Thema. Ein wichtiger Aspekt wird dabei jedoch meistens übersehen: Die Menschheit selbst kann einen Einfluß auf den Verlauf dieses Ereignisses nehmen. Je nach dem Bewußtsein der Menschen wird dieses Ereignis weniger verheerend oder noch verheerender werden. Daß Polverschiebungen auftreten werden, läßt sich nicht bezweifeln. Man muß noch vor Ende 1998 mit ihnen rechnen. Wenn die Menschheit den Grad ihrer Liebe anheben würde, würden die Polverschiebungen minim ausfallen, vielleicht nicht mehr als um acht oder zehn Grad. Sonst werden die Verschiebungen groß genug sein, um das Hinübergehen jener Menschen zu fördern, denen nicht daran gelegen ist, ihren Lebensweg mit einem höheren Grad an Liebe zu erhellen. Dies ist in keiner Weise eine Bestrafung. Solche Menschen, wie alle Menschen, treffen ihre eigenen Entscheidungen. Viele von denen, die sich nicht für die Liebe entscheiden, werden versetzt werden, um diese Aufgaben von einer anderen Dimension her angehen zu können.

Bevor ich mich verabschiede, möchte ich noch ein weiteres Ereignis erwähnen. Die Gebirgskette namens Himalaya wird sich verändern. Viele dieser Berge werden verschwinden, und sie werden dem Wasser Platz machen, um die haßerzeugenden Vorstellungen, die dort herrschen, wegzuwaschen. Die Vorstellungen selbst mögen vielleicht überleben, aber diejenigen, die diese Vorstellungen aufrechterhalten, werden nicht. Dadurch wird in diesem Teil eures Planeten das Tor für weitere Veränderungen geöffnet.

Ich habe angekündigt, daß ich Tom die kommenden Erdveränderungen mitteilen werde. Das obige waren nur einige wenige Beispiele. Ich werde Tom die meisten der wichtigen Veränderungen mitteilen, damit er es an die Menschen weitergeben kann. Und dann werden sich die Menschen entscheiden müssen, ob sie es glauben wollen oder nicht. In allen Existenzen gibt es eine natürliche Ordnung. Aber es gibt auch eine menschengemachte Ordnung, die auf die natürliche Ordnung reagiert.

Ich verabschiede mich nun und versichere euch meiner Liebe, denn meine Liebe gehört dem Einen Schöpfer von uns allen.

– Der Sonnengott

65

Rußland, Florida, Kanada und Kalifornien

20. April 1992

An verschiedenen Orten der Erde wird es zu Vulkanausbrüchen kommen. Einige künden sich bereits jetzt an. Ein großer Ausbruch wird sich im Land namens Rußland ereignen. Dieses Ereignis wird einen verheerenden Schaden verursachen und wird hoffentlich dazu beitragen, daß die Überlebenden sich auf ihre eigenen Probleme konzentrieren und nicht auf die Probleme ihrer Nachbarn und erst recht nicht darauf, wie schlecht es ihrer Wirtschaft geht oder wie sie im Vergleich mit anderen Ländern dastehen. Dieses Ereignis sollte ihre Aufmerksamkeit wieder nach innen richten. Auch hier handelt es sich um eine Reinigung und ist von der Bewußtseinsschwingung der Massen abhängig, die dort leben. Bei diesem Ereignis wird es auch zu Erdbeben kommen, und dabei könnten zwei ihrer Atomreaktoren beschädigt oder zerstört werden.

Viele Menschen machen sich Gedanken hinsichtlich der zukünftigen Überflutungen, und das sollten sie auch. Das Wichtige jedoch ist, daß man die Läuterung dahinter sieht und daß man Angst und Haß mit Liebe ersetzt. Angst und Haß nehmen verschiedenste Formen an. Die Menschen lassen sie in ihren Städten und in ihren Chemieanlagen erscheinen, die das Wasser, die Luft und jeden von euch verunreinigen und verderben. Angst und Haß zeigen sich auch darin, wie die Menschen sich gegenseitig behandeln. Deshalb werden wir die Fluten kommen lassen. Darauf habe ich bereits des öfteren hingewiesen.

Aber auch das Wasser der Meere wird steigen und über die Ufer treten. Florida wird zur Hälfte von Wasser bedeckt werden. Ich sage dies, damit diejenigen, die zuhören, sich heilen und sich an sichere Orte begeben können. Aber damit sage ich nicht, daß man jemandem der negativen Schwingung im eigenen Haus Zuflucht gewähren muß, selbst wenn ein Notfall besteht. Viele werden nicht fliehen, denn es ist ihre Absicht, mit den steigenden Wassern hinüberzugehen. Dies entspricht ihren Entscheidungen, die sie getroffen haben. Das ist der Grund, warum so viele diesen Staat als Wohnort wählen. Eine Serie von Hurrikanen wird Wasserwogen über dem Land ausschütten, und ihre Kraft wird eine Vielzahl der Strukturen zerstören. Viele Menschen werden die Möglichkeit haben, in sich zu gehen und dem Pfad ihres Herzens zu folgen. Viele von diesen Menschen werden auf der Erde bleiben. Aber nichtsdestoweniger werden die Fluten stattfinden.

Es hat nichts mit Haß oder Bestrafung zu tun, wenn Mutter Erde diese Läuterungskräfte freisetzt. Sie tut dies aus Liebe für sich selbst, aus Liebe für die Menschheit und für die gesamte Schöpfung.

Jede größere Landmasse wird von diesem Läuterungsvorgang betroffen werden. Jede! Auch im Land namens Kanada wird es zu großen Überflutungen kommen. Dies wird geschehen, wenn die Pole sich verschieben. Es wird auch zu Vulkanausbrüchen kommen, welche die dort lebenden Menschen daran erinnern sollen, daß es das Beste wäre, dem Schöpfer in jener Einheit zu dienen, die viele zu diesem Zeitpunkt ersehnen werden.

Über die westlichen Gebiete eures Landes ist bereits vieles gesagt und vorausgesagt worden. Einige sagen, daß Kalifornien im Meer verschwinden werde. Edgar Cayce sprach davon, und ich bin eine der Energien, die seine Voraussagen gelenkt haben. Die Erfüllung vieler Voraussagen, die er gemacht hat, steht noch bevor. Ich sage euch, ihr werdet Kalifornien verlieren und mehr Menschen, als ihr zählen könnt. Aber seid nicht traurig, denn das ist ihr Beitrag für den Planeten Erde. Sie richten ihre Energien auf diese Gebiete, um zu helfen, daß es so kommen wird. Dies könnte sich ereignen bis zum Jahre 1998. Ich zögere mit dieser Angabe, weil es auch bis ins Jahr 2001 hinausgeschoben werden könnte. Aber es wird stattfinden.

Ich verabschiede mich von euch in Liebe zum Einen Schöpfer von uns allen.

– Der Sonnengott

Vulkane und Dunkelheit, Überflutungen, Atlantis und weiteres über die Polverschiebungen

28. April 1992

Heute abend ist es schön und sonnig. Überall, wo ich scheine, bringe ich Freude. Wenn meine Strahlen für eine gewisse Zeit nicht gesehen werden können, ändern sich die Energien eines jeden Menschen, denn mit meinem Licht kommt Leben auf diesen Planeten.

Aber es wird lange Phasen der Dunkelheit geben, und an verschiedenen Orten der Erde wird kein Sonnenlicht gesehen werden können. Dies ist nicht nur auf einen einzigen Umstand zurückzuführen. Ich habe bereits Vulkanausbrüche erwähnt, und diese werden in gewissen Fällen so gewaltig sein, daß in großen Gebieten der Erde während Wochen die Sonnenstrahlen nicht mehr durchdringen können. Aber diese Vulkanausbrüche werden nicht der einzige Grund sein, warum in einigen dieser Gebiete Dunkelheit herrscht. Es wird auch eine große Sonnenverfinsterung geben, die bis zu drei Tagen anhalten kann. Wenn dies geschieht, werden viele befürchten, das Ende der Welt sei gekommen, aber dem ist nicht so. Viele werden jedoch bei diesen zwei Ereignissen derart in Panik geraten, daß sie an sich selbst Hand anlegen und hinübergehen. Und ich sage euch: Während derselben Zeit werden noch andere seltsame Dinge geschehen.

Was den Einfluß des Wassers in den Vereinigten Staaten betrifft, so wurde bereits viel darüber gesprochen, und auch viele Channeling-Botschaften befassen sich mit diesem Thema. Ich habe gesagt, daß der große Fluß Mississippi breiter werden wird. In den angrenzenden Gebieten wird es zu Überflutungen in noch nie gesehenem Ausmaß kommen. Aber nicht nur diese Gebiete werden von großen Wassermassen heimgesucht werden, sondern das gesamte Land namens USA.

Viele Menschen haben sich bereits mit den Entwicklungen abgefunden, die von gewissen Gruppen und Regierungsstellen gelenkt werden. Sie haben akzeptiert, daß das «normal» ist. Diese Menschen geben sich zufrieden mit einem Leben, das allein auf materielle Bedürfnisse ausgerichtet ist. Doch das Wasser wird diese Menschen zwingen, alles aufzugeben, was sie in weltlichem Sinn ihr eigen nennen. Sie werden dies als große Tragödie empfinden. In der Tat, viele werden es vorziehen, hinüberzugehen, statt nah bei der Natur zu leben. Aber diejenigen, die bleiben, werden sehen, daß ihr Leben viel reicher wird, als sie es sich je vorstellen konnten. Das werden diejenigen sein, die sich der Liebe zu Gott hingeben und lernen, wie man aus den inneren Quellen schöpft. Dies wird sich in vielen eurer Staaten ereignen, in zu vielen, als daß ich sie alle hier namentlich aufzählen könnte.

Das Wiederauftauchen des versunkenen Kontinents Atlantis ist bereits zu einem populären Thema geworden. Dieses Land ist tatsächlich untergegangen, weil die Menschen, die einstmals dort lebten, sich falsch verhielten. Aber einige Gipfel dieses Landes ragen immer noch über das Wasser hinaus. Viele dieser Landstriche sowie auch andere werden sich aus dem Wasser erheben. Dies wird in den Breitengraden entlang des Mittelmeeres geschehen, etwa 200 Meilen hinaus in den Atlantik. Aber ich sage euch, dieser Kontinent war nie verloren. Ihr braucht nur im Osten der Vereinigten Staaten, einschließlich Kentuckys, genauer hinzuschauen. Das einzige, was verlorengegangen ist, ist der Glaube, daß es Atlantis gegeben hat.

Viele Menschen setzen all ihre Zukunftshoffnungen auf die Schätze und das Wissen von Atlantis. Ich sage euch, daß dies törichte Menschen sind. Schaut nicht in die Vergangenheit. Schaut vorwärts! Wir haben es dort zweifellos mit großen Schätzen und Geheimnissen zu tun, aber dieselben befinden sich auch in vielen von euch, und sie werden in naher Zukunft hervorquellen. All dieses Wissen befindet sich bereits in den Tiefen eures Seelenwesens.

Die Pole werden sich verschieben. Das steht fest, und ich habe bereits darüber gesprochen. Bis sich die neuen Pole eingependelt haben, wird einige Zeit vergehen. Die Erde wird der Sonne näherkommen. Gesamthaft gesehen, wird das Erdklima also wärmer werden. Die Polargebiete werden nicht mehr so groß sein. Wenn sich die Pole verschieben und das Eis schmilzt, wird eine große Wassermenge freigesetzt, was zu weiteren Überflutungen führt. Ich werde zu einem späteren Zeitpunkt mehr darüber sagen.

Diejenigen, die diese Zeilen lesen, werden sich fragen, in welcher Form und in welchem Ausmaß sie von diesen Veränderungen betroffen sein werden. Der größte Teil der Erdbewohner wird direkt betroffen sein. Für manche wird es einfach ein paar Umstellungen bedeuten, andere jedoch werden mit ihrem

Bewußtsein in die volle Heftigkeit gewisser Umstände eintauchen. Zu beiden sage ich: Vertraut euch selbst, habt Vertrauen in die Liebe des Einen Schöpfers, und vertraut denjenigen, die diesem Schöpfer mit Liebe dienen! Ihr werdet natürlich um die unmittelbaren Notwendigkeiten besorgt sein, ich bin mir dessen bewußt. Aber dennoch sollte euer Hauptanliegen die Sorge und die Liebe für die Gesamtheit sein, und ihr werdet staunen, was jeder von euch bekommen wird.

Hierzu gibt es noch viel mehr zu sagen, und daher werde ich weiter darüber sprechen. Ich weiß auch, daß viele Menschen wissen möchten, wann diese Veränderungen eintreten werden. Ich erwähne einige Zeitangaben, doch einige davon werden sich ändern, je nachdem, wie sich das Massenbewußtsein verändert. Es ist ein törichtes Unterfangen, diese Veränderungen mit Daten zu versehen, töricht, egal wer es tut. Ich lege euch allen nahe, euch vorzubereiten, da auch die Erde sich für ihr größtes Ereignis vorbereitet.

Ich verabschiede mich nun. Ich bin nichts anderes als ein Teil des Einen Schöpfers von uns allen.

– Der Sonnengott

Der große Wind, Afrika und der Planet der Liebe

5. Mai 1992

Tom hat mich gefragt, was es mit dem «großen Wind» auf sich hat, den Nostradamus prophezeit und den er auch neulich in einem Channeling an Tom erwähnt hat. Ich möchte darauf hinweisen, daß dieses Ereignis keine Erdveränderung ist. Aber was er gesagt hat, wird eintreffen. Die Winde werden aus der Atmosphäre kommen und werden über die Erde hinwegfegen. Sie werden eine vernichtende Geschwindigkeit und Wucht haben und werden ebenfalls zur Läuterung der Erde beitragen. Die Geschwindigkeit dieser Winde wird von den Menschen auf der Erde abhängen. Ich möchte mich hier zu diesem Zeitpunkt nicht festlegen, denn jeder von euch kann seinem Mitmenschen und der Erde helfen. Was ich jedoch sagen kann, ist, daß diese Winde mit einer gewaltigen Geschwindigkeit von mindestens 500 Stundenkilometern über die Erde hinwegfegen werden.

Ich habe bisher noch nicht viel über den großen Kontinent namens Afrika gesagt. In nur wenigen Ländern auf diesem Planeten gibt es so viel natürliche Schönheit wie in diesem, und so viel Liebe, Angst und Haß. Dieses Land ist ein Land der Extreme. Neue Berge werden sich bilden. Diese Berge werden helfen, den Grad der Liebe der dortigen Menschen zu neuen Höhen zu erheben. Wenn sich diese neuen Formationen bilden, wird es auch zu großen Überschwemmungen kommen, die das Land von vielen jener Menschen läutern wird, die einen unerbittlichen Haß auf andere Menschen in sich tragen. Ich sehe die Veränderungen, die in diesen Ländern kommen werden – Veränderungen, die dafür bestimmt sind, die gegenseitige Hilfe unter den Menschen zu fördern. Ich befürworte diese Veränderungen, denn dadurch können weitere Läuterungsmaßnahmen verringert werden.

Wenn ich so viele verschiedene Naturereignisse erwähne, werden sich einige fragen, warum Mutter Erde nicht einfach mit einem einzigen Schlag alle Menschen abschüttelt, genauso wie ein Hund Flöhe abschüttelt. Ihr müßt euch vor Augen halten, daß die Erde sich in eine andere Dimension erhebt. Sie liebt die Menschen, und sie hat die Wesen, die einen Lichtkörper haben, gebeten, auf die Erde zu kommen und in Frieden miteinander zu leben. Mutter Erde will die

Menschheit nicht zerstören. Sie will sich nur von all jenen Schwingungen reinigen, die ihren Aufstieg verlangsamen. Sie will den Menschen in jeder erdenklichen Weise helfen. Viele der Erdveränderungen geschehen zum Zweck der Reinigung. Andere wiederum geschehen hinsichtlich der physischen Balance des zukünftigen Planeten, da die Erde im Universum eine neue Position einnehmen wird. Der Erde ist es bestimmt, ein Planet der Liebe zu werden.

Ich liebe alle Geschöpfe, so wie wir alle vom Einen Schöpfer geliebt werden.

– Der Sonnengott

Ost- und Westküste der Vereinigten Staaten

12. Mai 1992

Die Zahl derjenigen, die nicht akzeptieren werden, was ich sage, wird viel größer sein als die Zahl derjenigen, die akzeptieren, was ich sage. Doch je mehr es akzeptieren, desto tiefer wird das Verständnis der Liebe, welches erforderlich ist, um viele der Läuterungsvorgänge zu verringern oder sogar zu verhindern. Damit will ich nicht sagen, daß man anderen Menschen einen Glauben aufdrängen soll. Vielmehr schlage ich vor, daß jeder Mensch allen anderen Wesen mit Liebe begegnet, damit dies der neue Glaube wird: der Glaube an die Liebe. Alles wird möglich durch Liebe.

Ebenso verhält es sich mit den nächsten Ereignissen, die ich erwähne. Gewaltige Stürme werden die Ufer eurer Ost- und Westküste heimsuchen. Diese Stürme werden sogar mehrere hundert Meilen ins Landesinnere vordringen. Ein Sturm nach dem anderen wird kommen, so daß diejenigen, die in diesen Küstengegenden leben, sich fragen werden, ob diese Stürme irgend einmal wieder aufhören werden. Ähnliches wird auch an den Küsten Europas stattfinden. Der Schaden wird groß sein, und vielen Menschen wird es das Leben kosten. Die Menschen brauchen sich jedoch nur daran zu erinnern, daß gegenseitige liebende Akzeptanz einen unmittelbaren Einfluß auf diese Stürme haben kann.

Ich verabschiede mich, erfüllt von der Liebe zum Einen Schöpfer.

– Der Sonnengott

Neuschottland, New York, Chicago und die Nahrungsversorgung

3. Juni 1992

Ich möchte weitere Erdveränderungen erwähnen. So wie jede Veränderung ist auch jede Erdveränderung in sich einzigartig, und jede ist dafür bestimmt, die Erde zu reinigen und ihr zu helfen, ihre Schwingung zu heben.

Es gibt ein Land namens Neuschottland *[in Kanada]*. Dieses Gebiet wird einer der zukünftigen Gleichgewichtspunkte des Planeten sein. Dieses Land wird Berge haben, die eine physische Balance für die Erdrotation schaffen, und es wird auch ein großer energetischer Kraftort sein. Aber bevor dies eintrifft, müssen dort gewisse Dinge geschehen. Die Gebirgszüge werden durch gewaltige Vulkanausbrüche gebildet werden. Diese Ausbrüche erfüllen zwei Zwecke: Einerseits dienen sie der örtlichen Läuterung, und andererseits werden sie den Mechanismus der Gebirgsbildung auslösen. Diese Ausbrüche werden bis in mittelamerikanische und russische Gebiete spürbar sein. Dies wird zwischen 2003 und 2006 geschehen. Diese Ausbrüche werden außergewöhnlich mächtig sein, denn durch sie muß die Landmasse ins Meer hinaus erweitert werden.

Ich habe schon des öfteren erklärt, daß die Schwingung der Erde gereinigt und gehoben werden muß. Was jedoch in Wirklichkeit gereinigt werden muß, ist die Schwingung der Menschheit. Aus diesem Grund werden während der nächsten acht bis zehn Jahre große Überschwemmungen stattfinden. Wenn die Menschen dies zu verstehen beginnen und wenn eine genügende Anzahl eine wahrhaft höhere Liebe entwickelt, dann kann die Gewalt von vielen Reinigungsvorgängen vermindert werden. Diese Naturereignisse sind bloß ein Ausdruck von dem, was die Menschen brauchen. Sie werden jene Samen zum Sprießen bringen, die vom höheren Selbst der Masse gesät wurden.

Fürs erste möchte ich folgendes über die großen Ballungszentren sagen. Es wurde bereits des öfteren prophezeit, daß die Stadt New York durch einen Atomangriff oder sonstwie zerstört werden wird. Dies war und ist natürlich immer noch eine Möglichkeit. Aber ich halte sie für sehr unwahrscheinlich. Das Massenbewußtsein von New York ist so mächtig, daß es seinen Kurs innerhalb eines einzigen Tages ändern könnte. Soviel jedoch *wird* geschehen:

74

New York wird von einem großen Meteorenhagel getroffen werden, wobei einige der Meteoren bis 60 Meter im Durchmesser sein werden. Dies wird eine beträchtliche Zerstörung verursachen und wird den Weg ebnen für eine noch größere Reinigung, die vom Meer her kommen wird. Dieser Hagel aus dem Weltall wird ein Zeichen sein, um all diejenigen zu wecken, die konstant alle angebotenen Möglichkeiten, sich für die Liebe zu entscheiden, ignorieren. Er wird die Leute dazu anhalten, nach neuen Formen der Lebensführung Ausschau zu halten – nach Lebensweisen, die ganz anders sind als diejenigen, die heutzutage derart massive negative Schwingungen verursachen.

Viele andere große Städte auf diesem Planeten werden ähnliche Botschaften bekommen. Chicago hat bereits zu spüren bekommen, welch potentielle Reinigungskraft dem Wasser innewohnt. Dennoch beharren die Menschen dort darauf, nur die äußeren Schäden und Konsequenzen zu sehen. Welche Konsequenzen dieses Zeichen für die menschlichen Beziehungen hat, wollen sie nicht sehen. Diese Warnung durch das Wasser war insbesondere an die Wirtschaftsleute adressiert, aber deren Antwort war nur ein gegenseitiges Anschuldigen. Die nächste Überschwemmung wird durch ein Erdbeben ausgelöst werden, und die Menschen werden dieses Zeichen noch intensiver spüren. Ach, wenn die Menschen nur ihre wahre Liebe und ihre wahre Macht erkennen würden! Es würde keine wirtschaftlichen Auseinandersetzungen mehr geben, denn diese Probleme stellen sich gar nicht, wenn die Menschen sich gegenseitig mit Liebe begegnen.

Damit komme ich auf die Nahrungsversorgung zu sprechen. Die Menschheit, insbesondere in den Industrienationen, ist abhängig von Elektrizität und brennstoffbetriebenen Transportmitteln, um Nahrungsmittel zu säen, zu ernten und herzustellen. Diese Strukturen verursachen für die Erde und die Menschheit einen enormen Schaden, mit all den Giften und Abfallstoffen, die auf das Land und in die Luft abgegeben werden.

Noch schlimmer jedoch sind die Machtstrukturen, die durch dieses System geschaffen wurden. Nur schon was Nahrung betrifft, sind viele von euch absolut von denjenigen abhängig, die euch die Nahrung liefern. Wenn ihr eure Freiheit behalten wollt, müßt ihr diese Situation ändern. Es gibt überall auf der Erde genügend Nahrung, wenn die Menschen nur verstehen würden, was der menschliche Körper in Wirklichkeit benötigt. Ich rate euch allen, von Pflanzen und von organisch gewachsenen Nahrungsmitteln zu leben. Hierüber werde ich bei anderen Gelegenheiten ausführlich sprechen. Was die Nahrung für den Körper betrifft, so sollten sich die Menschen auf das beschränken, was erhältlich ist, wenn es keine künstlichen Mittel zur Nahrungserzeugung mehr gibt.

Ich verabschiede mich in der Liebe und Einheit des Einen Schöpfers.

– Der Sonnengott

Veränderung der Dimensionen, die Wissenschaftler, Hong Kong und Tokio

9. Juni 1992

Der Schwerpunkt meiner Prophezeiungen lag bisher hauptsächlich in den allgemeinen Veränderungen sowie in den Veränderungen der Landmassen und Gebirgszüge. Zudem habe ich über die meisten Länder außerhalb der Vereinigten Staaten noch nicht viel gesagt. Ruft euch jedoch in Erinnerung, daß ich sagte, alle größeren Landmassen würden Veränderungen erleben.

Es sollte nicht schwer sein zu verstehen, daß Veränderungen vonstatten gehen müssen, zumindest bis zu einem gewissen Ausmaß. Denkt darüber nach. Die Erde erhebt sich nun in die vierte Dimension und wird bald danach, und noch schneller, in die fünfte Dimension eingehen. Diese Bewegungen werden in und auf der Erde Veränderungen der physischen Schwingung und des irdischen Aura-Feldes verursachen.

Dies sagt noch nichts über bestimmte Orte und Ereignisse aus, aber es ist leicht einzusehen, daß überall zahlreiche Ereignisse eintreten werden. Gewisse Veränderungen dienen hauptsächlich der Reinigung der Schwingungen, die von den Menschen ausgesandt werden, und diese Veränderungen sind fast gänzlich abwendbar. Das habe ich ebenfalls bereits erwähnt.

Ich werde weiterhin allgemeine Veränderungen beschreiben, aber ich werde auch beginnen, für gewisse Gebiete konkretere Angaben zu machen. Eure Wissenschaftler versprechen schon seit langem entscheidende Durchbrüche, und sie werden auch weiterhin solche Versprechungen abgeben. Die meisten dieser Versprechungen, so «wissenschaftlich» sie auch sein mögen, sind gegenstandslos, zumindest all diejenigen, die große Durchbrüche in Aussicht stellen. Setzt keine Hoffnungen in diese Versprechungen. Eure Wissenschaftler haben schlicht und einfach keine Ahnung von den Energien des Universums. Sie stützen sich auf unbedeutende Befunde und Vermutungen, weshalb ihre Schlußfolgerungen verdunkelt und verzerrt sind. Einige aufgeschlossene Wissenschaftler jedoch werden in Zukunft tatsächlich ein Kanal für echte Durchbrüche sein, obwohl sie sich dessen noch gar nicht bewußt sind. Doch diejenigen, die stur an ihrer wissenschaftlichen Beschränktheit festhalten, werden jeden Empfang höherer Inspiration abblocken. Ich sage dies bewußt, weil es nicht zu vermeiden sein wird, daß die Wissenschaftler diese Hinweise auf die kommenden Veränderungen kritisieren und lächerlich machen werden. Dies sollte niemanden überraschen.

Ich möchte heute konkret auf zwei Ballungsgebiete zu sprechen kommen. Die Städte Hong Kong und Tokio werden von großen Erdbeben gespalten werden. Drei bis sechs Monate später werden gewaltige Flutwellen folgen. Die Erdbeben werden sich ereignen, aber die Flutwellen sind abwendbar. Die Fluten werden kommen, um eine Reinigung durchzuführen und den Geist der Menschen für die wahre spirituelle Verbindung zu öffnen. Diese zwei Städte haben eine sehr ähnliche Schwingung, da ähnliche Geisteshaltungen vorherrschend sind. In Japan kam der Familie ein hoher Stellenwert zu, aber diese Werte stehen heute im Schatten der Bemühungen um materiellen Erfolg und Aufschwung. Auch unterliegt diese Gesellschaft schon seit langem dem männlichen Herrschaftsprinzip, weshalb den weiblichen Aspekten nicht derselbe Respekt zukommt, ebensowenig wie den Impulsen, die nicht japanisch sind. Zu lernen, andere als gleichwertig zu sehen, ist die Botschaft, die hier vermittelt wird. Ähnlich verhält es sich mit Hong Kong.

Es gibt zwei Gebiete, die sich nur geringfügig verändern werden, weil die Energien dort sehr harmonisch sind. Ich will diese Gebiete zum gegenwärtigen Zeitpunkt nicht näher bezeichnen, denn wenn von Panik getriebene Menschen dorthin eilen würden, könnte das Energiegleichgewicht empfindlich gestört werden. Ich teile euch dies mit, damit ihr wißt, daß es auf der Erde auch Orte des Gleichgewichts gibt. Damit meine ich jedoch nicht irgendwelche großen Landmassen, denn diese werden alle mit der Schwingung des Sonnensystems in Einklang gebracht werden. Der obige Hinweis bezieht sich nur auf kleinere Gebiete, ähnlich wie Länder.

Ich verabschiede mich nun im Namen der Liebe und der Liebe zum Einen Schöpfer.

– *Der Sonnengott*

Mondfinsternis-Energien, die Regenwälder, Argentinien und die vierte Dimension

17. Juni 1992

Die Menschen wurden soeben Zeugen einer Mondfinsternis. In der gegenwärtigen Zeit sind die Mond- und Planetenenergien besonders ausgeprägt. Mondfinsternisse haben nie genau dieselben Energien, aber ähnliche. Es gibt viele Wesen, die sich in der Besonderheit dieser Energien auskennen, und einige werden diese Energien zu ihrem Vorteil ausnützen. Dies wird nicht immer zum Nutzen der Menschheit sein. Ich erwähne dies, denn die Menschheit täte gut daran, sich dieser Zusammenhänge bewußt zu sein, damit sie diesen Einflüssen mit Liebe und zusätzlichen Schutzmaßnahmen begegnen kann. Die außerirdischen Wesen, die nicht zu den rein selbstlosen Wesen gehören, machen sich die Energien des Mondes und der Mondfinsternisse in einem beträchtlichen Ausmaß zunutze.

Die Menschheit ist heute dabei, die Regenwälder zu zerstören. Die Menschheit könnte diese schreckliche Zerstörung ohne weiteres beenden, aber sie tut es nicht, weil es hier um Arbeitsplätze und Profite geht. Diese Dinge scheinen das wichtigste auf Erden zu sein. In den Augen der Menschen sind die Profite wichtiger als die Erde. Die Menschen behandeln ihre Mutter Erde als Stiefkind und nicht als Erstgeborene. Das ist der Glaube, der von den Verantwortlichen eurer Gesellschaft verkündet wird. Durch eure Verantwortlichen spricht das Bewußtsein der Masse. Doch sie alle liegen falsch, und das muß sofort geändert werden. Die Erde und ich werden nicht mehr zulassen, daß diese sinnlose Zerstörung der Wälder weitergeht, denn die Wälder sind unerläßlich für die Aufrechterhaltung des Gleichgewichts der Lebensenergien auf eurem Planeten. Sehr bald werde ich klare Zeichen setzen. Einige davon werden in Argentinien zu sehen sein. Ich liebe die Menschheit, aber ich kann es nicht zulassen, daß gewisse Menschen den Pfad der Zerstörung einschlagen. Eure Verantwortlichen bringen nur zum Ausdruck, was die Massen erlauben.

Mutter Erde hat sich entschieden, in höhere Dimensionen einzugehen. Viele werden sich fragen, was das für sie bedeutet und wie sie sich als Individuen vorbereiten können, um ebenfalls in diese neuen Dimensionen eingehen zu können. Für diejenigen, deren Schwingung und Liebe nicht die erforderliche Frequenz aufweist, wird das ganze nicht leicht sein. In der dritten Dimension zu bleiben ist gewiß nicht in jeder Hinsicht schlecht – es zeigt einfach, daß die betreffende Person nicht bereit ist, in die vierte Dimension hineinzuwachsen. Ohne die entsprechende spirituelle Vorbereitung wird es der Menschheit nicht möglich sein, sich in die höheren Dimensionen zu erheben.

Ihr müßt mit aller Aufrichtigkeit erkennen, daß ihr nicht getrennt und nicht allein seid. Die Erkenntnis, daß alles mit Gott, dem Ursprung, eine Einheit bildet, muß mit dem Herzen und mit der Seele vollzogen werden. Erforderlich für euren Aufstieg ist also der Entschluß aus eurem freien Willen und die Vorbereitung. Der individuelle Aufstieg wird auch eine Veränderung auf der molekularen Ebene nach sich ziehen. Ich werde zu einem späteren Zeitpunkt näher darauf eingehen.

Ich verabschiede mich nun und versichere euch, daß ich den Einen Schöpfer von uns allen kenne und liebe.

– Der Sonnengott

Kapitel 4

Erdveränderungen II

Aus den bisherigen Beschreibungen der wahrscheinlichen und möglichen Erdveränderungen geht klar hervor, daß hier grundlegende Muster vorliegen. Auslöser der Erdveränderungen werden hauptsächlich Überflutungen, Sturmwinde, Vulkanausbrüche und Erdbeben sein. Diese Naturgewalten repräsentieren die verschiedenen Elemente und Bewegungen der Erde. Mit anderen Worten, es sind jene Kräfte, die direkt den physischen Zustand des Planeten ausmachen.

Wenn wir uns vergegenwärtigen, in welch tiefgreifendem Ausmaß die Menschen ihr Bewußtsein und ihr Verhalten ändern müßten, um die Notwendigkeit dieser Reinigungen zu verringern, dann wird deutlich erkennbar, welche Schmerzen die Menschen mit ihrem gegenwärtigen Bewußtsein und Verhalten der Erde und auch den Mitmenschen und den anderen Lebensformen auf dem Planeten zufügen. Diese schädlichen Schwingungen schlagen sich nicht nur in Form von körperlichem Leid nieder, sondern auch in Form von mentalem und emotionalem Leid, das bereits Teil unseres Alltages geworden ist, in dem Haß, Egoismus und Rücksichtslosigkeit vorherrschen. Diesen grundlegenden Zusammenhang müssen wir verstehen, bevor wir auch nur daran denken können, jene Probleme zu lösen, die wir selbst verursachen.

Das Diskutieren ist wichtig, aber es genügt nicht, einfach nur über den Zustand der Menschheit zu sprechen. Das bloße intellektuelle Abhandeln der verschiedenen Themen bleibt immer nur oberflächlich. Was heutzutage dringend notwendig ist, sind globale Maßnahmen sowie auch Veränderungen in der innersten Persönlichkeit des einzelnen. Echte Lösungen setzen voraus, daß wir im Herzen den aufrichtigen Wunsch verspüren, alles aus der Perspektive der Liebe und des gegenseitigen Respektes zu sehen. Wenn wir uns um diese innere Haltung bemühen, werden wir automatisch auch alle Lebewesen und die gesamte Welt anders sehen und anders behandeln.

Erinnert euch immer an diese Zusammenhänge, während ihr weiterlest. Wenn es euch genehm ist, dann werft auch einmal einen Blick auf euren eigenen Lebensstil. Wir sind verantwortlich für die Veränderungen in unserem eigenen Leben, aber nicht jede Seele, die heute auf der Erde lebt, wird dieser Verantwortung nachkommen. Daher werden manche auch die potentiellen Entwicklungsmöglichkeiten verpassen, die in diesem Buch und in anderen beschrieben werden.

Wenn wir Menschen uns in einer genügenden Anzahl entscheiden, eine Veränderung zu bewirken, dann können wir sehr viele positive Energien freisetzen. Es ist daher nicht so notwendig, daß wir uns nur um die Heilung eines Bruders oder einer Schwester Sorgen machen, viel wichtiger ist, daß wir bei uns selbst anfangen und in uns eine Veränderung verursachen. Wenn wir dies tun, so wird dies auch einen positiven Einfluß auf die gegenwärtig vorherrschenden Energien und Verhaltensweisen haben und jene Art von Veränderung bewirken, die der Erde und dem menschlichen Dasein zur Ehre gereichen.

Der Entscheid von Mutter Erde; Veränderungen
in den Glaubenssystemen

23. Juni 1992

Der Eine Schöpfer hat gesprochen, und dies bereitet mir große Freude. *[Siehe das Channeling der Worte Gottes vom 23. Juni 1992 am Ende von Kapitel 2.]*

Alles, was ich tue, tue ich in Liebe für den Einen und in Liebe für alle. Ich nehme das Leben und das Leiden der Menschen nicht leichtfertig. Aber ich kenne den Stellenwert, der diesen Erfahrungen innerhalb des Universums zukommt. Ich weiß, daß jeder Mensch darum gebeten hat, zum gegenwärtigen Zeitpunkt hier auf der Erde gegenwärtig sein zu dürfen. Ich kenne die Lebensaufgabe eines jeden. Ich weiß dies alles, und ich liebe jeden Menschen. Aber ich liebe auch die Erde und alle anderen Planeten, die helfen, das Sonnensystem im Gleichgewicht zu behalten.

Genauso wie jeder Mensch auf der Erde sich entschieden hat, einem bestimmten Pfad zu folgen, so hat dies auch die Erde getan. Der Eine und ich sind bereit, jeder Person zu helfen, die uns darum bittet. So hat uns nun auch die Erde gebeten. Wenn die Menschheit darauf besteht, nicht wieder ihre natürliche Rolle einzunehmen und sich nicht wieder dem Pfad hin zum Einen zuzuwenden, dann soll es so sein. Die Erde kennt den Pfad hin zum Einen und hat sich für diesen Pfad entschieden. Und jeder Person, die mich bittet, helfe ich.

Mutter Erde wünscht sich, in eine höhere Dimension einzugehen, und Teil dieser Entwicklung werden auch die vielen Veränderungen sein, von denen ich nun weitere beschreiben möchte. Ihr könnt diese Entwicklung als eine Erhebung der Schwingungen und eine Verringerung der Dichte umschreiben, und das ist nicht falsch. Was aber in Wirklichkeit geschieht, ist eine Erhöhung der Liebe auf der Erde. Dies ist der Sinn und Zweck einer jeden Existenz.

Wenn ich hier über die kommenden Erdveränderungen spreche, dann tue ich das nicht, um die Menschen zu erschrecken. Die Veränderungen können jedoch bei vielen Menschen Angst und Furcht auslösen, da ihre gesamte Wahrheit in der physischen und emotionalen Sicherheit liegt. Die heutigen Kirchen und Religionen geben Millionen von Menschen diese Art von Sicherheit, und deshalb könnte es so aussehen, als ob die Energien der Erdveränderungen einen Keil in das Herz der geheiligten Glaubenssysteme dieser Erde treiben wird. Die freigesetzte Energie wird tatsächlich eine Massenverwirrung verursachen, so daß all jene Glaubenssysteme, die von der vollständigen Herrschaft über ihre Anhängerschaft abhängig sind, zusammenbrechen werden.

Es wird sogar zu religiösen Ausschreitungen und Revolten kommen, und die Menschen werden nicht verstehen können, warum solche Dinge geschehen. Sie werden denken, die Wirtschaft oder andere Faktoren, wie die Überschwemmungen und Hungersnöte, seien schuld daran. Dies alles gehört jedoch zur Reinigung, die vonstatten gehen muß. Diese Institutionen müssen soweit zusammenbrechen, daß die vielen Menschen, die sich in ihrem Griff befinden, wieder freikommen. Einmal mehr werden die Menschen die Wahl haben, an ihren Glaubenssystemen festzuhalten oder andere Antworten auf ihre Daseinsfragen zu suchen. Diese Möglichkeit des Wählens wird den Menschen nun angeboten. Alle größeren Glaubenssysteme der Erde werden bis zum Ende des Jahres 2000 durch diese Phase hindurchgegangen sein.

Viele Menschen, die diese Beschreibungen von den kommenden Erdveränderungen lesen, werden sich nur für die konkreten physischen Umwälzungen interessieren. Das wahrhaft Wichtige jedoch sind die nicht-physischen Veränderungen. Wenn nicht so viele nicht-physische Veränderungen notwendig wären, wären auch nicht so viele physische Veränderungen notwendig. Dann wäre alles in Harmonie und entspräche der Resonanz der Erde. Dann wäre die gesamte Umwandlung ein höchst freudvolles Ereignis.

Ich habe eben die Veränderung der religiösen Glaubenssysteme erwähnt. Die Erdveränderungen werden unter anderem auch dazu führen, daß in allen Glaubenssystemen der Menschheit neue Werte zum Tragen kommen, seien dies nun religiöse, wissenschaftliche, emotionale oder sogar familiäre Werte. Viele werden sich jedoch entscheiden, sich nur noch fester an den gegenwärtigen Kontrollsystemen festzuklammern. Für diese Menschen käme der Verlust der Kontrolle einer Selbstzerstörung gleich.

Die Veränderungen, die ich heute erwähnt habe, sind Veränderungen, die durchgeführt werden *müssen*. Ohne diese Veränderungen gäbe es trotz der Erdveränderungen keine wirkliche Veränderung. Ich werde darüber demnächst mehr sagen. Ich verabschiede mich in der Liebe zum Einen Schöpfer.

– Der Sonnengott

San Francisco, AIDS und das Meer von Arizona

28. Juni 1992

An der Westküste eures Landes gibt es eine Stadt namens San Francisco. Diese Stadt fiel einst einer großen Feuersbrunst zum Opfer; die Reinigung fand damals durch das Feuerelement statt. Es verursachte großen Schaden, aber auch ein gewisses Umdenken. Aber aufgrund des Massenbewußtseins dieser Stadt ist vieles im Laufe der Zeit wieder verlorengegangen. Gleichzeitig gibt es dort auch große Gruppen von Menschen, die nach ihrer eigenen Freiheit und nach dem Sinn ihres Lebens suchen. Doch trotz dieser vereinzelten Bemühungen geschieht vieles in dieser Stadt aufgrund von Haß und tiefsitzenden Rachegefühlen. Viele, die von ebendiesen Emotionen getrieben werden, fühlen sich instinktiv zu diesem Ort hingezogen. Während ihre kollektiven Signale Reaktionen auslösen, verstehen sie selbst nicht, daß ihre gemeinsame Schwingung nicht der höchsten Stufe von Liebe entspricht. So ziehen sie Energien auf sich, die der Liebe entgegengesetzt sind, und dadurch wird der Zorn und der Haß vieler Menschen, die dort leben, nur noch intensiviert.

Warum erwähne ich dies? Die Krankheit AIDS hat mittlerweile große Aufmerksamkeit auf sich gezogen. Viele Menschen, die in dieser Stadt leben, leiden unter dieser Störung des inneren Gleichgewichts. Diejenigen, die andere Menschen beurteilen und mit dem Finger auf die Homosexuellen zeigen, sagen, jene seien die Ursache von AIDS. Wer sich zu dieser Stadt hingezogen fühlt, zieht dadurch auch solche Schwingungen auf sich, denn «Gleiches zieht Gleiches an». Doch sie kennen dieses universale Gesetz nicht, und so fahren sie fort, dem Zorn, der diese Krankheit verbreitet, Ausdruck zu verleihen.

Ich sage euch: Die Menschheit hat diese Krankheit selbst geschaffen, so wie ihr auch all eure anderen Drangsale selbst geschaffen habt. AIDS ist nicht mehr nur eine Krankheit der Homosexuellen; die Heterosexuellen sind genauso betroffen. Alle Menschen tragen diese Symptome potentiell in sich. Viele haben sich für diese Symptome entschieden, um die Menschen auf ihre Situation aufmerksam zu machen und Erleuchtung in ihrem Dasein zu finden. Doch diejenigen, die sich für diesen Weg entscheiden, verstehen nicht oder haben nicht vorausgesehen, wie und mit welchen Impulsen das Massenbewußtsein funktioniert. Denn wenn das Massenbewußtsein nicht in eine positive Richtung gelenkt wird, wird es weiterhin den Zorn der Erkrankten und den Haß der Bedrohten nähren.

Diese Situation kann verändert werden, aber nur durch den freien Willen der Menschen. Die Erdveränderungen werden diese Symptome noch intensivieren. Wenn die Wahrheit ans Licht käme, gäbe es auch physische Heilmittel für diese Krankheit. Aber derselbe Haß, durch die sie verbreitet wird, gärt auch in denjenigen, die das Heilmittel bewachen. Diese möchten nämlich eine Gruppe von Menschen ausrotten, die gemäß ihrem Urteil unerwünscht ist. Diese Situation kann nur durch das Massenbewußtsein verändert werden, da sie überhaupt erst durch das Massenbewußtsein heraufbeschworen wurde. Aber ich sage euch: Jeder von euch trägt die Kraft in sich, jegliche Krankheit zu heilen.

Viele glauben, daß die konkreten Umwälzungen auf der Erde die wahre Bedeutung der Erdveränderungen sei. Ich habe bereits versucht, euch verständlich zu machen, daß die physischen Veränderungen nichts anderes sind als ein Ausdruck der nicht-physischen Ursachen. Alles, was geschaffen wird, entsteht zuerst im Geistigen und im Ätherischen. Was ihr denkt, ist, was ihr seht.

Zum Schluß unseres heutigen Kontaktes möchte ich euch noch eine solche physische Veränderung mitteilen. Der Staat Arizona enthält viel Energie in Form von Energiewirbeln. Viele Menschen wissen, daß dieses Gebiet in vergangenen Zeitaltern ein Meer war, und ich sage euch, daß dies wieder so sein wird. Es kommt nicht darauf an, ob sich die Kraftorte oberhalb oder unterhalb des Wassers befinden; die Energie bleibt immer dieselbe. An mehreren Orten ist eine wunderbare Delphinenergie gegenwärtig, und Arizona wird wieder ein Ort sein, wo es diesen schönen Lichtwesen erneut möglich sein wird, in physischen Dimensionen zu leben. Dies ist der Grund, warum die besagte Erdveränderung dort stattfinden wird.

Ich verabschiede mich, aber meine Liebe bleibt bei euch, denn ich liebe den Einen Schöpfer.

– Der Sonnengott

China und der Nahe Osten

1. Juli 1992

Die Länder auf dem asiatischen Kontinent werden sich der Veränderungen sehr bewußt sein. Ich habe bereits gewisse Gebirgsumformungen und Überschwemmungen erwähnt.

Asien teilt sich in viele Länder auf, weshalb es viele Nachbarn gibt, unter denen China die zentrale Landmasse umfaßt. Das chinesische Volk sehnt sich nach Freiheit, denn es wird von seiner Regierung mit allen möglichen Mitteln unterdrückt. Dennoch gibt es in diesem Land viele Menschen, die das Bewußtsein ihres spirituellen Selbst auf eine sehr disziplinierte Weise aufrechterhalten. Sogar einige Regierungsmitglieder haben gewisse Einsichten bewahrt, durch die sie direkt mit den nicht-physischen Energien verbunden sind. Aber gesamthaft gesehen bemüht sich die Regierung um die Aufrechterhaltung ihrer Herrschaft, und das um jeden Preis.

Ich habe bereits einige Veränderungen erwähnt, die hilfreich sein werden, um dieses Volk zu befreien. Zusätzlich werden vom Meer her große Sturmwinde über das Land ziehen und solche Flutwellen und Zerstörungen verursachen, wie man sie bis zu diesem Zeitpunkt noch nicht gesehen haben wird. Hurrikanartige Stürme werden mit 200 Stundenkilometern auf die Küstengebiete prallen und mit 200 bis 400 Stundenkilometern landeinwärts ziehen. Diese Stürme werden auf jeden Fall auftreten, und nur ihre Wucht kann durch den Willen der dortigen Menschen noch beeinflußt werden.

Diese Naturgewalten werden die Menschen auf dem Land von der Bevormundung durch die lokalen Regierungsvertreter befreien. Auf diese Weise werden die Menschen einen Vorgeschmack von Freiheit bekommen. Durch die Stürme werden auch die Menschen einander näherkommen, um sich gegenseitig zu helfen.

Es mag für manche so aussehen, als ob der Nahe Osten den Drangsalen der Reinigung entkommen würde. Es gibt jedoch viele Dinge, die Mutter Erde in diesen Gebieten entfernen will. Einzigartig ist der Haß, der dort zwischen den Religionen und den einzelnen Gruppierungen herrscht. Jede einzelne bewahrt in ihrem Herzen eine eigene Art von Gier. Die Juden bekämpfen dieselben

Formen des Hasses, die sie selbst als heilige Riten schon seit Jahrhunderten überliefert haben. Die Moslems tun dasselbe. Ich möchte nicht auf die Einzelheiten eingehen, denn der Haß ist überall derselbe. Diese Menschen sind nicht fähig, ihren Nächsten und sich selbst zu lieben.

In vielen Gebieten, wie zum Beispiel Iran, Irak und Jerusalem, werden sich massive Erdbeben ereignen. Bei diesen Erdbeben wird sich die Erde öffnen, um viele Ursachen des Zornes und des Hasses zu verschlingen, nämlich die materiellen Besitztümer. Diese Erdveränderungen werden den Menschen die Möglichkeit geben, als ein geeintes Volk miteinander zu kooperieren, so daß sie verstehen werden, daß jeder Mensch ein Kind Gottes ist und vor Gottes Augen gleich ist. In diesen Ländern vibrieren solch starke lieblose Energien, daß ich keine Bewußtseinsveränderung voraussehe. Also wird die Erde mit Bestimmtheit beben.

Ich verabschiede mich für heute. Ich liebe alle Wesen der Erde, und ich liebe den Einen Schöpfer von uns allen.

– Der Sonnengott

England

Die Liebe für die Menschheit ist der einzige Grund, warum ich, die Erde, die Sternengeschwister sowie alle anderen liebenden Energien den Menschen hilfsbereit zur Seite stehen. Bitte schenkt mir Gehör und vernehmt mich als die liebende Energie, die ich bin. Und noch wichtiger: Hört auf eure innere Stimme, damit ihr dem, was ich sage, Beachtung schenken möget.

Mit diesen Gefühlen erwähne ich einige der Veränderungen, die sich in den Ländern Europas ereignen werden. Ich habe bereits darüber gesprochen und möchte jetzt weitere Veränderungen beschreiben. Das Land, das Vereinigtes Königreich genannt wird, ist auf allen Seiten von Wasser umgeben. Es ist eine Insel, ein Eiland mit viel Energie und viel Streit. Ich teile nun den Menschen dieser Insel mit: Wenn gewisse Teile von Atlantis aus den Tiefen des Meeres auftauchen, wird euer Land im Wasser versinken. Dies geschieht im Dienste des Gleichgewichts des Erdplaneten.

Bevor diese Landmassen vom Wasser des Atlantiks zugedeckt werden, ist eine Reinigung erforderlich. Große Stürme werden die Aufgabe haben, das Land von den negativen Schwingungen des Vorurteils zu befreien, die dort so stark zu spüren sind. Bitte geratet nicht in Panik, denn all diejenigen, die ihr Bewußtsein erheben und es wünschen, werden sich rechtzeitig in andere Länder begeben können. Es geschieht genau das, was geschehen muß.

Viele möchten wissen, wann dies geschehen wird. Ich kann euch sagen, daß dies noch vor der Schließung der besonderen Gottesliebe-Energie stattfinden wird. [Dies bezieht sich auf das 11:11-Fenster, das bis ins Jahr 2012 offen ist.]

Ich verabschiede mich in der Liebe zu euch allen und in der Liebe zum Einen Schöpfer von uns allen.

– Der Sonnengott

Die zukünftigen Lichtkörper und die Kraft der Liebe

15. Juli 1992

Wenn ihr euch umschaut, dann seht ihr die Erde, die Städte, die schönen Berge. Ihr seht viele der Dinge, die ihr als Teil dieses Planeten anzutreffen erhofftet. Praktisch alles, was ihr seht, ist ein Teil der Programmierung, die jeder von euch seit dem Beginn der gegenwärtigen Inkarnation bekommen hat. Deshalb hat jeder von euch ganz natürlicherweise gewisse Bezugspunkte auf dieser Erde, so wie ihr sie aus eurem Leben kennt. Und solange ihr nicht das Vorrecht habt, in die Zukunft zu sehen oder zu reisen, werdet ihr denken, daß die Erde immer so bleiben wird, wie sie heute aussieht.

Zahlreiche Menschen erkennen heute jedoch, welchen Schaden ihr eurer Mutter Erde zufügt. Nun, da sich immer mehr Menschen der gegenwärtigen Notlage bewußt werden, werden einige vielleicht auch einsehen, welch tiefgreifende Heilung durchgeführt werden muß.

Es überrascht mich nicht, daß viele Menschen den Mitteilungen, die ich durch Tom an euch weitergebe, keinen Glauben zu schenken vermögen. Manche können jedoch akzeptieren, daß solche Ereignisse grundsätzlich möglich sind, und einige wenige erkennen sogar, daß vieles von dem, was ich sage, tatsächlich unvermeidbar ist.

Die Menschheit hat Schwierigkeiten, sich eine solche Zukunft vorzustellen, weil die Erde sich in etwas verwandeln wird, was sie nie zuvor gewesen ist. Sie wird in die Dimension der Lichtkörper eingehen. Wenn sich diese Transformation vollzogen hat, werden die Menschen nicht mehr konstant erdgebundene Bürger sein. Jeder wird hier ein Zuhause haben, aber dies wird nicht die Erde sein, so wie wir sie heute kennen. Diese Aussage soll keine Angst verursachen, sondern soll bloß einen kleinen Einblick in die Zukunft der Erde geben. Die Menschen werden auf der Erde willkommen sein, aber sie werden Wesen mit Lichtkörpern sein und dadurch die Schwingung der Erde harmonisch ergänzen.

Wie bereits andere Menschen, so durfte auch Tom die Zukunft sehen und sogar in die Zukunft reisen. Diese Menschen verstehen, wovon ich spreche, und ich bitte euch, auf sie zu hören. Es wird für euch keine großen Geheimnisse geben, wenn ihr euch dem Glauben und dem Vertrauen öffnet. Gott, unser

Ursprung, und ich möchten nicht, daß ihr hinsichtlich der wunderbaren Entwicklung und Erweiterung, die auf uns alle zukommt, irgendwelche Zweifel habt.

Die heutigen Menschen, denen der dreidimensionale Glaube an die Industrie, die Religionen und die materialistischen Auffassungen so tief eingeimpft ist, werden Schwierigkeiten haben zu verstehen, was sich vor ihren Augen entfaltet. Es ist schwierig, aber es kann verstanden werden. Wenn ihr nur eines versteht, dann versteht, daß ich euch liebe – genauso, wie der Eine Schöpfer euch liebt, und genauso, wie eure Mutter Erde euch liebt. Nur aus Liebe möchten wir uns auf eine Ebene erheben, auf der wir dem Einen Gott näher sein werden. Die Zeit dafür ist nun reif. Liebt Gott! Liebt euch selbst, liebt euch gegenseitig! Mit Liebe wird alles nicht nur möglich, sondern wahrscheinlich.

Ich werde euch demnächst noch weitere der kommenden Erdveränderungen mitteilen. Aber ich bin nicht der einzige, von dem ihr diese Informationen bekommen könnt, denn auch andere sprechen darüber.

Ich verabschiede mich nun. Ich liebe jeden von euch, und ich liebe den Einen Schöpfer von uns allen.

– Der Sonnengott

Brasilien und Neuseeland

28. Juli 1992

Brasilien ist ein Land, das in die Zerstörung eines Teils seines Waldes eingewilligt hat. Dieses Land wird ebenfalls eine intensive Vulkantätigkeit erleben. Insbesondere ein Vulkan wartet nur darauf, daß er ausbrechen darf – nicht nur, um die Umgebung zu läutern, sondern auch, um für die Lichtwesen aus dem Weltall den Weg für ihre Rückkehr zu erhellen. Diese Raumgeschwister haben in diesem Teil der Erde eine ganz bestimmte Aufgabe zu erfüllen. Aber bevor sie kommen, muß eine Reinigung geschehen.

Neuseeland wird im Wasser versinken. Dadurch werden viele festgefahrene Glaubenssysteme überwunden werden, doch es geschieht hauptsächlich deswegen, um der Erde bei ihrer physischen Balancierung beizustehen, während sie sich in die fünfte Dimension erhebt. Ich sage dies, damit die dortigen Menschen dieses Land verlassen können, falls sie dies wünschen. Das Versinken Neuseelands hat nichts mit einer Bestrafung zu tun. Obwohl die Menschen, die dort leben, sich bewußt für den Pfad dorthin entschieden haben, dürfen sie dieses Land auch verlassen, wenn sie aus dem hier Gesagten diese Konsequenz ziehen möchten.

Einige Schauplätze der Erdveränderungen werde ich namentlich benennen, denn ich möchte, daß so viele Menschen wie möglich sich entscheiden, die entsprechenden Veränderungen durchzuführen, die ich hier mit großem Nachdruck empfehle. Ich möchte niemanden aus heiterem Himmel überraschen. Ich möchte nicht, daß irgend jemand unvorbereitet ist. Bereitet euch also vor! Verwandelt euch in einen Tempel der wunderbaren Liebe für alle Dinge. Ich veranlasse die Niederschrift dieses Buches nur, weil die Form eines Buches das beste Mittel ist, um diese Botschaft zu den Menschen der Erde zu tragen.

Ich liebe alle Wesen auf der Erde, und ich liebe den Einen Schöpfer.

– Der Sonnengott

Liebe, und nicht Aggressivität, ist die Antwort

10. August 1992

Jeder Mensch muß für sich selbst entscheiden, was er annehmen will und wie er das Gehörte in seinem eigenen Leben umsetzen will. Ich habe volles Verständnis dafür, daß die Menschen Zusammenhänge und Beweise sehen wollen. Dies ist ein Teil der physischen Existenz, zumindest bis hin zum gegenwärtigen irdischen Zeitpunkt.

Für heute möchte ich nur soviel sagen: Es wäre für die wohlgesinnten Raumgeschwister ein leichtes, ihren Fuß auf die Erde zu setzen, um alle Aggressionen zu stoppen, seien sie irdischen oder außerirdischen Ursprungs. Diese positiven Energien haben die Macht, voll und ganz jene Wesen zu kontrollieren, die sich zusammengetan haben, um die Erde mit negativen Energien zu bombardieren.

Aber dieses Eingreifen entspräche nicht der Funktion der Liebe. Es widerspräche dem, was unser Ursprung, Gott, von uns will, und es widerspräche auch der Art unserer Raumgeschwister. Die Lösung ist die Liebe. Sie ist die einzige Lösung. Diejenigen, die an der «anderen» Vorgehensweise teilnehmen, werden dies an einem gewissen Punkt ihrer Existenz ebenfalls einsehen. Es geht hier um die Frage des Gleichgewichtes. Wenn für eine Million «Jahre» negative Handlungen ausgeführt wurden, braucht es mindestens dasselbe Ausmaß an positiven, liebenden Handlungen, um die Situation wieder ins Gleichgewicht zu bringen.

Es wäre also das Beste, wenn jeder von uns dem anderen helfen würde, zu dieser Erkenntnis zu kommen. Ich liebe alle Wesen auf der Erde, und ich liebe den Einen Schöpfer von uns allen.

– Der Sonnengott

Louisville und Havanna

11. August 1992

Ich möchte nun wieder konkret einige Erdveränderungen beschreiben. Wie ich kürzlich mitteilte, tue ich dies, damit die Zuhörer Toms Mitteilungen größere Aufmerksamkeit schenken können. Jeder Mensch hat einen freien Willen, und meine Mitteilungen möchten diesen in keiner Weise untergraben. Ich weiß, daß viele Menschen auf der Erde diesen Mitteilungen nicht glauben werden. Diesen Menschen gebe ich meine Segnungen mit auf den Weg, und ich liebe sie. Andere wiederum möchten diesen Mitteilungen zwar Glauben schenken, aber sie wollen irgendein Zeichen sehen. Vernehmt also, was ich euch nun sage.

Tom wohnt in der Stadt Louisville, Kentucky, auf dem Kontinent der USA. Diese Stadt, ja die gesamte Region, ist in der Tat ein Ort mit hoher Energie. Damit will ich sagen, daß sich in diesem Gebiet viele Energiewirbel überschneiden und berühren. Dieses Gebiet benötigt jedoch auch eine große Reinigung, da die natürlichen Schwingungen der Liebe, die hier zusammenkommen, nicht genutzt werden. Die materialistischen Energien, die vom größten Teil der Menschen, die hier leben, ausgehen, schaffen viel stärkere Gegenenergien. Dies ist für die Erde höchst schädlich. Gewisse Institutionen, die in dieser Gegend angesiedelt sind, sind stolz darauf, daß sie die Sünder verurteilen. Sie sind stolz darauf, daß sie sich weigern, auf die wahren Bedürfnisse der Menschen einzugehen. Auch dies ist für die Erde höchst schädlich.

Diese Stadt, die sich entlang des Ohio-Rivers erhebt, wird zerbröckeln und vergehen. Die vielen Gebäude, die heute mit ihren übereinandergeschichteten Büros den Himmel verdecken, werden nicht mehr hoch sein, wenn die Erde so stark bebt, daß niemand mehr aufrecht stehen kann. Zwei der Brücken, die Indiana mit Louisville verbinden, werden nicht mehr stehen. Nur die dritte Brücke, die Sherman-Minton-Brücke, wird stehenbleiben dürfen, damit Menschen, die sich wahrhaft lieben, aufeinander zugehen können. Diese Stadt und die umliegenden Gebiete werden gleichzeitig von großen Überschwemmungen heimgesucht werden.

Wenn diese Ereignisse eintreten, müssen die Menschen lernen zu verstehen, daß sie gleich sind wie alle anderen, und sie müssen lernen, materielle Dinge hinter sich zu lassen. Denn viele der Annehmlichkeiten, die für selbstverständlich galten, wird es dann nicht mehr geben. Die Lehre dieser Zerstörung ist die Zusammenarbeit und die gegenseitige Liebe, und so wird diese wunderbare Gegend zu einem der stärksten spirituellen Zentren der Welt heranwachsen. Aus dem Feld von Schutt und Opfern kann ein Lichtzentrum entstehen, so wie es einst vereinbart wurde. Dies ist jedoch nur möglich, wenn jeder einzelne erkennt, daß physische Notwendigkeiten einzig die spirituelle Entfaltung unterstützen sollten. Dann wird die wahre brüderliche Liebe überleben.

Ein anderes Gebiet, auf das ich heute eure Aufmerksamkeit lenken möchte, ist die Stadt namens Havanna im Land Kuba. Dieses Land hält immer noch an der Vorstellung fest, die totale Herrschaft über die Menschheit zu erringen, und schafft dadurch nur für sich selbst die totale Herrschaft. Die Menschen, die in dieser Stadt leben, geben zu verstehen, daß sie sich nach einem Leben des Friedens und der Liebe sehnen. Diese Stadt wird ebenfalls den Zorn massiver Erdbeben zu spüren bekommen. Er wird so gewaltig sein, daß kein einziges größeres Gebäude mehr stehen wird. Tausende von Menschen werden zu diesem Zeitpunkt das Hinübergehen wählen. Den Erdbeben werden unmittelbar große Epidemien folgen, die ebenfalls zum Reinigungsvorgang gehören. Es ist notwendig, daß die Menschen dort erkennen: Nichts und niemand braucht sie zu beherrschen. Diese Menschen müssen lernen, daß sie für sich selbst verantwortlich sind.

Wenn diese Läuterung abgeschlossen ist, wird das Land für diejenigen offen sein, die ihren Brüdern und Schwestern mit Liebe beistehen wollen. Das Beschriebene und noch viele andere Dinge werden geschehen, und auch viele der umliegenden Gebiete werden auf sehr dramatische Weise betroffen sein.

All diese Erdveränderungen sind notwendig, damit die Erde in die fünfte Dimension eingehen kann. Sie sind in keiner Weise «Bestrafungen». Es wäre schön, wenn die Menschen diese Worte mit einem offenen Herzen, mit einem aufgeschlossenen Geist und mit Liebe hören würden. Mögen alle Menschen sich zusammenschließen, so daß die gemeinsamen Energien der Liebe eure Mutter Erde und euch selbst in die nächste Dimension erheben werden. Dann wäre alles viel leichter. Liebe ist immer unkompliziert.

Ich verabschiede mich nun. Ich liebe alle Wesen der Erde, und ich liebe den Einen Schöpfer von uns allen.

– Der Sonnengott

Auch Mutter Erde hat ihre Rechte

11. August 1992

ICH BIN. Ich liebe euch. Das zu glauben mag sehr schwierig sein, wenn man über die Erdveränderungen hört und sich fragt, was das eigene Schicksal und das Schicksal derjenigen, die man liebt, sein wird.

Viele sagen, daß ein «gerechter Gott» so etwas nicht tun würde. Ihr müßt jedoch verstehen, daß eure Mutter Erde das Recht hat, sich vom Leiden zu befreien und sich in Freiheit auf eine höhere Daseinsebene zu erheben. Wer das versteht, ist frei von Zweifeln und Anschuldigungen. Jeder von euch hat eingewilligt, genau dort zu sein, wo ihr heute seid. Ihr tatet dies in dem vollen Bewußtsein, daß große Veränderungen bevorstehen. Ihr habt euch bereit erklärt, Teil dieser Veränderungen zu sein. Jedem von euch, wie allen anderen Menschen, wird die Möglichkeit geboten, das Herz und die Seele dem Licht und der Liebe zu öffnen.

Meine größte Freude ist es, wenn Ich sehe, daß ihr eure eigene Liebe erweitert und aufrichtig euch selbst und alle anderen miteinschließt. Wenn jeder von euch dies tut, dann werdet ihr freudig und jubelnd an der Feier eurer eigenen Entfaltung teilnehmen. Dann werden wir alle die Liebe der Einheit spüren.

Meine einzige Bitte an euch lautet, daß ihr euch bemühen möget, gemäß euren individuellen Fähigkeiten diese Liebe zu entwickeln. Denn durch die allumfassende individuelle Liebe entsteht die universelle Liebe. Bitte macht euer Leben nicht kompliziert. Erfüllt euer Leben mit reiner, einfacher Liebe! Diese Liebe, die alles verbindet, BIN ICH.

– Gott, der Ursprung

Der Hurrikan Andrew, Antarktis, Selbstversorgung, alternative Energien und Costa Rica

31. August 1992

[Im folgenden Text bezieht sich der Sonnengott auf den Hurrikan Andrew, der den südlichen Teil von Florida und dann die Küstengebiete von Louisiana heimsuchte. In den Nachrichten hörten wir, daß es zu Vandalismus kam. Das Lebensnotwendige wurde für Wucherpreise gehandelt, und viele Menschen legten eine erschreckende Rücksichtslosigkeit und Gleichgültigkeit an den Tag. Wir hörten aber auch, wie Menschen ihren Mitmenschen halfen, und das zum Teil unter großen persönlichen Opfern.]

Ihr habt soeben die reinigende Kraft eines Hurrikans miterlebt. Dieser war jedoch nur eine Warnung und Vorbereitung, damit die Menschen beginnen, ihre Aufmerksamkeit auf die wahren Probleme des Lebens zu konzentrieren.

Wie ihr gesehen habt, sind die meisten Menschen noch nicht bereit, auf der Grundlage von Liebe zusammenzuarbeiten. Das ist eine Schande, aber das ist der Weg, den sie gewählt haben. Aber ich habe auch andere gesehen, die sich genau in dem Sinn geöffnet haben, wie ich es erhoffte. Über diese Menschen bin ich sehr erfreut. Ich ermutige alle, sich in diese Richtung zu entwickeln, trotz der leicht entflammbaren Emotionen auf der einen Seite und der kleinlichen Beamtenmentalität auf der anderen Seite.

Wie es aussieht, haben die meisten von euch noch grundlegende Änderungen in sich selbst vorzunehmen, und ich ermutige euch, damit zu beginnen. Hört zugleich jedoch nie auf, auf möglichst positive und liebende Weise zu wachsen. Denn es sind diese Energien der Liebe, die die tiefgreifendste Wirkung auf die Erdveränderungen haben werden. Liebe ist und bleibt der Schlüssel.

Die Verschiebung der Pole ist eine andere Erdveränderung, die ich bereits angedeutet habe. Dies wird eine tiefgreifende Wirkung auf den gesamten Planeten haben. Der Kontinent Antarktis am Südpol wird ein wärmeres Klima bekommen, was bedeutet, daß seine Gletscher schmelzen werden. Dadurch wird weltweit der Wasserpegel steigen. An gewissen Orten des Südpols hat dieses Schmelzen bereits begonnen, aber nur sehr langsam. Das Schmelzwasser und das abbrechende Eis werden riesige Flutwellen auslösen, die weite Landmassen zerstören können. Eine Welle nach der anderen wird vom Südpol ausgehen, bis das Eis weitgehend geschmolzen ist und keine Brocken mehr ins Meer fallen. Weil das Eis jedoch Hunderte von Metern dick ist, wird es Jahre dauern, bis das Eis vollständig geschmolzen ist.

Das Schmelzen der Pole wird auch viele Schätze der Natur ans Tageslicht bringen und wird gewisse Aspekte der Natur sowie gewisse Lebensformen wecken, die bisher nur für Märchenwesen gehalten wurden. Die Menschen werden angesichts dieser Entdeckungen sehr erstaunt sein, und doch werden diese Entdeckungen gewiß nicht ihre ungeteilte Aufmerksamkeit bekommen, weil sich an vielen Orten der Erde andere Erdveränderungen abspielen, so daß das nackte Überleben für viele Menschen das Hauptthema sein wird.

Dies führt uns zu einem anderen Thema, das ich erwähnen möchte. Es ist nicht meine Absicht und auch nicht die Absicht eurer Mutter Erde, euch Menschen Leiden und Ängste zu bereiten. Ihr lebt jedoch in einer physischen Existenz, und deshalb seid ihr den physischen Gesetzen unterworfen und müßt auch die Unannehmlichkeiten erfahren, die von den Erdveränderungen verursacht werden. Die Erde wird sich auf jeden Fall in die fünfte Dimension erheben, aber die Menschheit hat einen Lebensstil gewählt, der wichtige Teile des Wissens ausschließt. Als Folge davon wird die Natur viele folgenschwere Veränderungen auslösen. Wichtig ist nun, daß jeder lernt, wie er mit diesen Ereignissen umgeht.

Schaut nun das Land Florida an, nachdem der Hurrikan Andrew aufgetreten ist. So viele Menschen haben die Eigenverantwortung an andere abgetreten [beispielsweise an die Regierung sowie an verschiedenste Hilfsorganisationen]. Das konsequente Wahrnehmen der Eigenverantwortung kann manchmal mit großen Unannehmlichkeiten verbunden sein, wie zum Beispiel im Fall dieses Naturereignisses.

Es wäre sehr gut, wenn jeder Mensch lernen würde, vom eigenen Land zu leben. Obwohl die Menschheit so viele natürliche Reichtümer ausbeutet, zerstört und verunreinigt, stellt euch eure Mutter Erde immer noch zahlreiche weitere Reichtümer zur Verfügung, und von denen solltet ihr Vorteil ziehen. Damit meine ich zum Beispiel die vielen naturreinen Wasserläufe und unterirdischen Quellen. Beschäftigt euch auch mit der unvorstellbar großen Anzahl von Kräutern und Gewächsen, die man als Nahrung, Arzneien und Lebensgrundlage verwenden kann.

Der menschliche Körper wurde so geschaffen, daß er alles essen kann, was von der Erde auf natürliche Weise hervorgebracht wird. Viele der heutigen Gesundheitsstörungen haben die Menschen selbst verursacht: durch das Verarbeiten ihrer Nahrung und durch die künstliche Reproduktion der Nahrungsketten. Ihr glaubt, eure Körper hätten sich angepaßt, aber das stimmt nicht. Die Menschen leben nun bereits derart lange auf diese unnatürliche Weise, daß sie gar nicht mehr wissen, was ein gesunder, richtig funktionierender Körper ist. So können sie auch ihr eigenes Gesundsein nicht richtig einschätzen. Einige sind dazu in der Lage, aber diese Menschen sind sehr selten.

Es ist höchste Zeit, daß die Menschheit nach neuen Energiequellen Ausschau hält. Es ist nicht nötig, fossile Brennstoffe zu verwenden. Auch große Industrieanlagen sind nicht nötig. Diese sind Teil jener heimlichen Machtstrukturen, von denen ihr bereits gehört habt. *[Dies bezieht sich auf die Channelings, die auszugsweise in Kapitel 8 angeführt werden.]* Die heutige Menschheit hat ein falsches Verständnis von Technologie und «Fortschritt». Ihr bewegt euch in die völlig falsche Richtung.

Das wichtigste ist, daß jeder von euch lernt, wie man lebt und überlebt, aber auf eine liebende, sich gegenseitig ergänzende Weise. Gewisse Elemente oder Energien, die gegenwärtig in eurer Gesellschaft vorherrschen, sowie auch solche, die noch kommen werden [von anderen Planeten], werden versuchen, euch auch in Zukunft von ihren Technologien abhängig zu halten. Diese Energien möchten weiterhin ihre Herrschaft über euch aufrechterhalten, damit ihr euer wahres Selbst, euer wahres spirituelles Wesen, nicht seht und nicht kennt. Sie glauben, sie könnten euch dadurch von eurer spirituellen Unabhängigkeit abhalten und sogar den vorgesehenen Kurs des Planeten Erde [hin in die fünfte Dimension] ändern.

Ich lege allen Menschen nahe, sich die Botschaften, die Tom wie auch viele andere an euch weitervermitteln, zumindest anzuhören. Wenn ihr dies mit einem aufgeschlossenen Geist tun könnt, dann umso besser. Die Quellen, von denen Tom sowie die anderen die Botschaften bekommen, sind Lichtwesen, deren einziges Interesse darin besteht, der Menschheit, der Erde und in der Tat der gesamten positiven Entwicklung des Universums zu dienen.

Was die Frage der Energieversorgung betrifft, so bin ich die Quelle von unbegrenzter Energie für alle Planeten in eurem Sonnensystem. Die Sonnenenergie ist frei erhältlich und vollkommen sauber. Die Technologie, die es ermöglicht, praktisch ohne Kosten auf wirksamste Weise Elektrizität zu erzeugen, ist auf der Erde bereits bekannt. Diese Information muß nur zugänglich gemacht werden, denn sie ist für die gesamte Menschheit bestimmt. Hinzu kommt, daß auch eure Raumgeschwister euch neue Möglichkeiten geben werden, um die Energien der Sonne auszunützen. Sie werden dieses Wissen mit euch teilen, weil sie die Erde und die Menschen lieben.

Ich habe euch nun einige Ideen und Vorschläge gegeben, die zeigen, wie ihr wachsen und euch entwickeln könnt. Aber es ist und bleibt von euch abhängig, ob ihr dies annehmt oder zurückweist. Natürlich gibt es sehr viele verschiedene Möglichkeiten, wie man in Harmonie mit dem eigenen Körper wie auch mit dem Erdenkörper leben kann. Aber jeder von euch täte gut daran, diese Möglichkeiten gründlich auszuforschen.

Zum Abschluß möchte ich auf eine weitere kommende Erdveränderung hinweisen. Das Land Costa Rica wird in der Balance der Erde eine sehr wichtige Rolle spielen, wenn sie ihre neue Umlaufbahn und ihre neue Umdrehung erlangt. Dieses Land wird emporgehoben werden, da Berge «wachsen» werden, um das physische Gleichgewicht der Erde zu unterstützen. Das Entstehen dieser Berge wird das Ergebnis gewaltiger Vulkanausbrüche sein. In jenem Land werden zwei Berge emporwachsen, deren Gipfel bis zu den Wolken reichen. Aber damit das geschehen kann, müssen diejenigen, die heute diese Gegend besetzt halten, weggehen oder aber dem Ruf der Natur zum Opfer fallen. Viele haben sich bereiterklärt, ihre Energien dieser Gebirgsbildung zur Verfügung zu stellen, und so werden sie bei diesem Ereignis hinübergehen. Aber es besteht auch die Möglichkeit, daß man weggeht. Bis diese neuen Berge vollständig gebildet sind, wird es drei Serien von Vulkanausbrüchen geben. Dies wird im Jahr 1998 beginnen und bis 2006 vollendet sein. Während dieser Zeit wird das genannte Gebiet unbewohnbar sein.

Ich verabschiede mich nun und versichere euch, daß ich ein Gott der Liebe bin. Ich liebe die Erde und alle Wesen auf ihr, und ich liebe den Einen Schöpfer von uns allen.

– Der Sonnengott

Kapitel 5

Erdveränderungen III

Es ist angebracht, an dieser Stelle die medialen Botschaften erneut kurz zu unterbrechen, um über das, was wir gehört haben, nachzudenken.

Es fällt auf, daß viele der erwähnten Erdveränderungen ähnlich sind – vielleicht deshalb, weil Mutter Erde tief seufzt und sich in Schmerzen windet. Wir erfahren auch, daß wir miterleben werden, wie sich viele unserer Glaubenssysteme grundlegend verändern werden. Manche Menschen werden nicht verstehen, daß die physischen Erdveränderungen auch deshalb nötig sein werden, weil wir so stolz darauf sind, gewissen traditionellen religiösen und anderen Glaubenssystemen anzugehören. Wir werden jedoch daran erinnert, daß ohne die Notwendigkeit für nicht-physische Veränderungen auch keine Notwendigkeit für physische Veränderungen bestünde. Oder wie es der Sonnengott ausdrückt: «Die physischen Veränderungen sind nichts anderes als ein Ausdruck der nicht-physischen Ursachen.» Es läßt sich also nicht bestreiten, daß in vielen von unseren Glaubenssystemen etwas Essentielles fehlt.

Wir bekommen aber noch weitere Hinweise, die zeigen, was destruktive Schwingungen erzeugt. Unsere Individualität und unser Bewußtsein darüber, daß jeder von uns eine direkte Verbindung mit dem Einen Schöpfer hat, werden heutzutage durch verschiedene Herrscher und Herrschaftssysteme unterdrückt. Sobald wir von dieser Information *[daß jeder von uns eine direkte Verbindung mit dem Einen Schöpfer hat]* abgeschnitten werden, wissen wir nicht mehr, was oder wer wir in Wirklichkeit sind. Ohne dieses Wissen aber leben wir in Dunkelheit, und in dieser Dunkelheit sind wir gezwungen, ein mühseliges Leben zu fristen. So ist es uns fast unmöglich, unser Bewußtsein zu erheben und auf die Liebe in ihrer wahren Bedeutung zu konzentrieren. Wenn wir nicht lernen, unsere Liebe vollständig und bedingungslos zu entfalten, werden wir auf dem Pfad des universellen Wachstums nicht vorankommen.

Während wir nun die abschließenden Botschaften über die Erdveränderungen lesen, die der Sonnengott uns in seiner Liebe übermittelt hat, werden wir hoffentlich das wahre Ausmaß der notwendig gewordenen Veränderungen erkennen. Es gibt keinen einzigen Aspekt unseres Lebens, der nicht spirituell ausgerichtet werden könnte, um diese Welt in eine bessere Welt und uns selbst in einen besseren Kanal der Liebe zum Einen zu verwandeln.

Chicago, die Wirkung des Massenbewußtseins, Houston, Deutschland, Moskau und das Leben auf der Grundlage von Land und natürlichen Reichtümern

7. September 1992

Tom hat vor kurzem Chicago besucht, und ich möchte nochmals auf diese Stadt zu sprechen kommen, denn sie ist ein typisches Beispiel für ein großes Ballungszentrum und für eine Stadt, in der bestimmte Energien wirken. Überall, wo sich große Menschenmassen ansammeln, um in einem bestimmten Gebiet zu leben und zu arbeiten, werden viele subtile Energien freigesetzt.

In Chicago zum Beispiel leben Menschen, die materiell gesehen einen beträchtlichen Reichtum besitzen, und es gibt andere, die sich im Vergleich mit diesen Menschen für sehr arm und benachteiligt halten. Manche führen ein «braves, anständiges und gesetzestreues» Leben, und andere haben sich tief in kriminelle Tätigkeiten verstrickt. Alle diese Menschen sind sehr verschieden, aber sie leben aus ähnlichen oder sogar gleichen Gründen am gleichen Ort. Obwohl dies für sie schwierig zu glauben ist, ist es eine Tatsache, denn sonst würden sie nicht dort leben.

Dies gehört zur Wirkungsweise des Massenbewußtseins und des Gesetzes der Anziehung. Die Menschen fühlen sich nicht aufgrund der kriminellen Atmosphäre oder des hohen Lebensstandards zum selben Ort hingezogen. Nein, hier und überall in der Schöpfung wirken viel subtilere Energien. Die meisten Menschen erkennen nicht, was sie mit ihrem Bewußtsein bewirken. Mit eurem Bewußtsein erschafft ihr sowohl die zahlreichen Verbrechen als auch den hohen Lebensstandard, den manche Menschen genießen.

Wenn die Menschen erkennen würden, daß sie selbst die gesamte Konsequenz von Ereignissen verursachen, dann wüßten sie auch, daß sie ebenso einfach einen ganz anderen Effekt bewirken könnten. Wenn sie möchten, könnten sie untereinander eine umfassende Harmonie schaffen. Dann könnten sie aus eigener Wahl alle Formen von Rassenhaß, alle Verbrechen gegen junge und alte Menschen und alle politischen Enttäuschungen überwinden. Dies ist nicht bloß ein schöner Traum. Dies zu erreichen ist möglich für alle Menschen in Chicago und überall auf der Erde, überall dort, wo die Menschen sich gemeinsam entschließen, daß es so sein soll.

Wie ich bereits gesagt habe, kann durch das Massenbewußtsein unter den Menschen auf der Erde eine wunderbare Harmonie geschaffen werden, und diese liebende Harmonie wiederum unterstützt Mutter Erde bei ihrem Aufstieg in ihre zukünftige Dimension. Dadurch können auch viele der Veränderungen, durch die sich die Erde reinigen muß, gewandelt werden. Die Menschheit sollte sich dieser Verantwortung bewußt werden und in aller Ernsthaftigkeit darüber nachdenken. Denn ohne die kollektive Harmonie des Massenbewußtseins werden die Reinigungen der Erde eine Notwendigkeit sein.

Houston/Texas ist eine große, erfolgreiche Metropole. Diese Stadt ist gewachsen, indem sie die Erde ausbeutete. Viele mögen einwenden, daß die Menschen hier einfach gelernt hätten, von den Bodenschätzen zu leben, die die Erde zur Verfügung stellt. Aber ich sage euch: Die Erde hat das Öl und das Gas nicht zur Verfügung gestellt, damit es verwendet wird, um ihr zu schaden. Es gibt gute Gründe, warum diese Bodenschätze vorhanden sind. Verbrannt zu werden und dadurch zur Schädigung der Natur und der Atmosphäre beizutragen – dafür sind sie jedoch nicht bestimmt.

Was von dieser Stadt übrigbleiben wird, ist das Land, auf dem ihre hohen Gebäude emporragen. Die Menschen in dieser Gegend müssen verstehen lernen, daß die Erde wichtiger ist als gewisse Arbeitsplätze, die nur schon von ihrer Anlage her dem Planeten schaden. Mutter Erde hat die verschiedenen Lebewesen nicht eingeladen, damit sie ihr Gewalt antun, sondern damit sie sich an ihrer Schönheit erfreuen. Was diese Stadt betrifft [Houston], so wird sich dort die Erde heben und derart beben, daß die Nadeln eurer Meßgeräte nicht mehr in der Lage sein werden, die Stärke dieser Erdbewegungen zu erfassen. Die Zahl derjenigen, die diese Erschütterungen überleben werden, wird sehr gering sein, denn mit ihrer Arroganz Mutter Erde gegenüber provozieren diese Menschen die notwendigen Reinigungsprozesse des Planeten.

Ich möchte nun meine Aufmerksamkeit den Ländern des europäischen Kontinents zuwenden, insbesondere Deutschland und jenen Ländern, die im Süden und im Osten an dieses Land grenzen.

Kriege zerstören nicht nur das Land, sondern auch die Gesinnung der Liebe unter den Menschen. Haßgefühle können sich anstauen und können dann in eine Industrialisierung umgesetzt werden, der kein Leben und kein Gefühl innewohnt. Genau das ist der Wunsch vieler Menschen, die dort leben: Sie wollen die besten und produktivsten Technologien entwickeln, die es auf dem Planeten gibt, und sie tun dies ohne Rücksicht auf den Planeten und ohne Rücksicht auf die Menschen.

Die Städte namens München und Berlin sind menschengemachte Symbole totaler und ausschließlicher Machtansprüche. Erdbeben werden diese Gebiete heimsuchen. Alle Industrieanlagen werden ihr Ende finden, damit die Menschen wieder die Gelegenheit bekommen, eng mit der Erde zusammenzuarbeiten, und lernen, diese heilige, göttliche Quelle des Lebens zu lieben und zu nähren. Außerdem muß dort der Chor der haßerfüllten Schwingungen verändert werden, damit es möglich wird, alle Nationen als ein Volk und als eine Menschheit anzuerkennen.

Diesen Erdbeben werden sintflutartige Regenfälle folgen, weil der Himmel sich erleichtern will und Tränen der Reinigung über diesen Gegenden des Planeten vergießt. Diese Länder müssen lernen, daß Wiederaufbau ein innerer Wiedergeburtsvorgang ist und nicht bloß eine äußere Aktion, bei der man einfach neue Mauern und neue Fabriken baut, um dann weiterzuleben wie zuvor.

Ich habe erwähnt, daß ein großer Meteor auf New York City niedergehen wird. Etwas ähnliches wird der russischen Stadt namens Moskau zustoßen. Diese Meteore werden so groß sein, daß ihr Einschlag ganze Stadtviertel und Gebäude vom Erdboden verschwinden läßt. Die Schockwellen und die Nachwirkungen des Einschlages werden weitere Zerstörungen nach sich ziehen. Dies wird sich unabhängig vom Massenbewußtsein ereignen, weil diese großen Meteore bereits auf die Erde gerichtet sind. Diese Nation hat mit ihren Raketen bei vielen Menschen große Angst ausgelöst, und deshalb wird sie nun die Schlagkraft von Raketen aus dem Universum zu spüren bekommen. Die Bereitschaft, Gewalt anzuwenden, muß abgelegt werden. Die Menschheit muß als Lebensform des freien Willens akzeptiert und respektiert werden. Gewalt wird von Gott nie als Tugend akzeptiert, auf keiner Stufe und an keinem Punkt des Universums.

Zum Abschluß möchte ich ein paar ermutigende Worte an diejenigen richten, die auf dem Land leben und diesem Land mit wahrer Harmonie begegnen.

Auch das ist ein möglicher Lebensweg, und diese Menschen haben ihn gewählt. Ihr habt gelernt oder seid dabei zu lernen, welch Fülle und Schönheit man erfährt, wenn man Mutter Erde liebt und jede Form des Lebens respektiert. An euch wird sich der Rest der Menschheit wenden, um zu lernen, wie man auf diesem Planeten überlebt. Ihr seid es, die von der Erde und von mir gesegnet sind, da ihr das Bewußtsein der Menschen auf die wahren Reichtümer der Natur richtet. Ihr seid es, von denen in Zeiten der Not viele Menschen abhängig sein werden. Die Erde und ich, wir bitten euch, daß ihr diese Menschen in die Harmonie eures Lebens aufnehmen und ihnen helfen werdet. Zugleich solltet ihr aber auch erkennen, daß es nicht gut ist, sich selbst zu überfordern, denn ihr seid begrenzt. Es war eure eigene Wahl, ein harmonisches Leben in der Natur zu führen, und wenn ihr diese Harmonie aufs Spiel setzt oder preisgebt, dann würde sich in dieser Zerstreuung von Energie eine Art von Undankbarkeit widerspiegeln.

Also gewähre ich euch meinen Segen und ermutige euch, weiterhin in Harmonie mit der Erde zu leben, die euch Heim und Nahrung bietet.

Ich liebe den Planeten Erde, und ich liebe die Menschheit. Ich liebe den Einen Schöpfer von uns allen.

– Der Sonnengott

Die Pipeline in Alaska und die Ozonschicht

21. September 1992

Über eine lange Pipeline bezieht die Industrie der USA Erdöl aus Alaska. Entlang dieser Ölleitung wird es zu großen Erdbewegungen kommen, die den Ölfluß vollständig unterbrechen werden. Bis die verschiedenen Kontrollschleusen geschlossen sind, wird viel Öl ausfließen. Dies wird die Menschheit daran erinnern, daß es alternative Energiequellen gäbe; doch diese werden leider nicht gefördert. Es wird mindestens zwei Jahre dauern, um diese Pipeline zu reparieren, da die Rohrleitung an vielen Stellen gebrochen sein wird. In einigen Gebieten wird auch der Erdboden verschoben sein.

Über die schützende Ozonschicht, die die Erde umgibt, ist bereits viel geschrieben und gesprochen worden. Es gibt Menschen, die an den Aussagen über das Ozonloch zweifeln. All diesen Menschen teile ich mit, daß das Ozonloch tatsächlich existiert. Die Menschen haben die Atmosphäre mit Giften verunreinigt, welche genau diese Ozonschicht zerstören. Die Ozonschicht bildet für die Erde einen lebensnotwendigen Schutz vor kosmischer Strahlung. Gleichzeitig zerstören die Menschen die Wälder, von denen jene Gase erzeugt werden, die erforderlich sind, um die Ozonschicht wieder aufzubauen, und die helfen, das Leben auf eurem Planeten zu ermöglichen. Da die Zerstörung dieser Schutzschicht nicht aufgehalten wird, werdet ihr die Folgen an eurem eigenen Leib erfahren: Euer Immunsystem wird immer schwächer werden, und auch eure Lebensmittelquellen werden großen Schaden erleiden.

Ihr Menschen stellt euren Fortschritt unter Beweis, indem ihr bewußt euch selbst und euren Planeten umbringt, und während dies geschieht, macht ihr euch Sorgen über die Beschaffung von Arbeitsplätzen. Euch scheint die Sicherstellung der Arbeit wichtiger zu sein als die Sicherstellung des Überlebens. An einem gewissen Punkt werden sich Mutter Erde und die außerirdischen Gottgeweihten einschalten, um mitzuhelfen, den Planeten vor dieser Vernachlässigung und Zerstörung zu retten. Wenn ihr erkennt, daß die Erde viel wichtiger ist als eure Wirtschaft, dann dient ihr euch selbst und der Erde am meisten.

Ich liebe alle Lebewesen auf der Erde, und ich liebe den Einen Schöpfer.

– Der Sonnengott

Afrika, Korea, Kambodscha und Vietnam

22. September 1992

Afrika ist eine wunderbare und große Gemeinschaft von Ländern. Ich habe diesen Kontinent bereits erwähnt. Streit und Zorn herrschen dort in großem Ausmaß. Auf diesem Kontinent leben einige der ältesten Zivilisationen der Erde, doch Haßgefühle haben sich dort schon seit langer Zeit eingenistet. Diese wurden noch verschärft und geschürt, als die Gemeinschaft der Christen dort auftauchte, um die «Heiden» zu bekehren.

Es ist auf die Einführung dieser Lehren von Verurteilung, Schuld und Herrschaft zurückzuführen, daß die Afrikaner heute glauben, die einen seien den anderen übergeordnet. Die gute Absicht der christlichen Missionare geriet in den Schatten der Herrschaftssysteme, durch welche die Menschen gezwungen werden sollten, auf eine ganz bestimmte Weise zu leben, um Gott zu erfreuen. Wenn die Menschen beginnen, andere Menschen aufgrund ihrer Religion zu verurteilen, dann schaffen sie sogleich Unterschiede und in der Folge Vorurteile. Viele «heilige» Kriege sind in Afrika ausgetragen worden, und diese haben die Wunden des Hasses noch vertieft.

Um meine früheren Anmerkungen über Afrika zu ergänzen, kann ich noch hinzufügen, daß Kenia und die angrenzenden Staaten unter massiven Fluten leiden werden. Das Wasser wird so schnell ansteigen, daß diejenigen, die in niederen Regionen leben, nicht mehr genug Zeit haben werden, um sich zu retten. Viele werden umkommen. Dies trifft auch auf die Städte zu. Diese Reinigung wird den Überlebenden Gelegenheit geben, wieder zu lernen, Mutter Erde zu lieben und sich gegenseitig zu akzeptieren.

Dies ist sehr wichtig, denn sie müssen sich auch auf die Auswirkungen einer Polverschiebung vorbereiten. Das Klima wird sich drastisch verändern. Während dieser Übergangzeit wird es viel Regen geben, der später zu Schnee wird, weil die Wärme diese Länder verläßt. Die wilden Tiere werden in wärmere Gegenden auswandern müssen, denn sonst werden sie nicht überleben können. Diese Ereignisse werden das Gesicht des dunklen Kontinents grundlegend verändern, und die Natur und die Landschaften dort werden völlig anders aussehen.

Es gibt viele Länder in Asien, die ich bisher noch nicht erwähnt habe. Diese Länder werden allesamt von Veränderungen heimgesucht werden. In den beiden Korea-Ländern herrscht unter den Menschen großer Haß, da dort unterschiedliche Ideologien buchstäblich aufeinanderprallen.

Jeder einzelne Mensch muß lernen, seinen Mitmenschen zu tolerieren und akzeptieren. Die gegenwärtigen Zustände verursachen mächtige negative Schwingungen und fügen der Erde großen Schmerz zu. Die Menschen in diesen Ländern müssen lernen, sich gegenseitig zu respektieren, statt sich gegenseitig auszugrenzen. Aus diesem Grund wird es zu großen Überflutungen kommen. Davon werden viele Städte und Dörfer betroffen sein, denn das Wasser wird sich nicht an die menschengemachten Grenzen halten. Die verheerenden Fluten werden zwischen Nord- und Südkorea keinen Unterschied machen. Es wird Hunderttausende von Todesopfern geben. Nach dieser Reinigung werden die Überlebenden erkennen, daß alle Menschen gleich sind.

Ähnlich wie in Korea wird es auch in Kambodscha und Vietnam Überflutungen geben. Wenn der Monsunregen einsetzt, wird es so aussehen, als ob er nie mehr aufhören würde. Auch diese Länder sind von Haß und Herrschaftsansprüchen durchdrungen. Diese Völker werden die Gelegenheit bekommen, die Individualität jedes Menschen anzuerkennen. Man wird im Jahr 1997 mit diesen Ereignissen rechnen müssen.

Ich liebe die Erde, alle Lebewesen und den Einen Schöpfer von uns allen.

– Der Sonnengott

Vergeßt nicht, warum euch die Erdveränderungen mitgeteilt werden!

6. Oktober 1992

Ich habe bereits verschiedene Erdveränderungen erwähnt und werde noch über ein paar weitere sprechen, aber damit habe ich nicht einmal ein Prozent der gesamten Veränderungen erwähnt. Es wird in praktisch allen Gebieten der Erde zu Veränderungen kommen. Dadurch wird die Erde gereinigt und vorbereitet, in eine höhere Dimension einzugehen.

Das bedeutet jedoch nicht, daß jede Person, die heute auf der Erde lebt, eine solche Reinigung nötig hat. Es gibt auch hohe göttliche Wesen auf der Erde, die derart heilende Schwingungen verbreiten, daß sogar Mutter Erde selbst aus ihnen Kraft schöpft. Heute leben bereits viele von ihnen auf der Erde, und in Zukunft werden es noch mehr sein. Die Reinigung, die stattfinden wird, läßt sich mit einer Arznei vergleichen, die denen verabreicht wird, die sie nötig haben. Natürlich gibt es Millionen von Menschen, die nicht einmal wissen, daß sie eine Arznei nötig haben, aber auch das ist ein Lebensweg, den sie selbst gewählt haben.

Viele große Städte in den USA – wie zum Beispiel Indianapolis/Indiana, Nashville/Tennessee, Cincinnati/Ohio, Birmingham/Alabama, Memphis/Tennessee, Raleigh/North Carolina, Charlottesville/Virginia und Washington D.C., um nur ein paar wenige zu nennen – werden bei den kommenden Erdveränderungen eine aktive Rolle spielen. Jede dieser Städte benötigt einen Wechsel der Schwingung, um es den vielen, die es wünschen, zu ermöglichen, die gegenseitige spirituelle Akzeptanz zu erhöhen.

Ich könnte erwähnen, was «wahrscheinlich» in jeder dieser Gegenden geschehen wird, und diejenigen, die diese Botschaft lesen, würden den Namen ihrer eigenen Heimat suchen, um herauszufinden, was geschehen wird. Aber wenn ihr nicht feinfühlig seid, wird euch der wahre Sinn von dem, was ich sage, entgehen. Ihr seid fähig, selbst «die Welt zu verändern». Ja, ihr könnt aktiv zur Reinigung der Erde beitragen, indem ihr euer eigenes Bewußtsein reinigt und lernt, die anderen Menschen zu verstehen und zu akzeptieren. Wenn ihr das tut, dann werden nur wenige Erdveränderungen vonnöten sein. Dann wird eure Mutter Erde mit großer Freude jeden einzelnen von euch in ihre Feier mitaufnehmen.

Mit diesen Worten möchte ich heute abend zu einem Ende kommen. Es gibt immer nur die eine Botschaft: Liebe. Mit dieser Liebe verabschiede ich mich von euch. Ich liebe jeden von euch und den Einen Schöpfer von uns allen.

– Der Sonnengott

Australien und weitere Informationen über die großen Winde

26. Oktober 1992

Ich habe bereits über die Veränderungen in Neuseeland gesprochen. Dieser Erdteil benötigt ein spirituelles Zentrum, genauso wie es die Stadt Louisville *[in den USA]* sein soll. Dieses Zentrum ist nicht nur für diejenigen wichtig, die es persönlich sehen und erfahren werden, sondern auch im Hinblick auf die liebenden Schwingungen, die von diesem Zentrum ausgehen werden.

Die Stadt Sidney in Australien soll ein solches Zentrum des spirituellen Lernens und Lehrens werden. Aber damit sich dort wahre Einsicht und brüderliche Liebe entwickeln können, muß auch dieses Gebiet zuerst gereinigt werden. Die Stadt wird von Wasserwellen überflutet werden, die bis zu zehn Metern hoch sein werden. Dieses reinigende Wasser wird mit einer solchen Wucht zuschlagen, daß die meisten kleinen Strukturen weggefegt werden. Sogar einige große Gebäude werden unter diesen gewaltigen Wasserwellen zusammenbrechen. Viele Menschen werden diesen Zeitpunkt wählen, um ihren Körper aufzugeben. Andere werden überleben, unter ihnen auch solche, von denen man sagt, sie hätten es verdient zu sterben. Diese Menschen jedoch haben das Potential, große Stützen der spirituellen Bewegung zu werden, vorausgesetzt, sie sind bereit, aus ihren Erfahrungen zu lernen und sich für ein spirituelles Wachsen zu entscheiden.

Diese Fluten werden auftreten, um die Menschen wieder mit der Natur und mit dem großen spirituellen Wissen der Eingeborenen dieses schönen Erdteils zu verbinden. Die Weisheit dieses aussterbenden Menschenvolkes wird mit dem Glauben und mit den Wünschen jener Menschen von Sidney, die eine wahre liebende Gemeinschaft der Menschen suchen, verbunden werden, und es ist diese Verbindung, die es ermöglichen wird, daß das Gebiet von Sidney zu einem echten Lichtzentrum werden wird.

Ich habe bereits über den großen Wind gesprochen, der zu einem bestimmten Zeitpunkt auftreten wird. Diese gewaltige Energie aus dem Universum wird über den gesamten Planeten rasen, und es wird nur wenige Orte geben, welche diese mächtigen Winde nicht heimsuchen werden. Praktisch alle hohen menschengemachten Strukturen werden dem Erdboden gleichgemacht werden.

Diese Energie soll jeden von euch daran erinnern, daß es den menschengemachten Monumenten nicht erlaubt sein wird, auf der Erde zu bleiben, wenn diese in die fünfte Dimension eingeht.

Der große Wind wird wie ein riesiger Besen sein, um Mutter Erde beim Reinfegen ihres Hauses zu unterstützen. All diejenigen, die sich ihres inneren Bewußtseins gewahr sind und sich entschieden haben, zu jenem Zeitpunkt noch nicht zu ihrer spirituellen Form zurückzukehren, werden rechtzeitig erfahren, wann diese Winde auftreten werden. Diesen Menschen wird es so möglich sein, eine sichere Zuflucht aufzusuchen. Ihnen sage ich: Seid nicht neugierig, sondern bleibt an eurem sicheren Ort, bis die Stürme vorüber sind. Ihr werdet genug Zeit haben, die reinigende Kraft dieses großen universalen Windes zu sehen. Dann werdet ihr euch entscheiden müssen, ob ihr fortfahren wollt, der Erde zu helfen, sich von allen Monumenten der menschlichen Machtsucht und Rücksichtslosigkeit zu befreien. Diese Entscheidung wird für euch genauso eine Prüfung sein wie die Winde selbst.

Ich verabschiede mich nun. Ich liebe alle Lebewesen der Erde und den Einen Schöpfer von uns allen.

– Der Sonnengott

Kansas City und die unterirdischen Stützpunkte der negativen Außerirdischen in Mexiko *

9. November 1992

Kansas City ist ein Ort, wo im Bereich der Lichtarbeit ein unscheinbarer Fortschritt stattfindet, aber Fortschritt nichtsdestotrotz. An diesem Ort wirkt ein Wille zur Unabhängigkeit *[von negativen Kräften]*, aber dieser Wille ist durchsetzt von einer gewissen Arroganz und Gleichgültigkeit. Es herrscht dort auch die starke Neigung, sich materielle Besitztümer anzueignen. Diese materialistische Haltung stellt die wahre Gefahr dar, und sie ist der Grund, warum die Menschen ihre Verbindung mit dem spirituellen Hintergrund des Lebens verloren haben. Es gibt zwar viele religiöse Institutionen, aber auch diese sind nichts anderes als Besitztümer in den Händen derjenigen, die sie beherrschen.

In diesem Teil eures Landes besteht eine große Notwendigkeit für eine starke spirituelle Führung und Energie. Um diesem Bedürfnis gerecht zu werden, wird eine Reinigung alles Negative, das mit Materialismus und Herrschsucht verbunden ist, beseitigen. Dieses Gebiet wird ein weiteres Ziel von Erdbeben sein, und diese werden direkt das Herz der Beherrscher und Besitzer treffen. Diese Menschen werden mit eigenen Augen sehen dürfen, daß «Güter» keinen Wert haben, wenn sie zu Schutt und Sand verrieben sind.

Die Erdbeben werden hoffentlich zur Folge haben, daß die Menschen im Gebiet von Kansas City wieder lernen, sich gegenseitig mit Wohlwollen und als individuelle Seelen zu sehen. Für viele Menschen wird dieses Ereignis in der Tat der Zeitpunkt ihres Hinübergehens sein, denn die Erde wird inmitten eines geschäftigen Arbeitstages beben. Wenn diese Reinigung vorüber ist, werden sich die Menschen nähergekommen sein, weil sie gegenseitige Hilfe benötigen und auch bekommen. Sie werden mit Dankbarkeit einsehen, wie wertvoll es ist, mit der Erde zusammenzuleben. Wenn die Menschen es versäumen, aus diesem Ereignis die richtige Lehre zu ziehen, und wenn weiterhin negative Schwingungen produziert werden, dann wird innerhalb von 18 Monaten eine große Flut folgen, die wahrhaftig verheerend sein wird. Ein Drittel der Gesamt-

---

* Weitere Informationen, die der Sonnengott zu diesem Thema gibt, werden in Kapitel 8 angeführt.

114

bevölkerung würde bei diesem Ereignis ums Leben kommen, und die Stadt und die gesamte Umgebung sähe aus wie ein Meer.

Es gibt einen Ort in Mexiko, wo die Negativität zum Alltag gehört. Diesen Ort findet ihr auf keiner Landkarte, und ihr würdet ihn auch nicht sehen, wenn ihr dort hingehen würdet. Gewisse Teile der mexikanischen und amerikanischen Regierung haben diesen Ort den negativen Energien zur Verfügung gestellt. Ich spreche von einer unterirdischen Konstruktion, die als Basis und Labor gilt und die in Besitz genommen wurde von denjenigen, die zuweilen als negative Außerirdische bezeichnet werden.

Dieser Ort dient als Stützpunkt für Operationen, die mit ihren negativen Schwingungen der Erde großen Schmerz zufügen. Obwohl in dieser unterirdischen Station sehr fortgeschrittene Technologien zur Anwendung kommen, wird die Erde mit der Kraft ihrer Bewegung und Drehung vieles von dem, was sich dort befindet, nicht nur zerstören, sondern es auch ans Tageslicht bringen. Danach werden massive Wassergüsse auf diesen Ort niedergehen. Die Technologie der dortigen Wesen wird nicht ausreichen, um den Verlauf dieser Erdreinigungen zu ändern. Es gibt noch andere Gebiete mit solch hoher Negativität, wo ähnliche Dinge vor sich gehen. Möge dieses Ereignis jenen Orten als Warnung dienen.

Die Menschheit hat in ihrer Blindheit noch nicht erkannt, daß es Außerirdische von negativer Schwingung gibt. Diese haben euer Wesen und euren Planeten manipuliert, und ihr habt es nicht gemerkt. Eure Regierungen wollen nicht, daß ihr von deren Existenz wißt, und ihr habt euren Regierungen geglaubt. Ihr habt euer spirituelles Wachsein ausgeschaltet, das es euch erlaubt hätte zu erkennen, was um euch herum geschieht. Viele Menschen erhalten nun Channeling-Botschaften, die auf diese Vorgänge hinweisen. Tom ist nicht der einzige. Hört auf diese Stimmen. Die negativen ETs, wie viele sie nennen, und die Menschen, die von ihnen beherrscht werden, fügen mit ihren Schwingungen der Erde großen Schaden zu. Doch die Erde wird sich von diesen Einflüssen befreien, so wie sie sich auch von allen anderen schädlichen Energien befreien wird.

Ich verabschiede mich nun. Ich liebe alle Lebewesen auf und in der Erde, denn ich liebe den Einen Schöpfer von uns allen.

– Der Sonnengott

115

Die negativen Außerirdischen sollen die Erde verlassen!

10. November 1992

Bis jetzt habe ich noch nicht über die schädlichen Energien der negativen Außerirdischen gesprochen. In meiner letzten Botschaft habe ich sie bereits kurz erwähnt und möchte nun näher auf dieses Thema eingehen, denn was diese Energien betrifft, so gibt es viel, was die Öffentlichkeit noch nicht weiß.

Die meisten Menschen haben sich für ein Weltbild entschieden, das solche Perspektiven ausschließt oder ignoriert. Doch unabhängig von dem, was die Menschen glauben, sind diese Mächte bereits seit Tausenden von Jahren hier. Erst in jüngerer Zeit jedoch haben ihre schädlichen Schwingungen an Einfluß gewonnen, weil auch sie dabei sind, euch auf das Bevorstehende vorzubereiten. Es ist den Menschen freigestellt, sich für diese Energien zu entscheiden, und viele werden dies tun.

Während ihr diesen Mächten eure Energie schenkt, haben sie eine Zusammenarbeit mit gewissen Elementen eurer Regierungen aufgebaut, insbesondere in Amerika, aber auch in anderen Ländern. Wenn ihr nicht vorsichtig seid, werden sie es diesen Regierungsmächten ermöglichen, eure Freiheiten immer mehr zu manipulieren, bis ihr alles macht, was diese dunklen Mächte wollen. Es werden Situationen auf euch zukommen, in denen ihr euch tatsächlich für diesen Weg entscheiden könntet. Ich empfehle euch jedoch, alles in eurer Macht Stehende zu unternehmen, um euren Verstand und euer Herz rein zu halten, damit ihr bei euren Entscheidungen klar unterscheiden könnt.

Mutter Erde wird sich von allen schädlichen Schwingungen reinigen, egal von wo sie ausgehen. Sie kann nicht wirklich ein Wesen der fünften Dimension werden, solange sie nicht alle Negativität aus ihrer Existenz entfernt. Es gibt Leute innerhalb der US-Regierung, die ernsthaft glauben, sie seien völlig in Sicherheit, solange sie mit jenen zusammenarbeiten, welche über fortgeschrittene Technologien verfügen. Aber die Erde wird in Zukunft kein einziges Zentrum der Negativität mehr tolerieren, sei dies nun eine Großstadt oder eine Untergrundbasis, in der Menschen und negative Außerirdische zusammenarbeiten. Die Reinigungen werden stattfinden, auch wenn die Widerstände noch so heftig sind.

Die negativ ausgerichteten Mächte werden erbleichen, wenn sie sich jenen Kräften gegenübersehen, die Mutter Erde und ich freisetzen können. Ich fordere diese Energien nun auf, den Planeten zu verlassen. Ich werde mich bei eurer Abreise in keiner Weise einmischen. Aber wenn ihr auf der Erde bleibt und fortfahrt, Schaden anzurichten, dann werdet ihr die volle Wucht der Erde zu spüren bekommen, wenn sie sich von euren Schwingungen befreit. (Während Tom diese Botschaft niederschreibt, sende ich sie auch zu all denjenigen Energien, die nichts anderes wünschen, als der Erde zu schaden.) Die Menschheit mag sich für euch entscheiden, aber Mutter Erde tut es nicht. In Liebe könnt ihr auf der Erde bleiben, aber ich sage euch nun: Wenn ihr nicht eine Gesinnung der Liebe habt, dann geht. Ihr seid auf der Erde nicht willkommen.

Ich liebe alle Wesen auf der Erde, und ich liebe den Einen Schöpfer.

– Der Sonnengott

Kapitel 6

Meine Reise in die Zukunft

Die möglichen und die wahrscheinlichen Veränderungen, die der Erde bevorstehen, mögen beim einen oder anderen das Gefühl wach werden lassen, es sei allmählich Zeit, von hier wegzukommen. Viele werden genau das tun, denn für sie wird das der gewählte Zeitpunkt sein, um ihren Körper zu wechseln. Aber viel größer wird die Zahl derer sein, die bleiben, um an den Veränderungen mitzuwirken. Wir sind alle Teil dieser Veränderungen, denn ob ihr es glaubt oder nicht: Wir haben alle in dieses Abenteuer eingewilligt, aus so vielen Gründen, wie es Menschen gibt.

In der Channeling-Botschaft vom 15. Juli 1992 hat der Sonnengott erwähnt, daß ich und andere in die Zukunft gereist seien. Das stimmt. Ich hatte das Privileg, solche Reisen machen zu können, und ich bekam einen gewissen Einblick in das, was der Erde und der Menschheit bevorsteht. Es war mir erlaubt, den großen Generalplan zu sehen, und es gehört zu meinem göttlichen Auftrag, diese Wahrheiten bekannt zu machen.

Mutter Erde, unser Raumschiff, befindet sich heute in einer Phase der Transformation, weil sie sich auf ihre endgültige Reinigung vorbereitet. Da ich Teil dieser Transformation geworden bin, möchte ich in diesem Kapitel über meine Erfahrungen schreiben. Wohin wird jeder von uns gehen? Und wie wird es sein, wenn wir an unserem jeweiligen Bestimmungsort angelangt sind? Auf diese Themen möchte ich nun näher eingehen.

Ich habe mich gefragt, wie ich das ganze darstellen soll, und entschied mich dann, meine Zukunftsreise direkt so zu beschreiben, wie ich sie wahrgenommen habe. Ich schreibe also im Präsens, so, wie wenn dieses Erlebnis gerade jetzt stattfinden würde. Ich hoffe aufrichtig, daß ihr imstande sein werdet, diese Erfahrungen selbst nachzuempfinden, um so keine Angst mehr vor ihnen zu haben. Ich möchte euch das Gefühl vermitteln, wie es für mich sein wird, wenn ich eines Tages die Erde und all meine Besitztümer hinter mir lassen werde, um mich in einer neuen Umgebung, auf einem entfernten Planeten, anzusiedeln.

Ich möchte diese Erfahrung nicht als emotionales Ereignis darstellen, obwohl ich dabei zweifelsohne gemischte Emotionen hatte. Doch all diejenigen, die ich während meinen Zukunftsreisen traf, zeigten keine Furcht vor dem, was noch geschehen sollte oder was bereits geschehen war. Weil sich heute in den Erdenergien und auch in anderen, universalen Energien viele Wandlungen abzeichnen, läuft die Zeit schneller ab, und so scheinen auch die Erdveränderungen in gedrängterer Abfolge, Schlag auf Schlag, aufzutreten. Wenn die Zeit der «großen Einsammlung der Seelen» kommt, werden die meisten von uns die Welt völlig anders sehen als heute. Vieles von dem, was ihr jetzt in diesem Buch lest und auch von anderen hört, wird für euch dann nicht mehr so ausgefallen sein, wie es euch heute erscheint.

Das folgende ist keine vollständige Beschreibung von dem, was ich in der Zukunft gesehen und gefühlt habe, denn meine Reisen sollen nicht der Hauptgegenstand dieses Buches sein. Ich muß auch sogleich anfügen, daß ich kein vollständiges Bild von der Zukunft bekommen habe, zumindest soweit ich mich heute erinnern kann, obwohl es mir vergönnt war, vieles zu sehen. Was ich in diesem Kapitel schreibe, sind keine gechannelten Texte. Ich bat jedoch um höhere Führung, damit ich das, was ich gesehen, gehört und gefühlt habe, richtig aufschreiben konnte, ohne zu übertreiben oder etwas zu erfinden und ohne die Erfahrungen von anderen Menschen mit hineinzumischen. Als ich nachfragte, um sicher zu sein, bestätigte mir der Sonnengott, daß mein Text genau dem entspricht, was ich erfahren habe.

Abschied von der Erde: Die Reise beginnt

Die Zeit ist gekommen: Wir müssen gehen. Das ist uns allen klar. Niemand ist überrascht oder bestürzt. Wir alle begeben uns ruhig zum Treffpunkt. Wir nehmen nur das mit, was wir leicht mit den eigenen Händen tragen können. Die meisten von uns haben gelernt, was es bedeutet, Dinge wirklich loszulassen und Vertrauen zu haben. Viele haben sich in Gruppen zusammengefunden und sprechen miteinander, ruhig und ohne Aufregung. Es ist eine gedämpfte Spannung zu spüren, aber niemand ist nervös. Auch Kinder sind da, und sie spielen, doch sind wir alle in einer verhaltenen, andächtigen Stimmung. Es ist, als nähmen wir an einer Zeremonie teil, die uns alle betrifft.

Wir haben nicht direkt den Wunsch, die Erde zu verlassen, denn sie ist unsere Heimat. Wir lieben unsere Mutter Erde. Wir wissen aber auch, daß die Erde demnächst einen großen Schritt vollziehen wird, um in einen höheren Bereich ihrer eigenen Existenz einzugehen. Sie wird sich in die fünfte Dimension erheben, und wir haben volles Verständnis für die freudvollen Gefühle der Erde. Es ist notwendig, daß wir ihren Wunsch ehren und respektieren, und so müssen wir die Erde verlassen, während sie die abschließenden Reinigungen vollzieht, um sich endgültig auf ihr neues Aussehen vorzubereiten. Wir haben volles Verständnis dafür. Uns ist auch klar, daß viele eines Tages wieder zurückkehren werden, um mit der Erde in Liebe und Harmonie zusammenzuleben. Aber für den Moment müssen wir unser Wachstum und unsere Entwicklung auf einem anderen Planeten «Erde» fortsetzen.

Am Himmel sind viele Raumschiffe zu sehen, genauso wie auch schon während der vergangenen Tage. Unsere Freunde aus dem Weltall haben alles unternommen, um unseren Bedürfnissen zu entsprechen. Wir haben bereits direkte Unterredungen mit ihnen gehabt, und sie erklärten uns, was geschehen wird und wie wir uns verhalten sollen. Wann immer wir sie brauchen, stehen sie uns zur Verfügung. Sie haben all unsere Fragen beantwortet. Sie haben uns auch ermutigt, die Besprechungen in unseren Kreisen weiterzuführen, um sicherzustellen, daß wir alles verstanden haben. Keine Fragen oder Unsicherheiten sollen uns belasten. Natürlich sind wir alle etwas verunsichert, einfach deshalb, weil wir es hier mit einer völlig neuen Erfahrung zu tun haben. Unsere Eltern oder Lehrer haben uns nie für Ereignisse dieser Art vorbereitet. Wir sind wahrhaftig Pioniere in diesen neuen Erfahrungsbereichen.

Wir alle sind etwas unsicher, aber jeder scheint mit der kommenden Situation leben zu können. Viele sind sogar froh und erleichtert. Es haben bereits so viele Erdveränderungen stattgefunden, daß man auf alles gefaßt sein muß. Ich war mehr als die meisten auf die Erdveränderungen vorbereitet, aber dennoch ist es nicht immer leicht, die reinigende Kraft des Regens, des Windes, der Erdbeben und der Polverschiebungen mitanzusehen und mitzuerleben. Tief im Herzen weiß man, daß dies alles nötig ist für das Wohl unserer Mutter Erde und auch für unser eigenes Wohl. Dennoch leben wir immer noch im physischen Bereich, und mit einigen physischen Veränderungen kann man leichter umgehen als mit anderen. So schicken wir uns in das, was geschehen muß, und schauen nach vorne.

Wir alle sind froh, wenn wieder ruhigere Zeiten kommen, Zeiten, in denen wir nicht mehr voller Sorgen die nächsten einschneidenden Erdveränderungen erwarten müssen. Dennoch haben sich die meisten von uns bereits sehr gut an die neue Lebensweise gewöhnt. Wir leben von den Geschenken der Erde und helfen uns gegenseitig. Während wird das tun, erfahren wir eine tiefe Zufriedenheit und ein Gefühl des wahren Teilens. Deshalb sind wir auch bereit zu gehen.

Ich befinde mich in einer Gruppe von etwa 30 Personen. Wir warten auf das Raumschiff, das uns abholen soll. Ich lebe in einem Gebiet, das nicht sehr dicht besiedelt ist. Wir wohnen und arbeiten als Familien zusammen, und auf diese Weise möchten auch die meisten von uns auf dem neuen Planeten weiterleben, sobald dies möglich sein wird. Das für uns bestimmte Raumschiff erscheint lautlos, und wir werden still. Nun ist es soweit. Auf Wiedersehen, Mutter Erde!

Das Raumschiff landet in unserer Nähe, und die uns wohlgesinnten Wesen aus dem Weltall, unsere Freunde von den Plejaden, treten heraus und heißen uns an Bord willkommen. Wir sind tief berührt von der Liebe, die sie für uns und für die Erde empfinden. Die Menschen in unserer Gruppe haben alle eine ähnliche Schwingung, und so können wir zusammenbleiben. Unsere Freunde aus dem Weltall tun alles, damit wir uns wohl fühlen, und unsere Schüchternheit und Zurückhaltung verfliegt schnell.

Nun hebt das Raumschiff ab und bringt uns zum Mutterschiff. Die eigentliche Reise werden wir mit diesem Mutterschiff tun. Das Mutterschiff ist riesig groß. Es erstreckt sich so weit, wie ich zu sehen vermag. Es sei etwa 15 Kilometer lang, wird mir gesagt, und bestehe aus 20 Stockwerken. «Es gibt noch andere solche Mutterschiffe, die um die Erde kreisen», heißt es weiter. Sie seien speziell für diesen großen Tag konstruiert worden.

Das also ist sie nun: die «große Einsammlung der Seelen». Mutter Erde ist bereit, in eine höhere Dimension einzugehen, und diejenigen, die für feinere Schwingungen empfänglich sind, hören Jubelklänge im Bereich der Erde. Ja, im Äther erklingt himmlische Musik. Die Erde ist nicht traurig, weil wir gehen, denn sie weiß, daß viele in einer relativ kurzen Zeit wieder zurückkehren werden, um als Lichtkörpermenschen in vollkommener Harmonie mit ihr zusammenzuleben.

Jetzt fliegen wir zu unserem Zielplaneten. Die Reise dauert nicht lange, aber sie könnte noch schneller sein, wird mir gesagt. Wer es wünscht, kann von den liebevollen Wesen an Bord Unterweisungen oder Unterstützung bekommen. Sie erwähnen nochmals, was geschehen wird, wenn wir landen. Da die meisten von uns immer noch an ein Routineverhalten gewöhnt sind, geben sie uns konkrete Richtlinien, an die wir uns halten können. Gleichzeitig sagen sie uns auch, daß wir uns keine Sorgen machen sollen, wenn wir nicht in der Lage seien, uns an alle Einzelheiten zu erinnern, denn es werde genügend Möglichkeiten geben, uns einzuleben, nachdem wir gelandet seien.

Die Zielplaneten

Jeder wird zu einem Zielplaneten gebracht, der am besten seiner individuellen Schwingung entspricht. Unsere außerirdischen Freunde erkennen umgehend, wohin jeder gehört. Es gibt absolut keine Möglichkeit, ihnen etwas vorzumachen. Wir können nicht plötzlich so tun, als ob wir eine sehr «hohe Schwingung» hätten oder eine superspirituelle Person seien. Nein, wir sind, wer wir sind. Unsere außerirdischen Freunde urteilen nicht. Sie weisen uns einfach zu jenem Ort, der uns angemessen ist, und sie tun dies mit großer Liebe und großem Respekt. Niemand kann an einen Bestimmungsort gehen, dessen Schwingung höher ist als die eigene. Ein Mensch von einer höheren Schwingung jedoch kann frei wählen, auch auf einer niedrigeren Stufe zu bleiben, zum Beispiel wenn er mit einer bestimmten anderen Person zusammenbleiben möchte. Ich sah zwar nicht, daß dies geschah, aber uns wurde von allem Anfang an gesagt, daß dies möglich sei.

Diejenigen, die ihr Wachstum gerne in einem Bereich fortsetzen möchten, der immer noch zur dritten Dimension gehört, werden zu einem Planeten gehen, der von Menschen bewohnt wird, die ähnliche Einstellungen haben. Wir alle nehmen dasselbe Wissen, dieselbe Weisheit, dieselbe Liebe und auch denselben Mangel an Liebe mit uns. Wir haben dasselbe Bewußtsein wie auf der Erde. Durch die Reise allein können wir also unsere Eigenschaften weder verbessern noch vermeiden. Wenn es uns Freude bereitet, den Sonnenaufgang oder den Sonnenuntergang zu sehen, dann wird sich das nicht ändern. Und wenn wir anderen Menschen oder uns selbst gegenüber Haß und Vorurteile haben, dann wird sich auch das nicht ändern, es sei denn, wir entscheiden selbst, diese Einstellungen freiwillig zu ändern. Und wenn wir gewisse materielle Freuden wollen oder brauchen, dann beeinflußt dies ebenfalls unseren Bestimmungsort.

Für diejenigen, die sich auf der Ebene der vierten Dimension befinden, gibt es ebenfalls entsprechende Planeten. Auch diese Menschen bekommen die Möglichkeit, sich an einem Ort weiterzuentwickeln, wo sie von der Schwingung der dritten und der fünften Dimension frei sind.

Schließlich gibt es neue Heimatorte auch für diejenigen, die sich auf die Ebene der fünften Dimension sowie auf noch höhere Ebenen erhoben haben. In diese Kategorie gehören hauptsächlich diejenigen Menschen, die ihre Schwingungen bewußt angehoben haben, genauso wie auch die Erde ihre Schwingungen angehoben hat. Hierzu zählen auch diejenigen, die sich freiwillig bereiterklärt haben, der Same jener Lichtkörpermenschen zu sein, die eines Tages wieder zurückkehren werden, um in vollkommener Harmonie mit dem Planeten Erde zu leben.

Unter den gegenwärtigen Umständen läßt es sich jedoch nicht vermeiden, daß es für viele Menschen auch ungewohnte, schwierige Situationen zu ertragen gibt. Dies betrifft insbesondere diejenigen, die sich für ein Wachstum innerhalb der dritten und vierten Dimension entschieden haben. Diejenigen, die sich über der vierten Dimension befinden, hängen nicht so sehr an den vielen physischen Realitäten der Erde, weshalb es ihnen leichter fällt, sich ihrer neuen Heimat anzupassen. Auch viele der Erdveränderungen waren in diesem Sinne sehr nützlich, denn sie waren eine wichtige Vorbereitung für die Erfahrungen, die wir jetzt machen.

Die meisten können sich sehr schnell auf die neue Heimat einstellen. Es stehen auch schon Gebäude und andere Einrichtungen für uns bereit. All diejenigen, die optimistisch sind und nicht immer wieder zurückschauen, spüren sogleich die Liebe und Freundlichkeit der neuen Heimat, und so überwinden sie sehr schnell alle Heimwehgefühle.

Beim Besuch der Planeten in der dritten Dimension stelle ich fest, wie glücklich und zufrieden die Menschen aussehen. Ich habe den Eindruck, daß diese Menschen immer noch sehr ihren alten Gewohnheiten und Denkmustern verhaftet sind. Daran ist nichts auszusetzen, denn das ist die Entwicklung, die für sie die richtige ist.

Die Menschen, die in der dritten Dimension bleiben wollen, haben sich zwar für diese Reise entschieden, aber die meisten von ihnen waren anfänglich dennoch skeptisch, weil sie nicht wußten, ob es ihnen möglich sein werde, ihren gewohnten Lebensstil und ihre Religion zu behalten. Ich sehe jedoch viele Kirchen und andere Gotteshäuser, die bereits rege besucht werden. Diese Menschen waren also schnell beruhigt, als sie sahen, daß all ihre Freiheiten gleich bleiben. Sie haben zwar ihre alte Heimat und alle ihre irdischen Besitztümer verloren, aber dennoch scheinen die meisten den Eindruck zu haben, daß sich die ganze Aktion sehr gelohnt hat. Diese einzigartige Erfahrung hat die Menschen einander nahegebracht, viel näher, als sie es sich je hätten vorstellen können. Natürlich läuft nicht alles reibungslos, denn die inneren Einstellungen, die sie mitgebracht haben, sind immer noch dieselben. Aber dennoch zeichnen sich bereits viele gute Entwicklungen ab.

Es gibt keine auffälligen Unterschiede zwischen dieser neuen Heimat und der alten Erde. Die Atmosphäre ist nicht ganz dieselbe, denn die Luft ist etwas dünner, ähnlich wie in höhergelegenen Gebieten der Erde. Aber alle haben sich rasch daran gewöhnt. Die meisten Menschen leben hier immer noch in großen Mehrfamilienhäusern aus Holz, mit den typischen Wendeltreppen. Ihre Bauart erinnert sehr an den viktorianischen Stil. Als die Menschen von der Erde ankamen, waren diese Häuser bereits vorhanden. Viele haben sich aber auch entschlossen, auf das Land zu ziehen, um sich ein eigenes Zuhause aufzubauen. Dies bringt viel harte Arbeit mit sich, aber auch das gehört zu den typischen Glaubensvorstellungen der dritten Dimension.

Während ich mich über diesen dreidimensionalen Planeten bewege, sehe ich Bäume, Blumen, Gräser, Vögel und Hügel. Es herrscht warmes und sonniges Wetter; die Tage sind etwa gleich lang wie auf der Erde. Da die «Erdlinge» immer mehr ihre Spuren hinterlassen, sieht der neue Planet nun sogar noch irdischer aus. Da wir all unsere Besitztümer zurückgelassen haben, beginnt jeder mit dem gleichen Maß an Reichtum und Macht. Es dauert jedoch nicht lange, bis einige sich als Anführer hervortun und leitende Positionen übernehmen. Unter denjenigen, die sich für diese Reise entschlossen haben, befinden sich auch viele, die auf der Erde in lokalen, nationalen und internationalen Regierungen führende Stellungen innegehabt haben. Es scheint also ganz natürlich zu sein, daß manche von ihnen auch hier wieder ähnliche Rollen übernehmen, und die meisten hier wollen das sogar. Aber in jedem Fall bietet sich ihnen eine gute Gelegenheit, die Gleichheit aller Menschen aufs neue zu erkennen.

Die vierte Dimension

Der Planet, der für die Menschen in der vierten Dimension bestimmt ist, sieht ebenfalls ähnlich aus wie die Erde, aber es gibt einige Unterschiede. Diese Unterschiede beziehen sich nicht so sehr auf die äußere Erscheinung, sondern mehr auf die innere Einstellung der Menschen und auf die Technologie, die sie verwenden. So reise ich zum Beispiel mit einem Fahrzeug durch die Stadt, das von Sonnenenergie angetrieben wird. Dieses Fahrzeug hat keine auffällig schöne Form, aber es ist bequem und hat rundherum große Fenster. Aus dem Radio vernehme ich eine melodiöse, fröhlich stimmende Musik. Offensichtlich haben die Menschen hier die Wichtigkeit von Klang verstanden.

Abgesehen vom Summen der wenigen «Autos» ist die Stadt ruhig. Soweit ich feststellen konnte, ist die Sonne die einzige Energiequelle. Die Menschen scheinen im großen und ganzen glücklich zu sein, doch auch ernst. Sie haben sich aus eigener Wahl für diese Schwingungsebene entschieden, aber ich höre, wie ein junger Mann sich fragt, ob seine Entscheidung wohl richtig gewesen sei, denn er sehnt sich nach den alten Tagen. Er hat früher als Börsenmakler gearbeitet und hat nun etwas Schwierigkeiten, sich in seiner neuen Heimat zurechtzufinden. Er fühlt sich vielleicht etwas einsam, aber ich bin sicher, daß er bald aufhören wird, dem alten materialistischen Lebensstil nachzutrauern, und einen bewußteren Weg des Lichts wählen wird.

Die Menschen haben hier die ausgeprägte Fähigkeit entwickelt, untereinander neue Schwingungen zu erkennen. Ohne Ausnahme sagt jede Person, die ich

126

treffe, irgend etwas über meine Schwingung. Die meisten fragen, ob ich hier neu sei. In der Praxis eines «Arztes» sehe ich, wie mit Licht geheilt wird. Zur Untersuchung gehört, daß der Arzt eine optische Vorrichtung in die Hand nimmt und durch diese Vorrichtung hindurch den Patienten betrachtet. Diese Vorrichtung macht Lichtmuster sichtbar, die dem gegenwärtigen Entwicklungsstand des Patienten entsprechen. Die Untersuchung läßt jedoch nicht außer acht, daß der Patient sich in Zukunft auch weiter entwickeln kann. Obwohl die Lichtmuster bei jedem Patienten individuell sind, sehen sie doch bei all denjenigen, die eine ähnliche Schwingung haben, ähnlich aus, zumindest bei denjenigen, die ich sah. Ich beobachte einen Arzt, der mit einem kleinen Lichtstrahlgerät eine Lichtheilung durchführt. Er arbeitet mit großer Fürsorge und hat offensichtlich auch aufrichtiges Interesse am Wohl eines jeden, der zu ihm kommt und seine Hilfe sucht. Als der Arzt sich meiner Gegenwart bewußt wird, ist er etwas überrascht.

Ich erfahre, daß es auch noch andere Lebensformen gibt, die diesen Planeten als Aufenthalts- oder Durchgangsort verwenden. Wie die Menschen bleiben auch sie solange hier, wie sie es selbst wählen. Das kann ein ganzes Leben lang dauern oder solange, bis sie ihr Bewußtsein auf die Schwingung der fünften Dimension erheben. Ich habe keines dieser nicht-menschlichen Wesen gesehen. Man teilt mir mit, daß sie im Hintergrund bleiben, bis sich die Menschen besser an die Umgebung gewöhnt haben.

Dieser Planet ist eine zeitweilige Heimat, denn hier leben diejenigen, die sich über die vierte Dimension hinaus entwickeln wollen. Für diese Entwicklung bestehen allerdings keine Zeitlimiten. Innerhalb jeder Dimension gibt es eine unbegrenzte Anzahl von Abstufungen, was je nach den Bedürfnissen des Individuums ein langsames, ein schnelles oder ein unbegrenztes Wachstum erlaubt. Auch hier zeigt sich ein wichtiger Unterschied zur Erde, wo viele Schwingungsebenen gleichzeitig vorhanden waren. Denjenigen, die sich ganz oben oder ganz unten befanden, fiel es deshalb schwerer, sich zu entfalten.

Die fünfte Dimension und noch höhere Dimensionen

Es gibt Menschen auf der Erde, die bereit sind, sich auf die Ebene der fünften Dimension oder auf noch höhere Ebenen zu erheben. Während meiner Reisen besuchte ich auch einige dieser Planeten, aber ich möchte zu diesem Zeitpunkt nicht näher darauf eingehen. Nur soviel möchte ich sagen: Mit der zunehmenden Erhöhung unserer Schwingung beginnen sich unsere physischen Körper auf eine sehr subtile Weise zu verändern. Unsere Körper werden strahlender, und ihre Dichte verringert sich. Auch die Menge und die Art der Nahrung, die wir brauchen, verändert sich.

Diese körperlichen Umstrukturierungen setzen ein, wenn wir in die vierte Dimension eingehen, und sie werden noch ausgeprägter, wenn wir uns in die fünfte begeben. Die Transmutation von einem dichten physischen Körper zu einem Lichtkörper vollzieht sich dann in der fünften Dimension. Dieser Vorgang geht jedoch nicht schlagartig vor sich. Die Menschen, die zurückkehren werden, um mit Mutter Erde, die dann ein Planet der fünften Dimension sein wird, in Frieden und Harmonie zu leben, werden einen solchen Lichtkörper haben. Ich weiß nicht, wie lange der gesamte Umwandlungsprozeß dauern wird, aber entsprechend dem irdischen Raum-Zeit-Maßstab wird es nicht sehr lange sein, vielleicht 50 bis 150 Jahre.

Jetzt, wo ich dies niederschreibe, hat der Vorgang bereits begonnen. Aber die Umwandlung wird noch nachhaltiger werden, wenn diejenigen, die jetzt [1992] zwölfjährig oder jünger sind, selber Kinder haben werden. Diese Kinder werden dann den direkten Anfang einer Lichtkörpermenschheit markieren. Mit jeder nachfolgenden Generation werden die Körper im physischen Sinn weniger dicht sein, denn ihre Schwingung wird sich immer mehr erhöhen, was dazu führt, daß sie eine Lichtstruktur entwickeln.

Besuche auf der gewandelten Erde

Ich kehre bei mehreren Gelegenheiten auf die Erde zurück, und jedes Mal erkenne ich markante Unterschiede. Beim ersten Mal – kurz nach der großen Einsammlung der Seelen – sieht die Erde sehr trostlos aus. Alles ist leer und ausgestorben, und es herrscht eine Stimmung wie in einer Geisterstadt. Ich begebe mich in einige Häuser, und sie befinden sich noch in genau demselben Zustand, wie sie verlassen wurden. An einigen Orten steht noch das Essen auf dem Tisch. Viele Kühlschränke sind voller Lebensmittel, aber alles ist verdorben und verschimmelt, weil die Elektrizität schon lange nicht mehr funktioniert. Anscheinend war jeder dieser Menschen vorbereitet und ging einfach, als die Zeit kam. Es wurde kein unnötiger Aufwand betrieben, um Dinge mitzunehmen, die man nicht mitzunehmen brauchte.

Beim nächsten Besuch sehe ich, daß der endgültige Reinigungsvorgang begonnen hat. Ich befinde mich in der Höhe, aber nahe bei der Erdoberfläche, und ich sehe, wie alle menschengemachten Konstruktionen zerstört werden. Durch die vorangegangenen Erdveränderungen waren die meisten großen und hohen Gebäude bereits dem Erdboden gleichgemacht worden, und nun sehe ich, wie ganze Straßenabschnitte und Brücken von unsichtbaren Kräften zerrieben werden. Intensive Hitze und andere Arten von Energie gelangen zur Anwendung, wodurch diese künstlichen Strukturen buchstäblich aufgelöst und zersetzt werden, so daß der Zustand ihrer Elemente eine natürlichere Form annimmt. Auf diese Weise werden diese Strukturen wieder ein Teil ihrer natürlichen Umgebung. Diese Reinigungsprozesse werden von den wohlgesonnenen Wesen aus dem Weltall unterstützt.

Während ich mich über die Erde bewege, sehe ich des öfteren Raumschiffe, die mit Energiestrahlen die verbliebenen unnatürlichen Strukturen und Objekte umwandeln. Es wird mir mitgeteilt, daß nichts verlorengeht. Die aufgelösten Objekte werden in eine andere Energieform umgewandelt, so daß sie entweder innerhalb der irdischen Atmosphäre eine Verwendung finden können oder aber in den Raum jenseits der Erde eingehen. Schädliche Chemikalien und radioaktive Stoffe werden neutralisiert und harmlos gemacht. Angesichts dieser Szenen ist es leicht verständlich, warum es für uns notwendig war, während dieser Reinigungsprozesse die Erde zu verlassen.

Die Lichtkörpermenschen, die später auf die Erde zurückkehren, werden keine menschengemachten physischen Strukturen brauchen. Sie werden sich mit Gedankenkraft fortbewegen und kommen deshalb ohne ein physisches Transportsystem aus. Ihr Energiefeld wird sich selbst regulieren, und deshalb brauchen diese Menschen auch keine schützenden Unterkünfte.

Mutter Erde selbst und die außerirdischen Energien ergänzen sich in wunderbarer, harmonischer Liebe, damit die Erde wieder in ihrer vollen natürlichen Schönheit aufleben kann. Diese Schönheit entspricht der Schwingung der fünften Dimension. Die Erde wird wieder saubere, frische Luft und kristallklares Wasser haben. Die Pole des Planeten werden leuchtend und schneeweiß sein, die Wälder im Kontrast dazu farbenprächtig und vielfältig.

Bei meinem abschließenden Besuch begegne ich einer Mutter Erde, deren Schönheit atemberaubend ist. Schon von weitem sehe ich ihren strahlenden und klar strukturierten Aura-Kranz, der von keinerlei Störungen mehr getrübt oder zerrissen ist. Unterhalb der Aura tauche ich ein in eine Atmosphäre von satter und sauberer Luft. Längst verschwunden sind die Gase und Verunreinigungen jener Ära, als die Menschheit noch in der dritten Dimension lebte. Das Land ist übersät von saftig grünen Bäumen und üppig wachsenden Büschen. Über den ganzen Erdboden hat sich ein lebendiger Teppich von Gräsern und Blumen ausgebreitet, natürlich und wild mit unerschöpflicher Fülle. Über die Erde pulsieren die Gewässer im Rhythmus des gesunden, glücklichen Lebens. Überall fließt klares, funkelndes Wasser, quellfrisch und erquickend. In der gesamten Atmosphäre schwingen Klänge des Glücks im Widerhall der allumfassenden planetaren Harmonie. Man sieht, hört und spürt das Echo der Liebe, da die Erde, die Mutter aller Lebewesen dieses Planeten, und die zahlreichen Lebenssysteme allesamt vereint sind. Wir finden uns in einer wunderbaren Schönheit, von der man vor der großen Einsammlung höchstens träumte.

Mutter Erde sieht nun noch lieblicher aus. In ihrer bezaubernden, leuchtenden Schönheit erwartet sie die Menschen, die sich für diese Zeit vorbereitet haben. Eine überwältigende Heimkehr steht bevor, da Mutter Erde voller Liebe ist, die sie mit anderen teilen möchte.

Die Frage des Wann und andere Fragen

Eine erste Frage, die sich stellt, lautet, wann die beschriebene große Einsammlung der Seelen stattfinden soll. Ich weiß es nicht. Der genaue Zeitpunkt wurde mir nicht mitgeteilt, doch ich denke, daß man es uns im voraus sagen wird. In einem gewissen Sinn hat sie schon begonnen, da die Erdveränderungen bereits eingesetzt haben.

In Wirklichkeit gibt es keinen festen, vorausbestimmten Zeitpunkt, und das ist einer der Gründe, warum kein Zeitpunkt genannt wird. Der gesamte Vorgang ist direkt mit den Energien und dem kollektiven Bewußtsein der Menschheit und der Erde verbunden. Die große Einsammlung der Seelen *wird* stattfinden, aber das genaue Datum ist noch nicht bekannt. Es gibt wahrscheinliche Daten, aber die Erde ist eine Zone des freien Willens, und wir können auf unserem spirituellen Pfad fortwährend Entscheidungen fällen, welche dann entsprechende Auswirkungen haben werden.

Es wurde mir mitgeteilt, daß dieses Ereignis höchstwahrscheinlich noch innerhalb der Lebensspanne meiner Kinder stattfinden wird. Im Jahr 1992, als mir dies mitgeteilt wurde, waren meine Kinder 24 und 23 Jahre alt. Wenn das Ereignis jedoch kommt, wird es für uns keine Überraschung sein, denn wir werden rechtzeitig informiert werden.

Es gibt auch Menschen, die sich fragen, was aus ihren Haustieren oder aus den Tieren im allgemeinen werden wird. Ich kann mich nicht erinnern, auf irgendeiner meiner Reisen in die Zukunft ein Tier gesehen zu haben. Vielleicht habe ich sie gesehen, aber ich kann mich heute nicht mehr daran erinnern, da ich mich nur auf die Faktoren konzentriert habe, die direkt mit den Menschen zu tun hatten. Mir wurde jedoch mitgeteilt, daß der größte Teil der Tiere nicht auf der Erde bleiben wird, wenn diese in die fünfte Dimension eingeht. Aber die Menschheit wird immer von Tieren begleitet werden. Alle Lebewesen, die heute auf der Erde gegenwärtig sind, insbesondere die Tiere, stellen gegenüber den Menschen eine Ergänzung und ein Ausgleich von Energie dar. Das ist einer der Gründe, warum sie erschaffen wurden. Die Tiere befinden sich auf einer anderen spirituellen Ebene als die Menschen und werden diese relative Stellung als Teil des universalen Gleichgewichts beibehalten. Deshalb werden die Menschen auch in Zukunft die Erfahrungen ihres Lebens mit den Tieren teilen.

Was geschieht mit denjenigen Menschen, die ans Bett gebunden sind, die von medizinischer Betreuung abhängig sind, die im Rollstuhl sind? Was geschieht mit den Blinden, mit den Insassen von Gefängnissen und mit all jenen Menschen, die in irgendeiner Hinsicht behindert sind oder sich nicht frei bewegen können? Was die große Einsammlung der Seelen betrifft, so schließt sie alle Seelen mit ein, also nicht nur diejenigen Menschen, die körperlich und geistig «normal» sind. Bis dieses weltbewegende Ereignis stattfindet, wird die Menschheit ein tiefgreifendes und schnelles Wachstum erleben. Viele weitverbreitete Krankheiten und Leiden müssen überwunden werden, da unsere körperliche Struktur die Schwingungserhebung der Erde widerspiegeln wird.

Wir werden anfangen zu erkennen, wie wir unsere physische Existenz mit unseren mentalen Kräften beeinflussen können. Später werden wir sogar erkennen, daß es möglich ist, unsere Gedankenbilder zu manifestieren. Viele Menschen werden dann in der Lage sein, ihre Krankheiten selbst zu heilen. Aber all diejenigen, die hierzu – aus welchen Gründen auch immer – nicht imstande sind, werden ebenfalls ihren entsprechenden Bestimmungsort erreichen. Weder der Sonnengott noch die wohlgesonnenen Wesen aus dem Weltall werden sie in irgendeiner Hinsicht verurteilen; niemand wird aufgrund seiner spirituellen, physischen oder mentalen Verfassung vernachlässigt werden. Diese göttlichen Wesen haben die Stufe der reinen Liebe erlangt, und mit dieser reinen Liebe begegnen sie uns.

Kapitel 7

Die göttliche Perspektive

Wie wir im Verlaufe dieses Buches immer wieder feststellen konnten, ist es von größter Bedeutung, welches Bewußtsein wir haben und wie wir uns selbst und anderen Lebewesen begegnen. So haben wir nur aufgrund unserer negativen Einstellungen für uns selbst und für unsere Mutter Erde die gegenwärtigen leidvollen Zustände auf unserem Planeten verursacht. Wenn wir also irgendwelche Erdveränderungen aufhalten wollen, dann können nur wir selbst es tun – und zwar, indem wir uns gegenseitig sowie auch unsere Mutter Erde lieben und respektieren lernen. So lautet die Botschaft des Sonnengottes.

Das Thema der positiven außerirdischen Lichtwesen hat im Kreise meiner Freunde und Bekannten zur Bildung von Diskussionsgruppen geführt. In diesen Gruppen sprechen wir hauptsächlich über die gechannelten Informationen, die uns am meisten zusagen, und tauschen unsere entsprechenden Erfahrungen aus.

Aus einer dieser Diskussionen stammen die Fragen, die ich nachfolgend anführe. Sie wurden an den Sonnengott und an Christus gerichtet, und die entsprechenden Antworten sind sehr aufschlußreich, denn sie geben uns einen Einblick in die wahre Natur des Universums. Sie zeigen aus einer göttlichen Perspektive, wie der Sonnengott und Christus miteinander verbunden sind und welche Beziehung sie zum ursprünglichen höchsten Gott und zu den universalen Gesetzen des Schöpfers haben.

Für einige Leser wird das, was in diesem Kapitel gesagt wird, eine Bestätigung von dem sein, was sie bereits wissen, doch für die meisten werden diese Antworten auch viele interessante neue Informationen enthalten. Unsere Fragen lauteten zusammengefaßt:

1. Auf welcher Ebene innerhalb der kosmischen Hierarchie, also in welcher Dimension, befindet sich der Sonnengott? Wird auch er von den Naturgesetzen gebunden? Gibt es einen Gegenpol zum Sonnengott?

2. Auf welcher Ebene befindet sich Christus? Welche Lehren gibt der Sonnengott an Christus weiter, und welche Bedeutung haben diese Lehren für den Christus? Was ist der Unterschied zwischen der Christus-Energie und der Jesus-Energie?

3. Gehört die Erde zu einer höheren Energie als der Mensch?

Die «Hierarchie» der Liebe

28. Juli 1992

Was Konzepte wie «Ebene» und «Hierarchie» betrifft, so kann ich euch sagen, daß sie für mich und für alle anderen Wesen der höheren Schwingung absolut keine Bedeutung haben. Die Menschen auf der Erde jedoch sind an eine lineare Denkweise gewöhnt, und deshalb glaubt ihr, diese Trennung in unterschiedliche Ebenen, die es in Wirklichkeit gar nicht gibt, sei real und wichtig.

Der Eine Gott hat uns alle erschaffen, entweder direkt oder indirekt. Der Schöpfer hat uns nur um das eine gebeten, nämlich daß wir die Gemütshaltung der Liebe entwickeln, soweit jeder von uns dazu fähig ist. Die einen haben eine schnellere und direktere Art der Liebe gewählt als andere, und dementsprechend läßt der Eine Gott gewisse Wesen näher zu sich heran als andere, in proportionaler «Belohnung» für die Liebe, welche die einzelnen Wesen aufbringen. Dies ändert nichts daran, daß der Schöpfer alle Wesen liebt. Aber gleichzeitig erkennt Er auch, in welchem Maße wir unsere eigene Liebe entfaltet haben.

Wenn also ich oder andere von «Ebenen» sprechen, dann soll dies in keiner Weise bedeuten, daß es in Wirklichkeit auch tatsächlich getrennte Ebenen gäbe. Ihr müßt vielmehr verstehen, daß ich hier eine Perspektive eröffne, die sich außerhalb des Wissens und der Worte der Erdenwesen befindet.

Ich bin ein Gott, geweiht vom Einen Schöpfer. Das Universum ist unermeßlich, ja unendlich. Es gibt auch noch andere göttliche Wesen, die vom Einen Gott zu unterschiedlichen «Zeitpunkten» ernannt wurden. Jedes Wesen ist einzigartig, denn wir alle haben unsere eigene Ebene und unsere eigene Fähigkeit des Liebens. Wir alle unterscheiden uns darin, wie sehr wir den Einen Schöpfer, uns gegenseitig und alle anderen Energien lieben.

Der unbegrenzte Schöpfer könnte jede Energie zu jedem beliebigen «Zeitpunkt» auf die Stufe eines Gottes erheben. Der Schöpfer weiß, warum Er dies tut oder nicht tut. Es wäre jedoch falsch zu sagen, daß zwischen mir und den anderen göttlichen Wesen eine «Hierarchie» bestehe. Meine «Rechenschaft» geht direkt und ausschließlich an den unendlichen Schöpfer. Dies bedeutet jedoch nicht, daß ich mich isoliert in einem Vakuum befände. Ich stelle mich harmonisch auf alle anderen liebenden Energien ein. Aus eurer Sicht bin ich «mächtig», doch ich bin fast ununterbrochen mit anderen liebenden Energien in Kontakt und konsultiere diese. Ich bin nicht an ein gewisses Gebiet gebunden, obwohl dieses Sonnensystem und diese Galaxie meinen unmittelbaren Zuständigkeitsbereich bilden. Dies beschränkt in keiner Weise die Handlungsfreiheit der anderen Wesen, denn wie ich schon sagte, wirke ich in Harmonie mit allen liebenden Energien.

Eine der Fragen bezog sich auf die Naturgesetze, das heißt auf die Gesetze des Universums, so wie ihr sie wahrnehmt, und es ist eine Tatsache, daß auch ich von ihnen gebunden bin. Natürlich kann man nicht wirklich von «Gebundensein» sprechen, denn ich bin Liebe und lebe ausschließlich in Harmonie mit dem Einen Gott. Doch mißversteht mich nicht: Diese Gesetze sind universal gültig, und alle unterstehen ihnen – alle außer dem Einen.

Was das Thema der Polarität betrifft, so bin ich das vollkommene Gleichgewicht. Aber ich muß euch daran erinnern, daß ich hier über Themen spreche, die von den Menschen auf der Erde nicht vollständig verstanden werden können. Um euch das Verstehen zu erleichtern, erkläre ich euch hier die universalen Gesetze nur ganz allgemein. Das heißt jedoch nicht, daß ich irgend etwas vor euch verbergen möchte. Es gibt schlicht und einfach viele Dinge, die sich jenseits eures Horizontes befinden.

Jemand anders fragte, auf welcher Stufe sich Christus befinde. Diese Frage wird Christus selbst beantworten. Ich möchte hierzu nur sagen, daß Christus kein Gott ist, sondern eine äußerst hohe Stufe der Liebe. Viele Menschen auf der Erde beziehen sich auf die Christus-Energie, doch diese ist nicht nur auf die Erde beschränkt, denn Christus ist eine universale Energie.

Ich bin jederzeit jedem zugänglich, der nach mir fragt. Aber die Menschen, die gegenwärtig auf der Erde leben, sind sich meiner Existenz nicht bewußt. Das macht mir nichts aus, und ich habe Verständnis für ihre Situation. Aber ich mache mir Sorgen, wenn ich betrachte, *weshalb* die Menschen ein beschränktes Bewußtsein haben. Denn ein beschränktes Bewußtsein kann in keiner positiven Umgebung förderlich sein.

Wenn meine Antworten nicht genügend sind, dann ist es mir eine große Freude, euch weitere Informationen zu geben, damit die Antwort klarer oder vollständiger ist. Ich liebe alle auf der Erde, und ich liebe den Einen Schöpfer.

– *Der Sonnengott*

Der Sonnengott und Christus

29. Juli 1992

Gerne beantworte ich hiermit nochmals die von gestern verbliebenen Fragen und erkläre das, was ich bereits gesagt habe, genauer.

Jemand fragte, ob zwischen meiner Energie und der Christus-Energie eine Art Belehrung oder Wissensaustausch stattfindet. Nur der Eine Schöpfer ist allwissend. Obwohl ich ein Gott bin, bin ich nicht allwissend, und ebensowenig ist es die Christus-Energie. Zwischen allen Ebenen findet deshalb immer ein Austausch von Weisheit statt, und auch ein Austausch von liebenden Energien. So fördern wir gegenseitig unser eigenes spirituelles Wachstum. Dieser Austausch verläuft jedoch nicht nach einem vorgegebenen Programm, sondern er findet statt, wenn ein Bedürfnis danach besteht.

Über das Thema der Dimensionen habe ich bereits gesprochen. Zur Klärung kann ich hinzufügen, daß ich ein Gott bin, und als solcher bin ich in meiner Essenz nicht dimensional. Wenn ihr wollt, könnt ihr den ursprünglichen Gott in die oberste Dimension oder auf die höchste Ebene einordnen, und dann könnte man sagen, daß die Schwingung meiner Liebe geringer ist als die des Schöpfers und daß ich mich deshalb in einer «niedrigeren Dimension» befinde. Aber diese Darstellung gilt nur, wenn ihr in der spirituellen Realität gemäß euren eigenen Denkmustern Unterscheidungen machen wollt.

Viele von euch sind ständig dabei, in unterschiedlichsten Bereichen Vergleiche anzustellen. Das gehört zu eurer Natur, und ich habe volles Verständnis dafür. Aber ich bitte euch alle einzusehen, daß ihr nicht verschiedene Energien miteinander vergleichen könnt. Jede Energie innerhalb des gesamten Universums ist einzigartig. Es ist verständlich, daß ihr nach Bezugspunkten sucht; aber wenn man nicht die richtige Sicht hat, kann dies sehr irreführend sein.

Ich mußte dies erwähnen, denn jemand fragte, welche Energie-Ebene höher sei – die der Erde oder die der Menschheit. Im allgemeinen befindet sich die Erde auf einer höheren Ebene der Liebe als die Menschheit. Ihr müßt jedoch verstehen, daß es auf der Erde auch viele Menschen gibt, die sich auf einer höheren Ebene der Liebe befinden als die Erde. Ich kann diese Frage also nur sehr allgemein beantworten.

Ich verabschiede mich nun. Ich liebe alle Wesen auf der Erde, denn ich liebe den Einen Schöpfer von uns allen.

– *Der Sonnengott*

Christus und Jesus sind dieselbe Energie

28. Juli 1992

Es wurden ein paar Fragen gestellt, die sich auf mich beziehen. Gerne antworte ich euch. Ich bin nicht der Eine Gott. Ich befinde mich auch nicht in der Position eines Gottes. Ich liebe die Erde und die Menschheit, und ich bin hier, um zu helfen, wann immer ich darum gebeten werde. Aber die Erde ist nicht der einzige Planet, der meine Energie annimmt. Ich bin universal und bin deshalb überall dort gegenwärtig, wo ich gebraucht werde.

Ich unterstehe allen Gesetzen des Universums, das heißt all jenen Gesetzen, die der Eine Gott geschaffen hat. Es kann vorkommen, daß unser Vater mich und auch andere ab und zu von gewissen Gesetzen befreit, um uns eine bestimmte Entwicklung oder Erfahrung zu ermöglichen. Aber dies kommt nicht so oft vor, und wenn, dann nur in ganz besonderen Fällen.

Es gibt viele Menschen, die mich als den Gott dieses Planeten bezeichnen. Aber das stimmt nicht. Der Sonnengott hat die Herrschaft über die Erde, nicht ich.

Mein Bewußtsein besteht aus einer Konzentration von Energien, wie dies auch bei vielen anderen Wesen der Fall ist. Als Mensch mußte ich ganz bestimmte Rollen spielen, Rollen, die den direkten Wünschen des Unbegrenzten Schöpfers entsprachen. Um diesen Wünschen gerecht zu werden, nahm ich eine menschliche Form an, aber ich wirke auch von der nicht-physischen Ebene aus und stehe all jenen Menschen auf der Erde bei, die meine Energie annehmen.

Ihr habt gefragt, was es mit der Christus-Energie und der Jesus-Energie auf sich habe. Ihr könnt mich nennen, wie es euch beliebt. Die Person, die in eurer Bibel Jesus genannt wird, ist dieselbe Energie wie der Christus, den ihr jetzt kennt. Es wurde schon viel über den Unterschied zwischen diesen beiden Energien gesagt. Für jene Menschen war dies nötig, damit sie mich und die anderen Quellen der Liebe besser verstehen konnten. Aber ich bin der Christus, und ich bin die Person, die Jesus genannt wird.

Viele von euch beginnen allmählich einzusehen, daß Namen nicht wichtig sind. Nur Liebe und liebende Information sind wichtig. Ich stehe immer zur

Verfügung, um auf die Anliegen eines jeden einzugehen. Ihr braucht nur zu fragen und zu hören, denn ich werde zu euch sprechen.

Ich verabschiede mich in der Liebe und in der Einheit des Unbegrenzten Schöpfers.

– Christus

Kapitel 8

Außerirdische Einflüsse auf der Erde

An mehreren Stellen dieses Buches hat der Sonnengott darauf hingewiesen, daß die heutige Menschheit gewissen Machtsystemen unterworfen ist und daß dabei auch nichtirdische Quellen mit im Spiel sind. Dieses Kapitel enthält Auszüge aus einer Reihe von Channeling-Texten, die ich unter dem Titel «The Human Experience, Then and Now» zusammengefaßt habe *[in Deutsch bisher unveröffentlicht]*.

Die Menschheit muß immer wieder gewisse Erfahrungen machen, um zu lernen. Die hier ausgewählten Texte vermitteln eine Übersicht über einige solcher Erfahrungen, und zwar in bezug auf gewisse Glaubenssysteme und auf negative außerirdische Mächte, die versuchen, die Menschheit zu beeinflussen und mehr noch: über uns Kontrolle auszuüben.

Eine kurze Geschichte der Menschheit

12. August 1992

Wir möchten heute darüber sprechen, wie verschiedene Wesen im Universum verschiedene Konzepte von Wahrheit haben. Viele von euch mögen denken, daß dieses Thema nichts mit den eigentlichen «Wahrheiten» zu tun hat, aber wir versichern euch, daß dies sehr wohl der Fall ist.

In vielen Channeling-Texten und auch in anderen Quellen stoßt ihr immer wieder auf die Information, der Mensch sei einst unter eine Art von Bann gesetzt worden oder habe ein Virus bekommen, wodurch das Bewußtsein des Menschen in einem gewissen Sinn verändert wurde: «Er» sah sich und «seine» Welt plötzlich anders. Tatsächlich wurden die Begriffe «er» und «sein» damals sehr wichtig, weil die besagte Veränderung auch eine Intensivierung der männlichen Vorherrschaft miteinschloß.

Es scheinen bei euch zu diesem Thema widersprüchliche Informationen zu kursieren. Mal wird von einem Virus gesprochen, das gewisse außerirdische Mächte mit Strahlen auf die Erde gebracht haben sollen, und mal wird auch von Wesen gesprochen, die die menschliche DNS-Struktur manipuliert haben sollen, damit die Menschen ihre Vergangenheit vergessen und sich immer schuldig fühlen würden.

Ihr werdet immer wieder halbwahre oder falsche Informationen zu hören bekommen, und ihr tut gut daran, euch vor diesen in acht zu nehmen. Im großen und ganzen habt ihr jedoch die Wahrheit bereits gehört, wobei jeweils dieselben Ereignisse aus unterschiedlichen Perspektiven dargestellt wurden. Wir möchten euch nun tiefere Einblicke in die wahre Geschichte der Menschheit gewähren.

Gemäß eurer Zeitrechnung wurde die Erde vor langer Zeit von Menschen bewohnt, die mit der Erde in göttlicher Harmonie lebten. Diese Menschen waren immer im Kontakt mit ihrem inneren Selbst, mit ihrer höheren Identität. Nach euren gegenwärtigen wissenschaftlichen Maßstäben waren diese Menschen nicht sehr fortgeschritten, doch in Wirklichkeit waren sie viel weiter fortgeschritten als ihr, denn sie vermochten direkt und jederzeit mit den Bewohnern anderer Dimensionen zu kommunizieren. Ihnen war es auch erlaubt, mit den Raumschiffen der Lichtwesen durch das Weltall zu reisen, was einige von ihnen tatsächlich auch taten. Der Kontakt mit den höheren und göttlichen Dimensionen war für diese Menschen so natürlich, daß er zu ihrem alltäglichen Leben gehörte.

Sie hatten zu allem eine ganz andere Beziehung als die Menschen heute. Sie besaßen keine Räder, um zu reisen oder schwere Gegenstände zu bewegen. Dennoch waren sie fähig, größte Gegenstände ohne die geringste physische Bemühung emporzuheben und zu transportieren. Sie hatten Zugang zu allen Energien, auch zu den Energien in großen Steinen, in den Bäumen, in den Blumen, in allem. Diese Beziehung beruhte auf göttlicher Liebe. Mit dieser Liebe ließen sich sogar Steine «von selbst» bewegen.

In vielerlei anderer Hinsicht waren diese Menschen ebenfalls fortgeschritten. Sie sprachen mit der Erde und fragten, wie sie ihre Energien unterstützen könnten. Die Erde ihrerseits gab den Menschen alle Nahrung, die sie brauchten. Nicht die geringste Arbeit war dafür erforderlich, denn es war ein Geschenk der Mutter Erde.

Die Menschheit jener Zeit stand unter dem Schutz zahlreicher höherer göttlicher Wesen. Wann immer die Menschen sie anriefen, standen sie ihnen helfend zur Seite, ohne sich jedoch in die Entscheidungen der Menschheit einzumischen. So lautete die Übereinkunft. Dies lief alles sehr gut, denn die Menschen wußten, daß sie sich auf dem Erdplaneten befanden, um ihre eigenen Begabungen zu entwickeln und in Harmonie mit Gottes Gesetzen zu leben. Ihr Ziel war immer, sich individuell und spirituell zu entwickeln. Die höheren Wesen mischten sich in keiner Weise ein, und die Menschen kontaktierten sie auch nicht mit unvernünftigen Wünschen, wie zum Beispiel mit dem Wunsch nach gewissen Technologien, um sich das Leben «leichter» zu machen. Die Menschen wußten, warum sie auf der Erde waren, und sie wollten keinen Aspekt ihrer eigenen, freudvollen Entwicklung verpassen.

Im Verlaufe der Entwicklung der Menschheit geschah es, daß gewisse Wesen aus anderen Welten entschieden, daß ihnen besser gedient wäre, wenn die Energien der Erde und der Menschheit anders ausgerichtet wären, nämlich so, daß sie nicht der Entwicklung ihrer eigenen Rasse fehlen. Diese Wesen wollten die Energien der Erde nicht mit anderen teilen *[nicht einmal mit den Menschen]*. So hatten sie ihre eigenen Beweggründe, warum sie die Energien der Menschheit beherrschen wollten.

Es ist für die Menschen kein Geheimnis, daß es «Gut» und «Böse» beziehungsweise «Gut» und «Schlecht» gibt. Was die Menschen hierüber wissen, haben sie im allgemeinen aus der Bibel und aus ähnlichen Quellen erfahren. Es sollte daher niemanden überraschen, daß es auch im Universum «Gut» und «Böse» gibt, oder wie wir es ausdrücken: positive und negative Energien. Wir erwähnen dies, um auch darauf hinzuweisen, daß die Menschheit als gesamtes die Möglichkeit hat, eine Form der Existenz jenseits der physischen Dimension zu erlangen.

Was die negativen Energien betrifft, so müßt ihr wissen, daß es davon verschiedenste Arten gibt. Einige von ihnen haben außerirdische Ursprünge, und viele sind nach menschlichem Ermessen unvorstellbar fortgeschritten. Aber auch sie sind abhängig vom Einen Schöpfer; nur haben sie sich für einen Weg entschieden, der Gott nicht erfreut. Haltet euch hierbei vor Augen, daß dies immer nur allgemeine Aussagen sind.

Es gibt außerirdische Mächte, die fühlen und in der Tat glauben, daß es nicht in ihrem besten Interesse sei, wenn die Menschheit die Freiheit des individuellen Entscheidens habe, das heißt den freien Willen, einen eigenen Weg zu wählen. Diese Mächte versuchen, die Energien der Erde und der Menschheit so weit sie können für ihre eigenen Bedürfnisse auszubeuten. Die menschlichen Energien sind quasi Nahrung für diese Außerirdischen und können sogar Bestandteil ihres eigenen Überlebens werden. Und wenn es ihnen gelingt, die Menschen auf eine bestimmte Weise zu manipulieren, können sie sogar zusätzliche Energien, die die Menschen ansonsten selbst verwenden würden, in ihre eigenen Kanäle lenken.

Diese negativen Außerirdischen halten sich nicht an alle universalen Gesetze. Wenn es ihrem eigenen Vorteil dient, sind sie gewillt, den freien Willen anderer Wesen zu beeinträchtigen. Sie glauben, daß dies in Ordnung sei, und sehen daran nichts Falsches.

Über lange Zeitspannen hinweg suchten sie nach Möglichkeiten, um die Menschheit zu beherrschen. Sie unternahmen verschiedenste Versuche mit unterschiedlichen Mitteln, und schließlich hatten sie Erfolg: Es gelang ihnen, die DNS der Menschen und anderer Lebensformen auf der Erde zu verändern. Wie sie dies taten, ist uns bekannt, aber es ist extrem «technisch». Wenn es Menschen gibt, die den Eindruck haben, daß es für sie erforderlich ist, dies im einzelnen zu wissen, so können wir es erklären. Aber das Wie ist zum gegenwärtigen Zeitpunkt nicht sehr wichtig.

Jedenfalls gelang es ihnen, die Entwicklungsrichtung der Menschheit zu ändern. Sie verstellten in den Menschen sozusagen die Filtervorgänge, weshalb es der Menschheit auf einmal schwerfiel, «offen» und mit dem eigenen höheren Selbst und mit den vielen zur Verfügung stehenden spirituellen Gaben verbunden zu sein. Die Menschheit war plötzlich unsicher und voller Zweifel. Es war nicht so sehr eine physische Veränderung als vielmehr eine Art Horizontverengung oder Frequenzverstellung, so daß die Menschen allmählich ihren Ursprung und ihre natürlichen höheren Kräfte aus den Augen verloren.

Dieser Beschränkung wurden gewisse neue Konzepte beigefügt, die allesamt ganz spezifisch das Ziel hatten, die Menschheit dazu zu bringen, ihr Selbstwertgefühl zu vermindern. In Wirklichkeit sind die Menschen ewige spirituelle Wesen genau wie alle anderen Geschöpfe innerhalb des Universums auch. Durch die neuen Konzepte jedoch sollten die Menschen genau dieses Bewußtsein verlieren und dadurch ihre eigenen Kräfte und Fähigkeiten beschränken.

Mit all diesen Machenschaften wurde beabsichtigt, der Menschheit gewisse Machtstrukturen aufzuerlegen, und zwar dadurch, daß sie sich selbst solche Machtstrukturen schuf.

In der Folge konnten noch weitere Konzepte eingeführt werden: der Materialismus und, damit verbunden, die Bereitschaft und der Wunsch, sich mit materialistischen Gütern und Freuden zufriedenzugeben. So kam es, daß sich das Interesse der Menschen immer mehr auf diese äußeren Dinge beschränkte.

Das entscheidende neue Konzept, das schließlich eingeführt wurde, waren die «Religionen». Dies war wahrhaftig ein genialer Streich. Durch diese neu geschaffenen Religionen wurden die Menschen zum einen glauben gemacht, sie bekämen eine direkte Verbindung mit dem Einen Gott, während ihnen zum anderen gleichzeitig eingeprägt wurde, sie seien als Menschen vor Gott nicht würdig, sondern schuldig; sie seien allesamt sündig, weil sie die Liebe zu Gott verloren hätten; einzig und allein durch harte Arbeit und Entbehrung *[im Dienst der institutionalisierten «Religion»]* dürften sie wagen, sich auch nur im entferntesten der Nähe Gottes würdig zu fühlen.

Es ist in keiner Weise unsere Absicht, das Konzept der Religion an sich in ein schlechtes Licht zu rücken. Wir möchten hier einfach nur darauf hinweisen, wie und warum die religiösen Systeme *[als Machtmittel]* in die Welt kamen. Im Laufe der Zeit werden hierüber weitere Informationen mitgeteilt werden, dies jedoch wiederum nur als Klarstellung für diejenigen, die davon betroffen sind.

Durch diese verschiedenen Mechanismen, durch diese Machtmittel und durch diese neuen Konzepte gelang es den negativen außerirdischen Mächten, Gewalt über die Menschheit zu bekommen. Denn eine Menschheit, die nicht an ihre eigenen höheren Kräfte glaubt, wächst im spirituellen Sinn nicht, ja sie macht sogar Rückschritte. War es erst einmal soweit, wurden viele weitere Konzepte eingeführt. Hier denken wir zum Beispiel an die Industrialisierung, an die Einführung des Konkurrenzdenkens und an Dinge wie das Geld und die Macht des Geldes sowie an die Gier, die mit dieser Macht einherkam.

Die Menschheit jedoch war in all diesen Entwicklungen stets auch ein Partner. Sie machte mit. Ihr könnt daher nicht alle Schuld jenen Außerirdischen zuschieben, die sich einst entschlossen, gegen den Willen einer planetaren Bevölkerung zu verstoßen.

Gleichzeitig hat es aber immer auch Individuen gegeben, die sich vollkommen bewußt waren, daß sie eine eigene Kraft, Würde und Verantwortung besitzen, und die sogar erkannten, was die verschiedenen Institutionen und Glaubenssysteme der Menschheit antun. Viele erkannten und analysierten die Auswirkungen dieser neuen Konzepte, und viele von ihnen versuchten, die anderen Menschen darüber aufzuklären. Tatsächlich wurden auch viele aufgeklärt. Aber im großen und ganzen wurden die Worte dieser göttlichen Individuen mißverstanden, ja ihre Worte wurden des öfteren sogar ganz bewußt verfälscht. Denn dieselben Mächte, die nicht dem Göttlichen dienen, ergriffen diese Gelegenheiten, um die Worte dieser weisen und heiligen Menschen zu verdrehen und zu verzerren.

Die meisten Menschen kennen das Schicksal des Christus und seiner Lehren. Aber es gab noch viele andere. Die Offenbarungen Gottes sind nicht auf eine einzige Zivilisation beschränkt. Jedes Land und jede Kultur kannte eigene Lehrer der Wahrheit. So sind auf der Erde immer wieder erleuchtete Individuen aufgetreten, die sich der Wahrheit bewußt geworden waren, nicht nur in bezug auf die spirituellen Aspekte des Menschen, sondern auch in bezug auf die Machtsysteme, mit denen sich die Menschheit selbst ausgestattet hatte. Viele erkannten auch den negativen Ursprung dieser Machtsysteme.

146

Jesus, der große Meister, unternahm alles Erdenkliche, um den Menschen klarzumachen, daß jedes Individuum eigene Fähigkeiten und Kräfte hat. Er wußte, daß jede Form von Knechtschaft durch bedingungslose Selbstbewußtheit und Liebe überwunden werden kann. Es war für ihn nicht einmal notwendig, gewisse Themen, wie zum Beispiel die außerirdischen Zusammenhänge, zu erwähnen, weil er überzeugt war, daß die «Dinge» sich von selbst wieder korrigieren würden *[wenn die bedingungslose Selbstbewußtheit und Liebe sich durchsetzen]*.

Buddha, Elia, Mohammed, Abraham – die Liste ist endlos. Sie alle haben diese Zusammenhänge verstanden und gelehrt. Auch die höherdimensionalen göttlichen Lichtwesen sind sich dessen vollkommen bewußt. Nur die Menschen wissen es nicht, denn sie müssen sich zuerst von verschiedensten Formen der Programmierung befreien, einer Programmierung, der sie mittlerweile seit mehr als zweitausend Jahren ausgesetzt sind.

Es wäre für euch Menschen also gar nicht so schwer, die Herrschaft über euch selbst und eure Eigenverantwortung wiederzugewinnen. Ihr braucht euch einfach nur zu öffnen und auf die stille Stimme in eurem Inneren zu hören. Lernt, diese innere Stimme zu hören und ihr zu vertrauen! Dann entwickelt euch in jene Richtung, die euch am meisten zusagt, und ihr alle werdet staunen über das, was ihr seid und was ihr erfahren werdet, wenn ihr euch erlaubt, das zu sein, was ihr seid. Hört und erkennt euer wahres Selbst und versteht die einfachen Wahrheiten, die überall in eurer Welt zu finden sind! Dann werdet ihr alle überrascht sein, wie angenehm und einfach das Leben sein kann.

Wir verabschieden uns in Liebe zu allen Wesen und zum allumfassenden Einen Wesen.

> – *«The Blend of Loving Energies»*
> *[ein Kollektiv liebender Lichtwesen]*

Weitere Informationen über die negativen Außerirdischen in Mexiko

16. November 1992

[In seinen letzten Mitteilungen über die Erdveränderungen – am 9. und 10. November 1992 – erwähnte der Sonnengott auch die negativen Außerirdischen, die sich im Gebiet von Mexiko in unterirdischen Anlagen aufhalten. Kurz danach erhielt ich vom Sonnengott eine weitere Channeling-Botschaft, in der er näher auf dieses Thema einging. Ich denke, daß es angebracht ist, diese Botschaft hier ebenfalls zu veröffentlichen.]

Ich habe bereits kurz über die Außerirdischen gesprochen, die sich im Land namens Mexiko aufhalten. Ich werde nun nähere Einzelheiten darüber mitteilen.

In einem abgeschiedenen Teil von Mexiko gibt es einen Ort mit vielen natürlichen unterirdischen Höhlen und Höhlengängen. Die negativen Außerirdischen verfügen über eine Technologie, die es ihnen erlaubt, unterirdische Besonderheiten wie zum Beispiel diese Hohlräume zu entdecken. Es fällt ihnen aber auch nicht schwer, mit ihren eigenen Methoden künstliche Tunnelsysteme zu graben. An einem bestimmten Ort haben sie dies auch getan. Sie beschlossen, daß diese Anlage für einen großen Teil der Erde ihr Hauptstützpunkt sein soll. Hier spreche ich selbstverständlich von jenen Außerirdischen, die einen Körper von physischer Natur haben. Diese Wesen haben bereits in ihrer eigenen Vergangenheit während einer langen Zeit unter der Oberfläche ihres eigenen Planeten gelebt, weshalb es ihnen auch auf der Erde leichtfiel, sich an diese Umgebung anzupassen.

Es wäre natürlich nicht möglich gewesen, eine derartige Aktion zu starten, ohne von der Bevölkerung dieser Gegend gesehen zu werden. Doch mächtige Männer aus Mexiko und den USA arbeiteten mit diesen Außerirdischen zusammen und ließen das gesamte Gebiet abriegeln, damit diese ungestörten Zugang zum Ort des Geschehens hatten. Wie ihr euch leicht vorstellen könnt, waren die Motive derjenigen, die an dieser Aktion beteiligt waren, diktiert von ihrem Wunsch nach Macht und Herrschaft.

Tom und andere haben viele Channeling-Botschaften bekommen, in denen nähere Einzelheiten über diese Vorgänge enthüllt werden. Am genannten Ort halten sich sowohl Außerirdische als auch Menschen auf, und ihre Anzahl ist nicht gering. Die Menschen arbeiten mit den Außerirdischen in vielen Bereichen sehr eng zusammen, aber alles, was sie tun, ist von negativer und schädlicher Natur, sowohl für die Erde als auch für die Menschheit.

Die unterirdische Einrichtung, von der ich spreche, ist sowohl ein Labor als auch eine Art Fabrik. Verschiedenartige Experimente werden dort durchgeführt. Viele Menschen werden entführt und dorthin gebracht, wo sie von den negativen Außerirdischen und Menschen mißbraucht werden. Zahlreiche Viren, die sich heute ausbreiten, stammen aus jener Einrichtung, und viele Menschen haben bei diesen Experimenten unfreiwillig ihr Leben geopfert. Die Außerirdischen verfolgen auch noch andere Ziele, da sie Anstrengungen unternehmen, Teile ihres eigenen Lebenssystems zu retten. Für diese Zwecke führen sie Experimente mit Menschen und Tieren durch.

Eure Regierung hat mit den Wesen aus dem Weltall Abkommen getroffen, um von ihnen gewisse Technologien zu bekommen. Diese Technologien müssen jedoch den irdischen Gegebenheiten angepaßt werden, damit sie von den interessierten Menschen eingesetzt werden können. Bei diesem Tauschgeschäft «spielen» die Außerirdischen mit eurer Regierung. Sie hatten nie vor, den Menschen die volle Kontrolle über machtvolle Systeme zu geben, denn es war zu erwarten, daß die Menschen diese Waffensysteme sogleich gegen die Außerirdischen einsetzen würden. Um die Menschen hinzuhalten, gaben die Außerirdischen ihnen daher immer nur Teile von technischen Einrichtungen oder verhalfen ihnen zu «Erfindungen», die für sie [die Außerirdischen] nicht gefährlich werden konnten. Auch an der Anpassung von Raumschiffen wird gearbeitet, doch dies geschieht größtenteils an anderen Orten. In der unterirdischen Station von Mexiko werden Teile der Montagearbeit und der Ausbildung durchgeführt.

Diese Beschreibungen sollen nur eurer allgemeinen Information dienen. Erinnert euch immer daran, daß alles, was an diesem und anderen ähnlichen Orten getan wird, nicht mit dem Motiv der Liebe geschieht. Die Schwingungen, die von diesem Gebiet in Mexiko ausgehen, lösen auf der ganzen Welt viele schädliche Wirkungen aus. Eure Mutter Erde aber will diese schädlichen Schwingungen nicht mehr länger dulden. Deshalb werden die Erde und ich zusammenarbeiten, um diese Orte von aller Negativität zu reinigen.

Was ihr also wissen müßt, ist dies: Es gibt negative Außerirdische und Menschen, die in einer unterirdischen Einrichtung in Mexiko zusammenarbeiten. Sie beabsichtigen, ein System der Macht aufzubauen, und sie sind dabei, die technischen Hilfsmittel zu konstruieren, um ein solches System durchzusetzen. Sie nähren und stärken sich mit der Angst, die andere Wesen vor ihnen haben. Wenn jemand für ein Experiment zu ihnen gebracht wird und dort große physische Spannung und emotionelle Angst aufbaut, dann zieht diese Reaktion auch andere Wesen innerhalb der Einrichtung in den Schwingungsbereich der Angst.

Die negativen Außerirdischen leben von der Angst derjenigen, an denen sie ihre Experimente durchführen. Für sie sind diese angsterfüllten Gefühlswallungen wie eine zusätzliche Stärkung, von der sie zehren können. Sie verzehren die Wesen nicht physisch, doch die Angstschwingungen, die von ihnen erzeugt werden, sind Nahrung für diese Außerirdischen. Natürlich nehmen sie auch andere, physische Nahrung zu sich, weil sie im Bereich des Physischen leben.

Die Existenz dieser außerirdischen Einrichtungen hat auch noch einen anderen Grund. Sie dienen den Raumschiffen der negativen Wesen als Lande- und Zwischenstationen, denn es ist für sie viel leichter, mit physischen Wesen *[beispielsweise mit Menschen ihrer Wellenlänge]* zusammenzuarbeiten, wenn diese wissen, wo sie stationiert sind. Dies ist an und für sich nicht so wichtig, aber es ist ein weiterer Vorteil, den diese unterirdischen Einrichtungen für die Außerirdischen haben.

Wenn es ihnen möglich gewesen wäre, auf der Erdoberfläche zu bleiben, ohne entdeckt zu werden, hätten sie sich viel lieber dort eingerichtet. In anderen Gebieten, zum Beispiel in einer Station innerhalb der USA, sind auch auf der Erdoberfläche entsprechende Aktivitäten im Gang. Aber selbst dort befindet sich der größte Teil der Einrichtungen unterhalb der Erde.

Mutter Erde hat dies alles zugelassen, weil sie eine Zone des freien Willens ist. Sie hat die schädlichen Schwingungen, die von diesen Orten ausgeht, nie gutgeheißen, ebensowenig wie sie die schädlichen Schwingungen gutheißt, die von den Menschen ausgehen. Ich sage euch, daß die Schwingungen, die von den negativen Außerirdischen ausgehen, viele Male intensiver sind als diejenigen, die von der allgemeinen Menschenbevölkerung ausgehen. Dem ist so, weil die Außerirdischen von Natur aus in einer höheren Schwingung leben. Das heißt allerdings nicht, daß es sich dabei um eine höhere positive Schwingung handelt. Aber in jedem Fall ist es eine höhere Schwingung. Deshalb sind die schädlichen Schwingungen, die von ihnen ausgehen, für die Erde viel schmerzhafter. Verglichen mit der Schwingung der Menschen ist die der Außerirdischen viele, viele Male intensiver.

Ich bin imstande, alles, was dort in diesen unterirdischen Einrichtungen vor sich geht und an Technologie vorhanden ist, bis ins kleinste Detail zu offenbaren. Doch was würden diese Enthüllungen nützen? Nichts. Ihr braucht nur zu wissen, daß sie tatsächlich existieren und daß sie nicht das Beste für die Menschheit und für die Erde wollen.

Ihr solltet auch wissen, daß die negativen Mächte menschliche Agenten haben, die ihnen Unterstützung und Verbindungen vermitteln. Einige haben sich auf die übliche Weise inkarniert; andere jedoch würdet ihr «Hybriden» nennen. Das heißt, ein Teil ihrer physischen Existenz stammt von den Menschen und der andere von ihrer eigenen Rasse. Bei diesen Unternehmungen wirken außerdem noch weitere Menschen mit. Sie wurden einer tiefgehenden geistigen Manipulation unterzogen und glauben, daß das, was sie tun, richtig sei. Nichtsdestotrotz sind diese Menschen genauso für sich verantwortlich wie alle anderen.

In euren Regierungen sind Tausende von Menschen und Agenten tätig, die den negativen Mächten hörig sind. In einem gewissen Sinn unterscheiden sie sich nicht von Tom und anderen Lehrern der Wahrheit. *[Denn beide dienen dem, was sie jeweils für Wahrheit halten.]* Das eine «Lager» jedoch ist positiv und dient der Menschheit, der Erde und dem Allumfassenden Schöpfer. Das andere «Lager» besteht aus Wesen, die sich vom Ego treiben lassen und denen es nur um ihre eigenen Ziele geht. Die dunklen Mächte tun alles, was nötig ist, um ihre egoistischen Interessen durchzusetzen.

Was ich hier sage, soll nicht eine vollständige Abhandlung über negative Außerirdische sein. Über dieses Thema sind bereits viele aufschlußreiche Channelings sowie weitere Informationen erhältlich. Ich will hier nur klarmachen, daß unter euch negative Mächte gegenwärtig sind und daß sie Dinge tun, die für die meisten Menschen schockierend sind. Hierzu gehört auch das Verhalten eurer eigenen Regierung. Doch von Natur aus habt ihr alle die Fähigkeit und auch die Kraft, eure Energien neu auszurichten, um diese negativen Einflüsse zu überwinden und den Schaden, der verursacht wurde, vollständig zu neutralisieren.

Ich habe diesen Wesen gesagt, daß sie den Planeten verlassen sollen, da Mutter Erde einen anderen Weg gewählt hat und ihre Gegenwart nicht wünscht. Diejenigen, die es vorziehen, auf der Erde zu bleiben, werden die Konsequenzen ihrer negativen Schwingungen direkt zu spüren bekommen. Viele oder vielleicht alle [Außerirdischen], die im physischen Bereich leben, werden dabei umkommen. Auslöser werden die Erdveränderungen sein, die ich bereits erwähnt habe. Diejenigen, die auf der Erde bleiben, aber den Auswirkungen der Erdveränderungen entkommen, werden dann direkt mit den Energien konfrontiert werden, die von der Erde und von mir ausgehen. Sie und ihre technischen Einrichtungen werden diesen Energien gegenüber machtlos sein. Diese Energien werden ihre Körper einer solchen Belastung aussetzen, daß daraus tödliche Leiden entstehen werden. Ich habe sie alle aufgefordert zu gehen oder sich zu ändern, damit sie die positive, liebende Schwingung nicht behindern. Sie wurden gewarnt und hatten die Möglichkeit, ohne nachteilige Reaktionen zu gehen.

Diejenigen, die zum jetzigen Zeitpunkt physisch auf der Erde gegenwärtig sind, werden bald merken, wovon ich gesprochen habe. Diejenigen, die von einer negativen Schwingung sind, aber denken, sie könnten entkommen, wenn sie nicht in ihrer physischen Form bleiben, sollen hören, was ich ihnen sage: Verlaßt die Erde und kommt nicht mehr! Eure schädlichen Schwingungen sind auf der Erde nicht erwünscht. Deshalb werdet ihr denselben gerichteten Energien unterworfen sein wie diejenigen, die physisch anwesend sind. Diese Energien werden für euch in der Tat unerträglich sein. Wisset, auch ihr seid auf diesem Planeten nicht mehr willkommen. Geht hinfort und kehrt nicht wieder zurück!

Ich verabschiede mich nun. Ich liebe euch alle, und ich liebe den Unbegrenzten Schöpfer aller Dinge.

– Der Sonnengott

Kapitel 9

Aspekte unserer Zukunft

Vorbemerkung des Übersetzers zu diesem Kapitel:

Mit der eben angeführten Botschaft des Sonnengottes vom 16. November 1992 endet das Manuskript «Earth Changes» von Tom Smith. Die bisherigen acht Kapitel des vorliegenden Buches stellen jedoch nur etwa 20% aller Channeling-Texte dar, die Tom mir sandte. Deshalb möchte ich in diesem abschließenden Kapitel zusätzlich einige ausgewählte Texte wiedergeben, die das bisher Gesagte weiter erklären.

Wie bereits in der Einleitung erwähnt, sollte man sich nicht von der Tatsache beirren lassen, daß die Erdveränderungen (noch) nicht in dem Maße eingetroffen sind, wie es der Sonnengott im Jahre 1992 voraussagte. Der größte Trugschluß wäre zu denken: «Seht ihr, diese Katastrophen kommen gar nicht. Es ist also gar nicht so schlimm, wie immer wieder behauptet wird, und wir können ruhig so weitermachen wie bisher.» Diese Haltung wäre Ausdruck einer äußerst arroganten und gefährlichen Unbelehrbarkeit.

Wir dürfen also das verheerende Ausmaß der gegenwärtigen menschlichen Destruktivität nicht unterschätzen. Die Karma-Reaktionen, die von den Aktionen dieser negativen Schwingung verursacht werden, sind genau jene «Katastrophen», die der Sonnengott und auch viele Hellseher, Propheten und Zukunftsforscher voraussagen.

Wir dürfen andererseits aber auch die Macht des Massenbewußtseins und des freien Willens nicht unterschätzen. Diese Faktoren sind in der Tat noch mächtiger als die Karma-Reaktionen, denn sie sind es ja, die die Karma-Reaktionen bestimmen, seien es die Karma-Reaktionen im privaten, individuellen Rahmen oder auch im nationalen, kontinentalen oder globalen Rahmen. Das heißt, wenn anstehende Karma-Reaktionen ausbleiben, dann bedeutet dies nicht, daß die Ursachen «gar nicht so schlimm» waren, sondern es bedeutet vielmehr, daß göttliche Menschen mit ihrem Wirken das globale Karma abschwächen oder aufschieben.

Obwohl die wirklich vernichtenden großen Erdveränderungen bisher ausgeblieben sind, wird sogar von offizieller Seite zugegeben, daß sich in der Natur vermehrt unberechenbare Kräfte zu regen beginnen. So veröffentlichte die UNO im Herbst 1995 eine Studie, die statistisch und wissenschaftlich belegt, daß die Tendenz der Naturkatastrophen steigend ist, und diese nachdenklich stimmende Meldung ging damals um die ganze Welt. In einer großen Schweizer Tageszeitung hieß es beispielsweise unter der Schlagzeile *Jedes Jahr mehr Naturkatastrophen:* «Erdbeben, Überschwemmungen, Wirbelstürme – Jahr für Jahr nimmt die Zahl der Naturkatastrophen um etwa sechs Prozent* zu. So lautet das Ergebnis einer Studie der Vereinten Nationen, die am Dienstag [15. Oktober 1995] in Genf veröffentlicht wurde. [...] Der UNO-Beauftragte für Katastrophenhilfe, Peter Hansen, erklärte diese Entwicklung mit der Vernichtung von Wäldern und der rücksichtslosen Ausbeutung des Bodens in der Landwirtschaft. [...] In den drei Jahrzehnten bis 1992 registrierten die UNO-Fachleute 787 Naturkatastrophen mit je mindestens 100 Todesopfern. Mehr als ein Viertel von ihnen ereigneten sich in den letzten fünf Jahren.» (*Tages-Anzeiger,* Zürich, 17. Oktober 1995)

Nur schon diese kurze Information zeigt, daß die Prophezeiungen des Sonnengottes aus dem Jahre 1992 durchaus nicht veraltet sind. Die Zukunft wird zeigen, wie gültig seine Vorhersagen im einzelnen sein werden.

Der Sonnengott sprach jedoch nicht nur über Erdveränderungen, sondern erwähnte auch noch einen anderen wichtigen Aspekt unserer Zukunft, der nicht unterschätzt werden sollte: die Gegenwart der (negativen und positiven) Außerirdischen. So umstritten dieser Aspekt heutzutage ist, es läßt sich nicht bestreiten, daß es handfeste physische Indizien gibt, die jedem Menschen, der genauer hinschaut und sich von der Propaganda der Massenmedien nicht ablenken läßt, genügend Grund geben, sich von den herrschenden Ansichten loszusagen.

---

* Man muß damit rechnen, daß diese statistischen sechs Prozent aufgrund von Atomtests, Kometen, Erdachsenschwankungen oder anderen Einflüssen jederzeit sprunghaft in die Höhe schnellen können.

154

Zwei der eindeutigsten physischen Indizien werden in den nachfolgenden Texten von Ashtar und Palastar erwähnt: erstens die Tierverstümmelungen und zweitens die Kornkreise. Die Lächerlichkeit, die diesen Stichworten heutzutage anhaftet, zeigt, welche Tiefenwirkung die Propaganda der Massenmedien hat. Bei den Tierverstümmelungen und bei den Kornkreisen sind dieselben Spuren zu finden, nur mit entgegengesetzten Vorzeichen.

Seit rund dreißig Jahren werden in Amerika immer wieder Leichen von Tieren gefunden (hauptsächlich Kühe und Pferde), die auf mysteriöse Weise umgebracht wurden. Die Leichen sind vollkommen blutleer, und ihnen wurden äußere oder innere Organe entfernt, wobei die Schnitte unerklärliche Eigenschaften haben, die von keiner der heute bekannten chirurgischen Methoden herrühren. Diese «Eingriffe» geschehen meistens über Nacht, ohne daß irgendwelche sichtbaren Spuren der Täterschaft zurückbleiben, obwohl die Leichen manchmal in einem Gebiet von weicher Erde liegen. Aber keine Fußspur führt zur zentnerschweren verstümmelten Tierleiche hin oder von ihr weg!

Was die Kornkreise betrifft, so hat es sie anscheinend schon immer gegeben, aber seit rund zehn Jahren sind sie unübersehbar geworden, da ihre Anzahl sprunghaft zugenommen hat. Mit jedem Jahr wurden sie nicht nur zahlreicher, sondern auch künstlerischer, komplexer und rätselhafter. Sie erscheinen hauptsächlich in England, aber nicht nur dort, sondern auch in anderen Ländern auf der ganzen Erde. Die echten Kornkreise finden sich mitten in Kornfeldern, sind bis zu 1000 Meter (!) lang, bestehen aus perfekten Kreisen, Geraden, Spiralen und anderen Flächen- und Linienmustern, wobei die Getreidehalme nicht gebrochen, sondern nur flachgelegt und manchmal sogar geflochten sind. Die Zellstruktur der Getreidehalme ist leicht verändert, und in den Kornkreisen sind magnetische Anomalien zu messen. Erscheinen die Kornkreise in Getreidefeldern, die noch grün sind, wachsen die flachgelegten Pflanzen unbeschadet weiter. Auch hier sind keinerlei Spuren festzustellen, die in das Getreidefeld hinein- oder hinausführen. Und obwohl diese Kornkreise mittlerweile zu Hunderten erscheinen und ihre «Herstellung» für jeden Menschen eine stundenlange Arbeit darstellen würde (abgesehen davon, daß ein Mensch niemals Kornkreise in dieser Perfektion, Eigenart, Größe und Anzahl herstellen könnte), konnte bisher noch nie ein «Täter» auf frischer Tat ertappt werden.

Es muß an dieser Stelle natürlich auch erwähnt werden, daß gewisse Machthaber ein großes Interesse zeigten und noch immer zeigen, diese deutlichen Zeichen zu verwischen. Sie inszenierten Fälschungen und großangelegte Desinformationskampagnen, die weltweit verkündeten, das Rätsel der Kornkreise sei gelöst: Sie seien nichts anderes als das Werk von irgendwelchen gelangweilten Spaßvögeln in der Sommerzeit, und niemand solle so blöd oder leichtgläubig sein und denken, diese Kreise seien etwas Geheimnisvolles oder, sogar noch lächerlicher, das Werk von Außerirdischen. Man staunt, daß die Existenz solch eindeutiger und doch unerklärlicher Indizien im «Zeitalter der Information» nicht bekannter ist und mit solch billigen Vertuschungen von der Öffentlichkeit ferngehalten werden kann.

Wenn Tom Smith bzw. der Sonnengott von kommenden Erdveränderungen und vom Wirken wohlgesonnener wie auch negativer Außerirdischer spricht, dann sind das also nicht einfach haltlose Spekulationen, sondern Informationen, die durch konkrete Studien und Indizien bestätigt werden. Ja, diese zusätzlichen Informationen sind sogar imstande, die obengenannten Phänomene (wie die Zunahme der Naturkatastrophen oder die unerklärlichen Tierleichen und Kornkreise) zu erhellen.

Diese «Aspekte unserer Zukunft» werden in den nachfolgenden Texten erläutert und weiter ausgeführt. Besonders wichtig ist dabei jener Text, in dem Ashtar erklärt, wie man die negativen Einflüsse, die sehr beängstigend sein können, verstehen soll, und vor allem, wie man sich vor ihnen schützen kann.

Der Schneesturm vom März 1993

16. März 1993

Viele Menschen in eurem Land haben soeben einen gewaltigen Schneesturm miterlebt. Ich bestätige, daß dieser Sturm tatsächlich etwas mit den erforderlichen Erdveränderungen zu tun hat.

Was aber soll ein Schneesturm bewirken, der den Verkehr und viele andere Dinge zum Erlahmen bringt? Mit diesem Sturm wurde in erster Linie beabsichtigt, vielen Menschen zu einer Pause zu verhelfen, damit sie einmal in Ruhe über die Zukunft des Planeten nachdenken können. Für einige Individuen hat dieser Sturm großes Leid mit sich gebracht, doch das war nicht unbeabsichtigt.

Wie ihr vielleicht gesehen habt, legten einige Gemeinden den Schwerpunkt mehr auf die Aufrechterhaltung der Wirtschaft als auf die Bedürfnisse der Menschen. Genau dies sind die Energien, die ihr untersuchen und ändern müßt, wenn ihr in Zukunft ähnliche Ereignisse verhindern wollt. Gleichzeitig habe ich aber auch viele bewundernswerte Menschen gesehen, die sich für das Dienen entschieden haben. Diese Menschen erweisen auch der Erde einen großen Dienst, da sie zur allgemeinen Hebung der Schwingung beitragen. Doch leider haben die meisten Menschen bis heute noch nicht erkannt, wie notwendig es ist, ein harmonisches Selbst- und Gruppenbewußtsein zu entwickeln. So mächtig dieser Sturm war, er war nur der Auftakt zu weiteren Veränderungen, die mit noch viel größerer Wucht eintreffen werden. Die Menschen sehen in diesem Ereignis bloß eine unangenehme Störung und ein Gesprächsthema. Eure Mutter Erde aber ruft um Hilfe, und ihr verschließt eure Ohren.

Es gibt Stimmen, die behaupten, dieser Sturm sei von den negativen Außerirdischen verursacht worden. Das stimmt nicht. Sie verfügen nicht über solche Macht. Die Erde hat diesen Sturm ausgelöst. Sie weint, genauso wie eine Mutter weint, wenn ihre Kinder krank sind.

Nun ist gerade ein Sturm vorbeigezogen. Aber es werden noch viele andere Ereignisse kommen, nicht nur Stürme, sondern auch Erdbeben. Viele sagen, in den nächsten Monaten würden sich in Kalifornien und in den angrenzenden Gebieten vernichtende Erdbeben ereignen. Die Zeit für die wirklich großen Erdbeben ist jedoch noch nicht gekommen. Auf der ganzen Welt werden sich hingegen zahlreiche kleinere ereignen. Die großen werden sich später tatsächlich in der besagten Region ereignen. Die kleineren, die den großen vorangehen, sind Warnungen für diejenigen, die von ihrem Schicksal her anderswohin gehören. Die meisten werden diesen Zeichen jedoch keine Beachtung schenken, während andere wissen, daß sie dort bleiben sollen, um mit ihren Energien der Neuformation der Land- und Wassermassen zu dienen. Ihnen dankt die Erde, und auch ich danke ihnen.

Wenn ihr die verschiedenen Prophezeiungen über die bevorstehenden Veränderungen auf der Erde hört, dann verwendet immer euer Unterscheidungsvermögen! Viele verbreiten diese Prophezeiungen mit dem Motiv der Liebe und des Dienens. Andere verbreiten diese Prophezeiungen, um ihren eigenen Interessen zu dienen, und zu diesen Interessen gehört das Erzeugen von Angst. Nehmt euch vor diesen in acht!

Ich werde euch sporadisch weitere Hinweise auf Erdveränderungen geben. Betrachtet diese Informationen jedoch nicht als Ersatz für eure eigene innere Wachheit und Erkenntnis, denn dies käme einer sehr kostspieligen Vernachlässigung eurer eigenen Fähigkeiten gleich.

Ich verabschiede mich nun. Ich bitte euch, diese Worte an all jene weiterzuleiten, die bereit sind zu hören. Diese Information wird von mir bedingungslos zur Verfügung gestellt und sollte deshalb auch bedingungslos an andere weitergegeben werden. Ich liebe euch alle, und ich liebe Gott, den Ursprung von uns allen.

– Der Sonnengott

Die Eigenart von Prophezeiungen und weitere
Erdveränderungen: Kanada und die Westküste der USA

20. April 1993

Viele Menschen sprechen heute über Erdveränderungen, die sich in der Zukunft ereignen könnten, insbesondere über ein Erdbeben in Kalifornien. Mit solchen Prophezeiungen sind mehrere Schwierigkeiten verbunden. Eine ist die Art und Weise, wie die Information empfangen wird. Einige sehen Bilder und fühlen das Ereignis. Andere ermitteln einen Zeitpunkt, indem sie verschiedene Berechnungsmethoden anwenden. Und wiederum andere empfangen gechannelte Informationen, sind jedoch nicht in der Lage, sie alle richtig zu interpretieren. Solche Informationen stammen also aus verschiedenen Quellen und werden durch verschiedene Methoden empfangen.

Wenn die Informationen sich auf große Ereignisse beziehen, bei denen massive Energien wirken – insbesondere das Massenbewußtsein –, dann kann es jederzeit zu kurzfristigen Änderungen kommen, je nachdem, wie sich das Massenbewußtsein ausrichtet. Daher ist die beste Information dann erhältlich, wenn das Ereignis kurz bevorsteht; ich spreche hier von wenigen Minuten. Natürlich nützt diese Information dann nicht mehr viel, aber dieser Hinweis zeigt, wie einflußreich und flexibel das Massenbewußtsein ist. Es gibt allerdings kaum eine Möglichkeit, daß das Massenbewußtsein seinen kollektiven Geist innerhalb einer sehr kurzen Zeit verändern kann. Wenn jedoch Wochen und Monate zwischen dem Zeitpunkt der Prophezeiung und dem vorausgesehenen Ereignis liegen, dann sind Änderungen äußerst wahrscheinlich.

Ihr meint, ihr wißt dies alles schon? Dies ist zu bezweifeln, denn sonst wärt ihr nicht bereit für ein bestimmtes Ereignis, nur um dann, wenn dieses Ereignis nicht eintrifft, die gesamte Prophezeiung in Frage zu stellen. Was ich hier sage, setzt natürlich voraus, daß es sich von allem Anfang an um eine seriöse Information gehandelt hat.

Mehr als jede andere Energie – neben der Erde – bin ich es, der weiß, wann sich Erdveränderungen ereignen werden. Aber konstant – sogar während ich spreche – wandeln sich die Energien aufgrund ihres freien Willens. Deshalb ist auch das, was ich zu einem bestimmten Zeitpunkt sage, keine endgültige

Information. Denn ich bin mir bewußt, daß Situationen sich wandeln können. Die Zukunft der Menschheit ist ziemlich voraussehbar, aber doch wiederum nicht so voraussehbar, daß man sagen könnte, sie sei prädestiniert und könne nicht verändert werden. Haltet euch all diese Zusammenhänge immer vor Augen, wenn ihr von mir und auch von anderen Quellen Prophezeiungen über mögliche Erdveränderungen hört.

Ich werde nun gewisse weitere Erdveränderungen erwähnen, die sich ereignen könnten. So wie es zum gegenwärtigen Zeitpunkt aussieht, weist die Ausrichtung des kollektiven Bewußtseins auf das Eintreffen dieser Veränderungen hin.

Wie ich bereits gesagt habe, wird Kanada von seinem Anteil an den Überflutungen heimgesucht werden. Dieses Land beherbergt viele negative Energiequellen, die mit den führenden Mächten und den negativen Außerirdischen zu tun haben. Sie glauben aufgrund der weiten Gebiete, die ihre Machenschaften abschirmen, sie seien in Sicherheit und im Geheimen. Aber ich bestätige allen Beteiligten, daß ihre negativen Schwingungen der Erde Leid und Schaden zufügen. Es ist ein großer Fehler zu denken, daß ihr dank eurer Geheimhaltung und Überlegenheit in Sicherheit seid. Die Erde wird sich öffnen und einen großen Teil eurer Unternehmungen verschlingen. Wer sich von solchen Schwingungen zu nicht-liebenden Handlungen und Gedanken verleiten läßt, für den gibt es kein Entkommen. Die Erde wird beben und in den Reihen dieser negativen Elemente eine verheerende Vernichtung anrichten. Ihr mögt in Betracht ziehen, ein Teil eurer Machenschaften an andere Orte zu verlagern, aber denkt nicht, daß ihr damit entkommt. Erzeugt ihr weiterhin negative Schwingungen in der Größenordnung, wie ihr es jetzt tut, werdet ihr überall, wo ihr hingeht, mit der Erde konfrontiert werden.

Was den möglichen Verlauf eurer zukünftigen Westküste betrifft, so gibt es viele unterschiedliche Meinungen, ja sogar Landkarten darüber. Tatsächlich werden in diesem Gebiet der USA dramatische Veränderungen eintreffen. Kalifornien wird unter Wasser sein. Nevada wird unter Wasser sein. Teile von Colorado werden unter Wasser sein. Arizona wird unter Wasser sein. Von der momentanen Situation aus gesehen, wird sich an dem, was ich gesagt habe, nur wenig ändern. Diese Landmassen werden nicht über Nacht verschwinden, doch an einem gewissen Zeitpunkt wird Kalifornien gänzlich untergehen. Das steht fest. Die anderen Gebiete jedoch können diesen Warnungen Gehör schenken und den Verlauf der Wassermassen verändern.

Unabhängig davon werden gewaltige Fluten bis nach Arizona vordringen, doch auch der Kurs jener Fluten kann von den Menschen, die dort leben, jetzt noch beeinflußt werden. Es ist nicht so, daß der Erde ein bestimmter Küstenverlauf lieber ist als ein anderer. Die Erde will sich einfach von allen schädlichen Schwingungen befreien, die in diesen Gebieten herrschen.

Ich verabschiede mich nun. Wenn ich eine Notwendigkeit sehe, werde ich euch weitere Informationen über Erdveränderungen mitteilen. Ich liebe euch alle, und ich liebe den Einen Schöpfer von uns allen.

– Der Sonnengott

Flehende Worte der Mutter Erde; das Erdbeben in Japan; Überschwemmungen und Hitze in den USA

12. Juli 1993

Es macht mich traurig, daß ich der Menschheit, die ich so innig liebe, Schmerzen und Sorgen bereiten muß. Aber es ist notwendig, daß ich mich heile, denn ich leide unter den Verletzungen, die ihr mir zufügt. Dennoch überwältigt mich der Kummer, wenn ich daran denke, daß ich gezwungen sein werde, eure Städte zu überfluten und das Land eurer Heimat mit Erdbeben heimzusuchen. Es schmerzt mich, die Menschen derart leiden zu sehen. Aber ihr habt euch selbst in diese Lage gebracht. Ihr fügt euch dieses Leid selbst zu, so wie ihr auch mir Leid zufügt.

Dennoch liebe ich jeden von euch und bin in keiner Weise glücklich, wenn ich sehe, was ich tun muß, um mich zu heilen, denn dies wird für euch Not und Pein bedeuten. Wenn ihr nur einmal schauen würdet, was ihr überhaupt tut! Wenn ihr nur einmal euer Verhalten, das in eurer Gesellschaft so normal geworden ist, hinterfragen würdet, dann würdet ihr zu verstehen beginnen, warum ich mich vom Stachel dieser Negativität befreien muß. Ja, mein Herz blutet, nicht nur aufgrund der Wunden, die ihr mir zufügt, sondern auch aufgrund des Schmerzes und des Schreckens, den ihr empfinden werdet, wenn ich mit meiner Reinigung beginne.

Ich zittere und bebe in vielen Teilen meiner Existenz. Heute seid ihr euch dessen wieder bewußt geworden, da ich meinen Heilungsprozeß im Gebiet von Japan angefangen habe. Auch hier bei euch soll dieses Ereignis einen Anfang markieren, denn ich versuche, die Menschheit aufzurütteln, damit sie lernt, allen Lebewesen mit einer positiven Schwingung zu begegnen.

Ich bitte euch also, eine tiefe gegenseitige Liebe zu entwickeln und diese Liebe dann praktisch zu leben, indem ihr mich mit Rücksicht und Feingefühl behandelt. Schaut nicht einfach zu, wenn meine Wälder für materiellen Profit vergewaltigt werden. Ich habe die Wildnis meiner Regenwälder wachsen lassen, um in eurem Haus ein Gleichgewicht der Elemente zu schaffen, und ich unterstütze alle Lebewesen, die auch für euch Menschen so wichtig sind. Aber die meisten Menschen wissen nicht einmal das. Ihr durchschneidet blindlings eure eigene Lebensader! Und wofür? Für materielle Freuden, die so vergänglich sind.

Ja, das Beben meiner Oberfläche soll für euch eine Warnung sein. Schüttelt alle negativen Energien von euch! Es steht euch frei, aufzustehen und euch selbst und auch mir zu helfen. Wenn ihr dies hingegen nicht freiwillig tut, dann muß ich meine Wunden heilen. Ich werde Verwüstungen auslösen, die einhundert Mal größer sein werden als diejenigen, die ihr jetzt gerade im Land und im Meer von Japan gesehen habt.

Ein großer Teil der Vereinigten Staaten beginnt, das Wirken meiner reinigenden Kräfte zu spüren. Bei zahlreichen Gelegenheiten habe ich schon versucht, mich von der erdrückenden Last eurer mittleren Staaten zu befreien. Aber ihr habt mich und meine Hilferufe stets ignoriert. Mein Herz leidet mit all jenen, die aufgrund des Hochwassers Haus und Ernte verloren haben. Aber ich kann nicht anders, denn ich muß meinen Körper von euren schädlichen Schwingungen und von euren schädlichen Chemikalien reinigen.

O ihr Bewohner dieses Planeten, bitte hört auf mich und ändert euch, indem ihr euer schädliches Verhalten ablegt! Meine lieben und liebenden Menschen, ich habe euch viel gegeben, aber nun habe ich nichts mehr zu geben. Ihr verzehrt und erschöpft meine Energien, und ich bin gezwungen, sie zur Heilung meiner Wunden zu verwenden. Ich habe mich entschieden, vorwärts zu gehen. Welch freudvolle Erfahrung wäre es für euch und für mich, wenn wir diesen großen Schritt gemeinsam und in Harmonie vollziehen könnten! Bitte überwindet euer liebloses Verhalten euch selbst und mir gegenüber, und fügt mir keinen Schaden und keinen Schmerz mehr zu.

Ein großer Teil der USA leidet derzeit unter brütender Hitze. Aber ihr wißt nicht, was Hitze wirklich ist. Was ihr gesehen und gespürt habt, ist nichts verglichen mit dem, was ich tun muß, um die gesamte Negativität auf meiner Oberfläche wegzubrennen. Wenn ich euch sagen würde, was geschehen wird, würdet ihr es mir nicht glauben. Aber ihr könnt mir glauben, wenn ich euch sage, daß LIEBE der Schlüssel ist, die Antwort auf all meine Heilungsprobleme und die Antwort auf euer Wachstum hin zum Einen.

Dies bedeutet jedoch nicht, daß ihr einfach den Einen Schöpfer zu lieben braucht und Ihn dann bittet, sich um alles zu kümmern, einschließlich der Hitze und des Ernteausfalls. Es bedeutet vielmehr, sich mit dem Einen Schöpfer von uns allen dergestalt eins zu fühlen, daß man sich selbst und alle anderen wahrhaftig liebt. Wenn ihr diese wahre Liebe empfindet, werdet ihr niemandem Schaden zufügen, auch mir nicht. Wenn ihr diese wahre Liebe empfindet, werdet ihr mir nicht tagsüber an euren Arbeitsstellen Leid zufügen und dann plötzlich «anders» sein, wenn ihr nach Hause kommt. Denkt nicht, daß ihr während des Tages meinen Körper mit radioaktiver Strahlung und mit Abfall verschmutzen und dann am Abend zu Hause plötzlich auf «Liebe» und «Heilung» umschalten könnt. Eure Schwingung folgt euch, wohin auch immer ihr geht.

Deshalb bitte ich euch nochmals: Lebt in Harmonie mit mir und mit den Brüdern und Schwestern aller Königreiche, die euch umgeben – mit den Tieren, mit den Pflanzen und auch mit den Naturwesen. Wir müssen alle gemeinsam erkennen, was unsere Beziehung zum Einen bedeutet. Wir müssen alle unsere gegenseitige Liebe entwickeln.

Ich verabschiede mich von euch in der Hoffnung, daß ihr erkennt, was Liebe ist. Ich liebe euch alle, und ich liebe Gott, den Ursprung, den Einen.

– Erde

Wie Ashtar die «negativen Außerirdischen» sieht

20. März 1992

[Frage: Es werden immer wieder Menschen von Außerirdischen entführt und körperlichen Behandlungen unterzogen. Sollen wir die Außerirdischen, die so etwas tun, als negative, dunkle Mächte betrachten? Wie siehst *du* sie?]

Wir sehen alle Wesen im Universum als Geschwister, und als solche lieben wir sie alle. Dies bezieht sich sowohl auf die wohlgesinnten Wesen als auch auf die «bad guys» *[die «Bösen»]*, wie ihr sie nennt. Wir sind bereit, jederzeit mit jedem unserer Geschwister in Kontakt zu treten. Wir verschließen uns vor niemandem.

Doch gleichzeitig muß ich auch sagen, daß wir es bewußt vermeiden, offen und direkt mit einer Energie zu kommunizieren, die nicht den Kontakt mit uns sucht oder diesen Kontakt nicht wünscht. In unseren Augen wäre dies eine aufdringliche Einmischung unsererseits. Oder um es anders auszudrücken: Diejenigen, die das Gegenteil von dem tun, was wir tun, sind zwar unsere Geschwister, aber wir «stecken nicht unter einer Decke». Wir sind alle Teile desselben Schöpfers, aber viel mehr haben wir nicht gemein. Wir lieben sie, so wie auch der Höchste Gott alle liebt, aber wir haben uns für einen anderen Pfad entschieden, nämlich den Pfad des Dienstes für die Menschheit und für das ganze Universum.

Ihr habt schon so oft gehört: «Gleiches zieht Gleiches an.» Und das stimmt, denn dies ist ein Gesetz, das im ganzen Universum gültig ist. Normalerweise gehe ich daher nicht auf die Machenschaften ein, die ihr in eurer Frage erwähnt, denn ich möchte diesem Pfad nicht mehr Energie schenken, als ich muß. Was mich betrifft, so fließt meine Liebe immer zu ihnen, aber ich will nicht, daß ihre Energie in irgendeiner Form zu mir fließt.

Ihr müßt verstehen, daß ich meine Gedanken manifestiere, und zwar fast augenblicklich. Wenn ich also über gewisse Aspekte des Universums nur schon spreche, muß ich mich zuerst auf verschiedene Weise schützen, weil ich sonst deren Energie sofort auf mich ziehe. Bei euch Menschen ist es genau dasselbe, nur erkennt ihr nicht, worauf ihr euch einlaßt. Bei euch manifestieren sich die

Gedanken nicht so schnell wie bei uns, da wir uns in einer höheren Schwingung befinden. Aber nichtsdestoweniger schafft auch ihr euch *[durch eure Gedanken und Worte]* eure eigenen Realitäten.

Deshalb konzentriere ich mich ausschließlich auf die Dinge, die mich Gott, dem Ursprung, näherbringen. Gleichzeitig bin ich mir aber auch über die negativen Energien und Aktivitäten im Universum bewußt, denn diese gehören zum universalen Gleichgewicht. Es fällt mir nicht leicht, dieses Thema so zu erklären, daß ihr es mit eurer irdischen Programmierung richtig verstehen könnt. Hier geht es um universale Perspektiven, und diese unterliegen nicht den begrenzten Wertmaßstäben der Menschen. Ich muß mich also bemühen, diese Zusammenhänge im richtigen Gleichgewicht zu erklären. Ich muß mir bewußt sein, an wen meine Antwort gerichtet ist, sonst könnte das, was ich zu diesem Thema sage, völlig mißverstanden werden.

Ich könnte sagen, daß die «Bösen», aus einem bestimmten Gesichtswinkel betrachtet, eigentlich gute Wesen sind, doch viele Menschen wären aufgrund ihrer vorprogrammierten Wertvorstellungen mit dieser Aussage nicht einverstanden. Oder ich könnte sagen, daß die «Bösen» tatsächlich eine dunkle Macht darstellen, die der Menschheit nur schadet, und daß man deshalb nichts mit ihnen zu tun haben sollte. Die meisten Menschen würden sich über diese Antwort freuen, da sie genau ihrem Schwarz-Weiß-Weltbild entspricht. Und doch treffen beide Ansichten nicht zu, da sie beide völlig verkennen, wozu das Universum geschaffen ist. In Wirklichkeit liegt die «Wahrheit» irgendwo zwischen diesen beiden Aussagen.

Aus einer universalen Perspektive gesehen, erfüllen diese «negativen ETs» einfach einige der Vertragsbedingungen, die manche Individuen für ihre gegenwärtige Inkarnation eingegangen sind. Diese Individuen wollten in ihrer jetzigen Inkarnation mit Hilfe der Außerirdischen bestimmte Erfahrungen machen.

In einem gewissen Sinn helfen diese Menschen wiederum auch den «negativen ETs». Doch auch die «Negativen» haben ein gewisses Maß an freiem Willen, und deshalb gibt es unter ihnen solche, die sich entscheiden, ihre eigenen Ziele voranzutreiben, indem sie zu zusätzlichen Mitteln greifen oder zusätzliche Aktionen durchführen. Dazu gehören zum Beispiel eine größere Anzahl von Entführungen, als eigentlich abgemacht wurde, sowie schmerzhafte operative Eingriffe und sogar eigene Lehren.

166

Vieles von dem, was sie tun, tun sie mit der Einwilligung eurer Regierung und anderer Instanzen, wobei es unterzeichnete Abkommen und Verträge gibt, in denen auch die Lieferung von machtorientierter Technologie als Gegenleistung erwähnt wird. Dies ist eine erweiterte Anwendung des freien Willens, der es jedem erlaubt, innerhalb der festgelegten Bedingungen des Universums frei zu handeln.

Dies alles klingt vielleicht kompliziert und verwirrend, selbst jetzt, wo ich es zu erklären versuche. Universale Perspektiven den Menschen zu vermitteln, die schon seit Jahrhunderten mit bestimmten Wertvorstellungen programmiert sind, ist nicht leicht. Hinzu kommt, daß eure Sprache nicht die gesamte Bedeutung von dem erfassen kann, was ich sagen möchte. Ich verspreche, bei einer anderen Gelegenheit nochmals auf dieses Thema einzugehen. Dies wird es uns ermöglichen, euch zumindest weitere Informationen mitzuteilen.

Auf eure Frage gibt es also keine Schwarz-Weiß-Antwort, denn es gibt nicht bloß ein einziges Schema oder Szenario, das man auf diese Situation anwenden könnte. Es gibt aber auch keine «Grauzone», wie einige vielleicht denken könnten. *[Das heißt: Die Grenze zwischen Schwarz und Weiß sollte nicht verwischt oder in eine graue Zone vermischt werden. Es gibt das Negative, und es gibt das Positive. Die negativen Wesen sind «negativ», weil sie den spirituellen Fortschritt der Menschen nicht fördern und in ihrem Egoismus die Menschen manipulieren wollen, aber sie sind nicht absolut negativ, weil auch sie in Gottes Schöpfungsplan eine Rolle spielen – obwohl sie diesen Schöpfungsplan nicht anerkennen. Aus ihrer eigenen, subjektiven Sicht tun sie das, was sie für richtig und gut halten.]*

Zum Abschluß möchte ich euch sagen: Wenn ihr euch vor diesen sogenannten negativen Außerirdischen schützen möchtet, dann braucht ihr euch nur an unsere wohlwollenden Brüder zu wenden, und ihr werdet diesen Schutz bekommen. Aber jeder muß explizit darum bitten – es sei denn, dieser Schutz sei bereits ein Teil eines früheren Abkommens *[gemeint ist ein Abkommen für das Leben in der gegenwärtigen menschlichen Inkarnation, wie dies bereits oben erwähnt wurde, im Zusammenhang mit denjenigen, bei denen eine der Vertragsbedingungen der Kontakt mit den «Negativen» ist]*. Wir haben Möglichkeiten, die jeden von euch beschützen können, doch diese Möglichkeiten brauche ich hier nicht näher zu beschreiben. Aber wir versichern euch, daß unser Schutz vollständig sein wird – solange die betreffende Person diesen Schutz wünscht.

Es gibt so viele Punkte, die ich in diesem Zusammenhang erklären möchte, und ich begrüße es sehr, hier bei diesen Gelegenheiten durch dich *[Tom]* sprechen zu können. Weitere Ausführungen werden hilfreich, wenn nicht sogar notwendig sein, damit die Menschheit ein erweitertes Wissen über das Universum bekommt.

> *– Ashtar,*
> *im Namen der Ashtar-Gruppe*

Informationen über die Tierverstümmelungen

19. April 1993

[Frage: Wer führt die Tierverstümmelungen durch, von denen man immer wieder hört? Welche Absicht wird damit verfolgt? Wie werden sie durchgeführt? Werden dabei Laserstrahlen eingesetzt? Hat es eine Bedeutung, daß die verstümmelten Tiere oft in derselben Gegend gefunden werden, beispielsweise in Alabama und Colorado?]

Wir lieben es nicht, über negative Aktivitäten wie die Tierverstümmelungen zu sprechen, da wir diesen Machenschaften keinerlei Energie zukommen lassen wollen. Jeder von euch muß folgendes verstehen: Je mehr über diese und über andere negative Aktivitäten gesprochen wird, desto mehr werden diese Aktivitäten zunehmen. Die Tierverstümmelungen nehmen zu, weil die Energie, die ihnen gegeben wird, zunimmt und weil damit eine entsprechende Atmosphäre geschaffen wird.

Ich gebe zu, daß man bis zu einem bestimmten Grad darüber sprechen muß, da es nötig ist zu wissen, was vor sich geht. Aber die Menschen interessieren sich heutzutage viel zu sehr für diese und ähnliche Themen. Genau das ist es, was die dunklen Mächte wollen. Erinnert euch immer an diese Tatsache, wenn ihr über diese Themen diskutieren wollt. Es ist nicht erforderlich, alle blutigen Details zu kennen. Es genügt zu wissen, daß diese Dinge geschehen.

Um es kurz zu machen: Die Tierverstümmelungen werden entweder von den negativen Außerirdischen selbst durchgeführt oder von gewissen Regierungseinheiten, die unter der Aufsicht und Anleitung der ETs stehen. Für das geübte Auge gibt es auffällige Unterschiede, die zeigen, wer die Verstümmelung vorgenommen hat. Die außerirdische Technik ist viel präziser und fortgeschrittener. Diese ETs genießen zudem die Angst, die sie mit ihren Machenschaften verursachen. Wenn jedoch Menschen chirurgisch am Werk waren, dann ist es nur eine billige Imitation von dem, was die ETs zustandebringen.

Beide verwenden fortgeschrittene Instrumente, die mit Energien arbeiten, die eurem Laser ähneln, aber es ist nicht Laser. Die Energien, die hier zur Anwendung gelangen, sind auf der Erde nur wenigen Menschen bekannt. Es ist eine saubere Operation, abgesehen vom ersten Einstich. Eure Regierung macht schon seit geraumer Zeit Experimente mit dieser Art von Energien und Energiefeldern. Opfer waren dabei sowohl Tiere als auch Menschen.

Die ETs und die Menschen führen immer wieder zahlreiche Experimente durch, und zwar größtenteils zum Nutzen der ETs. Sie arbeiten mit verschiedenen Arten von DNS- und Molekularstrukturen, in der Hoffnung, eine neue Rasse von Wesen zu schaffen oder bestehende zu verbessern, und auch, um eine Nahrungsquelle zu haben. Die irdischen Agenten haben in Übereinstimmung mit den ETs gearbeitet und haben sie unterstützt. Diese Wesen *[die genmanipulierte neue Rasse]* sollen von den ETs kontrolliert und als Sklaven verwendet werden.

Die Nahrungsquelle, nach der die irdischen Agenten streben, soll auf anderen Planeten eingesetzt werden, wo diese Agenten hoffen, für die geheimen Regierungsleute eine sichere Zuflucht zu finden. Die negativen ETs machen bei diesem Spiel mit, bis sie ihre Ziele erreicht haben. Einige ihrer Aktivitäten würdet ihr als Ablenkungsmanöver bezeichnen. Dies wurde getan, damit die Leute das Werk von Menschen sehen, um so bei denjenigen Verwirrung zu stiften, die vermuten, diese Dinge würden von den ETs angerichtet.

Es ist nicht nötig, auf die einzelnen Orte einzugehen. Der Zweck ist überall derselbe. Ich hoffe, daß damit eure Fragen beantwortet sind. Ich verabschiede mich und grüße euch in Liebe. Wir lieben alle Lebewesen und den Einen Schöpfer.

> – *Ashtar,*
> *im Namen der Ashtar-Gruppe*

Informationen über die Kornkreise

30. März 1992

[Frage: Bitte erklärt, was es mit den Kornkreisen auf sich hat. Wer macht sie? Wie werden sie gemacht, und warum?]

Ihr bittet um Informationen über die Kornkreise. Es ist mir eine Freude, über sie zu sprechen. Es sieht jedoch so aus, als ob nur sehr wenige Menschen bereit sind zuzuhören. Jeder hat seine eigene Theorie.

Diese Zeichen machen tatsächlich wir, eure Raumgeschwister. Mit den Kornkreisen – wie auch mit vielen anderen Bemühungen – versuchen wir, euch Menschen zu wecken. Aus zwei Gründen wählen wir Getreidefelder. Der eine Grund ist die Sichtbarkeit, denn Getreide wächst schön regelmäßig. Dort Zeichen zu machen ist wie mit einer Kreide auf eine Tafel zu schreiben. Wir beschränken diese Zeichen jedoch nicht auf Getreidefelder. Der andere Grund ist, daß Pflanzen weiterwachsen und sich erneuern, auch nachdem wir die Zeichen gemacht haben.

Die Energie, die wir verwenden, ist eine Art von elektromagnetischer Energie. Sie ist für das bloße Auge nicht sichtbar, aber die meisten PSI-begabten Menschen würden sie sehen, wenn sie zugegen wären. Einige haben es auch schon gesehen, aber niemand glaubt ihnen, weil dieser Vorgang nicht-physisch ist. Viele könnten es natürlich auch mit ihrem dritten Auge sehen.

Wir tun dies nur, um die Menschheit darauf aufmerksam zu machen, daß sie nicht allein ist. Aber es gibt so viele enghorizontige Theorien; einige davon sind wirklich zum Lachen. Gewisse Menschen würden sich weigern, die Augen zu öffnen, selbst wenn ein PSI-Hammer ihre Nase treffen würde. Aber das ändert nichts daran, daß diese Dinge real sind.

Diese Zeichen sind außerdem Symbole. Auch hier hoffen wir, daß es den Menschen gelingen wird, unsere Botschaft zu entschlüsseln. Diese unsere Botschaft lautet ganz einfach: Wir sind hier, und wir sind hier in Friede und Liebe und werden helfen, wann immer man uns bittet. Wir beabsichtigen nicht, zu schwierige Symbole zu machen, aber einige sind einfach schwierig.

Eine andere Botschaft, die wir euch übermitteln wollen, lautet: In der nahen Zukunft werden wir noch mehr unter euch gegenwärtig sein. Aber habt keine Angst! Ihr dürft den Menschen mitteilen, daß es noch andere sichtbare Zeichen unserer Präsenz und Existenz geben wird. Dies wird sich nicht nur auf unser physisches Erscheinen beschränken.

Ich hoffe, daß ich euch damit genügend Information gegeben habe. Ich tue dies im Namen des Einen Schöpfers.

– Palastar,
von der Ashtar-Gruppe

Weitere Informationen über die Kornkreise

30. März 1992

Hier noch eine weitere Information über die Kornkreise: Diese Zeichen stellen eine Serie von Noten für Musik dar, die eine Kombination von Erdenmusik und universal existierender Musik ist. Wenn diese Symbole richtig auf einer Flöte gespielt werden, dann erzählen sie euch die Geschichte, die ihr vorhin gehört habt [in Palastars Channeling].

Es ist eine Geschichte über die Liebe der Raumgeschwister, welche die ganze Erde umfaßt. Mit den weiteren Symbolen wird das Kommen der Raumgeschwister beschrieben. Sie kommen, um der Erde beizustehen, damit sie ihre neue Schwingung erreichen kann, und auch, um den Erdenbürgern beizustehen, damit sie sich in ihrem Inneren finden können und fähig werden, sich selbst und alle anderen Wesen im Universum zu lieben. Die Musik führt schließlich zum Punkt, an dem die Raumgeschwister sich tatsächlich manifestieren, damit alle sie sehen können.

Diese Erklärung scheint weit über die Aussagekraft der Kornkreise hinauszugehen. Wenn jedoch alle Kornkreise richtig kombiniert werden, wird die vollständige Botschaft offensichtlich. Dies ist nicht sehr schwierig, wenn nur ein paar Menschen sich überwinden könnten, in dieser Hinsicht die ersten Schritte zu tun.

Es steht euch frei, diese Information an alle weiterzugeben, die bereit sind zu hören. Dies sind keine Geheimnisse, denn dieselbe Information wurde auch schon anderen durch Channelings mitgeteilt.

> – *Voltair,*
> *ein Lichtwesen vom Arcturus*

Die Existenz von Außerirdischen wird bald offiziell zugegeben werden

13. Juli 1993

Voraussichtlich wird eure Regierung bald anfangen, tropfenweise Informationen über die Existenz von Außerirdischen durchsickern zu lassen. Ihr Plan besteht darin, dies Schritt für Schritt zu tun, bis sich die Menschen allmählich an diese Vorstellung gewöhnt haben. Sie wollen sehen, wie die Öffentlichkeit reagiert. Falls dieses Experiment positiv verläuft, werden sie die nächsten Schritte beschleunigen. Sie versuchen bereits jetzt, diese Information auf sehr subtile Weise auf den Markt zu bringen, und sie werden dieses Vorgehen noch intensivieren.

Sie haben diese Zeit gewählt, weil sich bereits die ersten Verlagerungen der Erdenergien bemerkbar machen. Es besteht die hohe Wahrscheinlichkeit, daß die Erde eine oder zwei unterirdische Stützpunkte der geheimen Regierung und der negativen Außerirdischen ans Tageslicht bringen wird. Diese Stützpunkte werden dabei weitgehend zerstört werden. Einige Männer in der Regierung befürchten, daß dies geschehen könnte, und deshalb wollen sie die Menschen bereits jetzt auf das vorbereiten, was sie später «zufällig» zu sehen bekommen könnten. Natürlich wird das, was diese Männer sagen, nicht viel mit der eigentlichen Wahrheit zu tun haben, aber dennoch wird es den Anfang der «offiziellen» Aufklärungskampagne darstellen.

Wieviel eure Regierung tatsächlich weiß und wie weit sie sich auf dieses Thema eingelassen hat, wird verschwiegen werden. Sie werden euch nie das vollständige Bild präsentieren. Sie werden euch nur soviel sagen, wie nötig ist, damit ihr das bestätigt, was die Regierung sagt. Das, was die Erdveränderungen ans Licht bringen werden, wird einige Verwirrung stiften, aber ansonsten wird das meiste von dem, was ihr zu hören bekommen werdet, bloß eine konstruierte Werbung in eigener Sache sein.

Die Geschichten, die sie erzählen werden, haben sie bereits seit längerer Zeit vorbereitet. Sie werden einige sehr patriotische Leute anstellen, mit denen sich der größte Teil der Bevölkerung sofort identifizieren kann. Es werden Leute sein, die in der Gunst der Öffentlichkeit stehen und sogar respektierte Positionen innehaben. Dies ist nichts anderes als ein Teil der Verpackung. Laßt euch nicht von irgendwelchen «Persönlichkeiten» täuschen, sondern bildet euch eure eigene Meinung mit eurem gesundem Unterscheidungsvermögen.

Viele Leute zweifeln noch immer an der Existenz der Außerirdischen, und sie fragen, warum die Regierung – wenn es die Außerirdischen tatsächlich gibt – die Öffentlichkeit nicht aufklärt. Erst wenn die Regierung es bestätigen würde, wäre dies für sie der «Beweis», und sie würden es sofort glauben, denn sie meinen, daß ihr Präsident sie nie anlügen würde. Die meisten Menschen werden alles glauben, was man ihnen sagt.

Vielleicht bekommt ihr sogar bald die ersten offiziellen Fotos zu sehen. Das hängt davon ab, wie die Öffentlichkeit mitmacht. Man wird versuchen, in euch Angst hervorzurufen, jedoch auf eine sehr subtile Weise. Nach außen hin wird es heißen, daß man sich keine Sorgen machen müsse, denn alle Kontakte mit den Außerirdischen seien friedlich verlaufen. Aber sie werden diese Information so präsentieren, daß immer gewisse Zweifel und Ängste zurückbleiben, weil vieles unausgesprochen bleibt, zum Beispiel die potentiellen Gefahren für die Menschheit und die Erde.

Man wird auch die Wissenschaftler zu Rate ziehen, damit sie sich mit den neuen technologischen Möglichkeiten befassen. Doch auch dies wird nichts anderes als eine Farce sein. Denn es wird noch genügend «alte» Überschußtechnik vorhanden sein *[aus der Zeit der geheimen Zusammenarbeit]*, um die Wissenschaftler für eine gute Weile beschäftigt zu halten. Währenddessen werden diese Individuen verschiedensten Bewußtseinsmanipulationen unterworfen sein, damit sie später das tun, was von ihren erwartet wird, und nicht merken, was die wirklich «heißen» Themen sind.

Es handelt sich um ein gründlich durchdachtes und gut geplantes Vorgehen unter der Leitung von gewissen Regierungsleuten und negativen Außerirdischen. Das einzige Problem könnten die Erdveränderungen sein, denn man weiß nie, was diese dem Auge der Öffentlichkeit offenbaren werden. Den Verantwortlichen wird es nicht leichtfallen, diese Situationen im Griff zu behalten.

Da man nie mit hundertprozentiger Sicherheit voraussagen kann, welche Erdveränderungen stattfinden werden, ja nicht einmal, wo sie stattfinden werden, kann man sich auch nie vollständig absichern. Wir ahnen, daß die Erde gewisse hochnegative Orte mit großer Gewalt reinigen wird, sowohl unterirdisch als auch oberirdisch. Der größte Teil der unterirdischen Einrichtungen wird an Ort und Stelle begraben werden, aber es ist gut möglich, daß bestimmte Dinge auch gesehen werden. Es müssen nur die richtigen Personen «zufällig» zur richtigen Zeit am richtigen Ort sein.

Ab 1994 werden auch zunehmend Raumschiffe gesehen werden. Wenn die Regierung mit ihrer Kampagne startet, wird es gleichzeitig auch zu vermehrten Sichtungen kommen. Dabei wird es sich ohne Zweifel um die Raumschiffe der negativen Außerirdischen handeln. Die meisten Menschen werden nicht in der Lage sein, zwischen den verschiedenen Wesen zu unterscheiden. Die Negativen werden sich dies zunutze machen. Auch die Entführungen der negativen Art werden zunehmen. Unter denjenigen Menschen, die diese Vorgänge bemerken, wird dies zu erhöhter Angst führen. Von offizieller Seite her wird jedoch bestritten werden, daß solche Dinge stattfinden. Diejenigen, die beides – die ET-Aktivitäten wie auch die Stellungnahmen der Regierung – mit Skepsis betrachten, sollten keine Mühe haben zu verstehen, was gespielt wird. Aber die meisten werden es nicht verstehen.

Das ist die aktuellste Information, die wir haben. Ich werde euch benachrichtigen, wenn sich irgend etwas Bedeutsames anbahnt oder wenn ich neue Informationen bekomme, die für euch wichtig sind.

Ich verabschiede mich und grüße euch in Liebe zum Einen Unbegrenzten Schöpfer.

– Ashtar,
im Namen der Ashtar-Gruppe

Über Tom H. Smith

Tom H. Smith wurde 1942 in Louisville, Kentucky, als drittes von fünf Kindern geboren. Er verbrachte sein ganzes Leben in Louisville, außer den Jahren, die er im amerikanischen Marine-Corps verbrachte (1960-1964). Er besuchte die Universität von Louisville und schloß 1971 sein Studium als *Bachelor of Science* ab. Als diplomierter Buchhalter war er ab 1973 in verschiedenen Management-positionen tätig. Seiner Ehe entstammen zwei Kinder – der Sohn Michael und die Tochter Liza.

Was den spirituellen oder religiösen Bereich betrifft, so kannte Tom Smith bis Mitte der achtziger Jahre nur den konservativen katholischen Glauben, den er von seinen Eltern mitbekommen hatte, und er erzog auch seine Kinder auf diese Weise. Dann jedoch erwachte sein Interesse an Parapsychologie und Metaphysik. Anfänglich befaßte er sich mit dem UFO-Phänomen, bald aber auch mit zahlreichen anderen Aspekten der Esoterik und der Grenzwissen-schaften. Er öffnete sich einer inneren Entwicklung, begann zu meditieren und erkannte bald seine kosmische Verwandtschaft.

Im November 1991 empfing Tom seine ersten telepathischen Botschaften. Innerhalb von drei Monaten war er Channeling-Medium für mehrere Energien, deren Zahl innerhalb eines halben Jahres auf 47 anstieg. Diese Energien sprachen entweder als Individuen durch Tom oder gemeinsam als eine einzige Energie, die Tom *The Blend of Loving Energies* (wörtlich: «Gebündeltes Kollektiv von liebenden Energien») nannte. Die hohe Qualität und Brisanz der Botschaften, die Tom bekam, ließen ihn in Amerika schnell zu einem Insider-Tip werden, und bald wurden ihm auch viele andere Channeling-Texte zur Prüfung und Begutachtung vorgelegt.

Nach nur zweijähriger, intensiver Tätigkeit als Channeling-Medium verstarb Tom Smith nach kurzer Krankheit am 16. Dezember 1993.

Seine Channeling-Texte sind bisher weder im englischen Original noch in einer Übersetzung in Buchform erschienen.

TEIL II

Aktuelle Botschaften zur Lage der Erde

Mediale Durchgaben von Ashtar Sheran,
übermittelt durch Savitri Braeucker

(November 1995 bis Februar 1997)

Die hier wiedergegebenen Texte entsprechen etwa drei Viertel der Gesamtheit der Botschaften von Ashtar Sheran, die vom Santiner-Kreis Berlin in den Jahren 1995-97 empfangen und verbreitet wurden. Der Govinda-Verlag dankt Frau Dr. Savitri Braeucker für die freundliche Genehmigung, diese Durchgaben hier veröffentlichen zu dürfen.

Die Texte wurden für dieses Buch – in bezug auf den Titel «Mutter Erde wehrt sich» – von den Herausgebern nach inhaltlichen Schwerpunkten ausgewählt und sprachlich hin und wieder leicht editiert.

Inhalt von Teil II

* Diese Texte wurden für die zweite Auflage erweitert bzw. neu hinzugefügt.

Über den Einfluß des Negativen und über die Kraft der Unterscheidung

11. November 1995

Von vielen Medien ist verbreitet worden, daß die Kraft des Negativen seit 1988 zurückgedrängt worden sei. Dies ist jedoch nicht der Fall und hat zu gefährlichen Irrtümern und Nachlässigkeiten geführt. Die Menschen finden die Idee gut, daß das Negative bereits weitgehend zurückgedrängt sei und nicht mehr die Macht über die Erdenmenschheit besitze. Dies hat zu großen Einschläferungen innerhalb des Bewußtseins der Menschen geführt und hat verhindert, daß die Menschen – besonders diejenigen, die spirituell offen sind und dies auch praktizieren – wachsam sind und bleiben.

Dadurch hat die negative Seite mehr Gelegenheit bekommen, sich auszubreiten, da die Menschen, die diese Kraft eigentlich kennen sollten, «eingeschläfert» und nicht mehr wachsam waren. Die Vernebelungstaktik, die in bezug auf die verschiedenen Außerirdischen betrieben wird, hat ein Übriges getan, daß sich diese Kräfte im Bewußtsein der Menschen noch mehr ausbreiten konnten. So sind die spirituellen Botschaften von uns und unseren Schwestern und Brüdern aus der Interplanetarischen Konföderation nicht mehr in dem Maße beachtet worden, wie es für die Entwicklung und die Information der Menschen notwendig gewesen wäre.

Ich weiß, daß Informationen dieser Art bei den meisten Menschen nicht beliebt sind und oft lächerlich gemacht werden. Bedenkt, daß diese Irreführungen aus einem klugen Kalkül stammen, um die Menschen einzuschläfern. Es geht nicht darum, in Angst und Panik zu verfallen. Es geht lediglich darum, genau hinzufühlen, wer aus den entsprechenden Botschaften spricht und was das Ziel jener Botschaften ist. Der große Negative ist eine hohe Intelligenz und hat die Menschen in ihren Schwächen genauestens studiert. So weiß er, wie er sich jedem einzelnen von euch nähern und wo er Erfolg vermuten kann.

Viele Menschen scheuen es, auf diese Kraft aufmerksam zu machen, um nicht in die dogmatische Kirchenecke gestellt und verlacht zu werden. Diese Scheu ist der große Vorteil des großen Negativen. Langsam sickert jedoch die Information durch, daß er bereits mittels negativer außerirdischer Wesen Einfluß auf die Regierungen genommen hat: Technik gegen Menschen.

Die Verblendung geht soweit, daß mittlerweile an die humanitären Gefühle appelliert wird, damit die Menschen sich für die Auffrischung jener Rassen von Sternenvölkern öffnen, die sich seit Zigtausenden von Jahren von Gott abgewandt haben. Die Menschen sollen glauben, daß sie einen humanitären Akt der Nächstenliebe leisten, wenn sie sich für Kreuzungen mit bereits degenerierten Rassen zur Verfügung stellen. Es wird suggeriert, dies geschehe in einem göttlichen Auftrag.

Gott hat jedes Mittel, um jenen Menschen zu helfen, die zurück in Seine Arme wollen. Er braucht dazu nicht eine Menschheit, die selbst allergrößter Hilfe bedürftig ist. Gottes Logik hat eine andere Sprache. Was wir hier sehen, widerspricht vollkommen dem göttlichen Gesetz des freien Willens und der absoluten Hochachtung vor dem Leben. Dies ist niemals in unserem Sinn! Wir führen keine Entführungen durch! Wir respektieren immer den freien Willen eines jeden Menschen, und wir reichen jedem Menschen immer in Liebe unsere Hände als seine älteren Geschwister aus dem Weltraum, denn wir sind alle *eine* Familie, die nicht glücklich sein kann, wenn nicht auch das jüngste Familienmitglied glücklich ist.

Wie sollen wir die Erdenmenschheit auf die kommenden Erdveränderungen und auf die Evakuierung vorbereiten, da soviel Desinformation, Angst und Schrecken über uns Außerirdische verbreitet wird? Es wird Zeit, daß jeder einzelne von euch zu unterscheiden lernt, wen aus dem Weltraum er vor sich hat.

Auch hier gilt das oberste Gesetz: Überprüft die Botschaften und die Ausstrahlung eurer Raumgeschwister, die sich euch nähern! Überprüft sorgfältig, darum möchte ich euch bitten: Welche Gefühle erzeugt ihre Präsenz in meinem Herzen? Fühle ich mich leicht und geborgen? Fühle ich mich geliebt und angenommen, so wie ich bin? Oder wird in einem barschen Kommandoton etwas von mir verlangt? Diesen Unterschied werdet ihr genau erfühlen lernen.

Wenn ihr Kälte* fühlt, auch bei schön erscheinenden Wesen, dann seid auf der Hut! Das Strahlen der Liebe kommt aus dem Herzen und aus den Augen.

---

* Anmerkung von Ashtar Sheran: Gemeint ist die Kälte, die im Herzen ankommt – Kälte, die Furcht und Angst erzeugt. Unsere energetische Präsenz und die aller hohen Lichtwesen ist eine andere. Unsere Kühle ist ein Zeichen einer Entwicklung im göttlichen Sinne und im göttlichen Auftrag.

Schützt euch mit den Worten «Licht und Liebe» und versucht, immer in einer Liebesfrequenz zu sein. Übt dies bitte, so daß euch diese Schwingung der Liebe immer öfter begleitet, bis sie zu einem «zweiten Kleid» für euch wird. Liebe ist die stärkste Kraft im Universum, und alles, was nicht aus dieser Quelle kommt, fürchtet diese Frequenz und kann ihr höchstens zwei Minuten standhalten. Glaubt also nicht, daß der große Negative viel Macht über euch haben kann, wenn ihr das Licht und die Liebe fest in euch verankert!

Wir kommen nicht, um euch zu ängstigen, sondern um euch emporzuheben mit aller Liebe, zu der wir fähig sind. Liebe ist unsere Handschrift, und die negativen Mächte versuchen, diese nachzuahmen. Jedoch sind sie nicht fähig, dieses Gefühl zu äußern, denn sie selbst haben es in sich abgetötet und versuchen nun, dies auch in den Herzen der Menschen zu tun. Die Auswirkungen davon sind euch bereits bestens bekannt.

Liebe Erdenschwestern und Erdenbrüder, erhebt euer Haupt wieder! Erinnert euch, wer ihr wirklich seid und wo eure innere Verbindung zu Gott liegt. Erhebt euren Blick in Freude auf das Kommende, denn Gott läßt niemanden, der Ihm dient, im Stich. Lernt die Sprache der Liebe wieder, denn nur sie kann euch glücklich machen.

Wissen ist ebenfalls notwendig, aber die Liebe ist immer die höhere Kraft. Versucht daher, diese Botschaften nicht mit eurem Intellekt zu beurteilen, sondern mit eurem Herzen. Lernt wieder, mit dem Herzen zu denken und der Weisheit eurer Seele zu vertrauen. Der große Negative versucht oft, euch etwas weiszumachen in superintelligent klingenden Botschaften, in denen jedoch die Kälte regiert. Dies könnt ihr bei aufmerksamer Wahrnehmung sehr deutlich spüren.

Wenn eure Erde in allernächster Zukunft für einen vorübergehenden Zeitraum nicht mehr bewohnbar sein wird, werden wir euch zu uns holen, aber nur diejenigen, die dies *aus ihrem freien Willen* so entscheiden. Wir werden euch mit großer Liebe empfangen und euren Seelen das geben, was sie wirklich brauchen, um sich als Gottes Geschöpfe wieder wahrnehmen und lieben zu lernen.

Alles ist bereits vorbereitet, und niemand wird ohne vorherige Information überrascht werden. Jeder Mensch hat bis zum Abschluß der Evakuierung Zeit, sich zu entscheiden. Ihr werdet einen vorübergehenden Zeitraum bei uns verbringen. Danach werdet ihr vorbereitet sein, und eure Schwingung wird der neuen, hohen Schwingung der Erde entsprechen. Ihr werdet von uns so geschult werden, daß ihr die Aufgaben, die auf der neuen Erde anstehen werden, im göttlichen Sinn erfüllen könnt. Wir alle, die gesamte Konföderation, werden euch dabei unterstützen und in Liebe führen.

Dies sagt euch euer älterer Bruder Ashtar Sheran, im Auftrag seiner Sternenschwestern und Sternenbrüder.

Über den göttlichen Schutz

1. Januar 1996

Die Seele äußert sich über das Gefühl. Die meisten von euch haben ihre Gefühle erstickt und gebrauchen stattdessen nur noch ihren Verstand. Euer untrüglichstes Merkmal aber ist die Regung eures Gefühls. Hier habt ihr Zugang zu eurer Intuition und zu eurer Seele. Beurteilt die Ereignisse nicht mit dem bloßen Verstand, sondern mit dem Herzen! Mit dem Herzen sprechen und sehen zu lernen ist heute wichtiger denn je. Es werden Ereignisse auf diesem Planeten erwartet, die euch sehr verwirren können. Deshalb bitten wir euch: Schaut mit dem Herzen!

Nicht alles, was vom Himmel kommt, hat lautere Absichten. Die Erde ist zum Spielball dunkelster Machenschaften und Kämpfe geworden. Nicht nur irdische, auch außerirdische Machthaber streiten sich um die Pfründe, die Erde heißt.

Habt bitte keine Bedenken! Euch wird nichts geschehen, wenn ihr es [das Beschütztwerden durch Gott] zulaßt. Bittet bei euren täglichen Handlungen um göttlichen Schutz und göttliche Führung. Licht und Liebe sind der größte Schutz, aber nicht nur als Lippenbekenntnis, sondern als gelebtes Sein. Verankert die Lichtfrequenz, die jetzt vermehrt auf diesem Planeten ist, in euch. Laßt es zu, daß sie in euch eintritt, und verankert sie auf eurem Planeten.

Licht und Liebe gehören zusammen wie Feuer und Hitze. Leider ist der Begriff der Liebe sehr mißbraucht und verzerrt worden auf eurem Planeten. Es beginnt bereits bei der Selbstliebe. Bitte überprüft eure Gedanken und Handlungen in der Richtung, ob sie eure Liebe zu euch selbst reflektieren. Macht hier eine Bestandsaufnahme und entfernt alles aus eurem Leben, das diese Selbstliebe nicht zum Ausdruck bringt. Dies ist sehr wichtig, denn wenn ihr der Ansicht seid, dieses und jenes nicht zu verdienen, dann ist es auch so. Aus diesem Grunde haben sich viele Generationen auf diesem Planeten Tyranneien und Mißhandlungen gefallen lassen – nur weil sie der Ansicht waren, dies zu verdienen.

Wir bitten euch, diese Haltung zu verändern, denn wir empfangen euch mit der allergrößten Liebe, zu der wir fähig sind. Licht und Liebe sind *die* Frequenzbeschleuniger, die euch helfen, die enorme Lichtausschüttung bei der Evakuierung zu ertragen. Deshalb ist es unbedingt erforderlich, *jetzt* diese Bestandsaufnahme über euer Seelenleben zu machen. Nehmt eure Entwicklung in eure Hand, denn nur ihr seid Meister und Meisterinnen eurer selbst.

Wir fahren fort, euch mit den nötigen Informationen zu versorgen. Dieses ist ein wichtiger Schritt: zu erkennen, wer ihr seid und was eure Bestimmung ist. Für die Erhöhung eurer Frequenz seid ihr selbst verantwortlich. Kontrolliert daher eure Gedanken! Wie ihr wißt, schafft ihr eure Realität durch eure Gedanken. Beschwert euch nicht über das, was euch widerfährt, denn ihr selbst habt es so erschaffen. Destruktive Gedanken erschaffen das, was euch heute umgibt. Darum überprüft bitte, was ihr denkt.

Ebenso verhält es sich mit euren Emotionen, denn: «Wie ich denke, so bin ich. Wie ich fühle, so bin ich.» Dies alles trägt zur Schwingungserhöhung bei. Kontrolliert euch! Das heißt nicht, daß ihr eure Gedanken und Gefühle unterdrücken sollt, wenn sie nicht der Liebe entsprechen, doch seid euch bewußt, was ihr aussendet und ob ihr bereit seid, Gedankenmüll und unliebsame Emotionen gehen zu lassen, das heißt sie umzuwandeln, zu transformieren. Wir stehen euch mit Rat und Tat zur Seite und führen euch inspirativ. Habt Mut zum Abenteuer der Entdeckungsreise, wer ihr seid, und zur Entdeckung, wieviel Liebe in euch brachliegt und darauf wartet, befreit und gelebt zu werden.

Friede in euren Herzen, Friede über alle Grenzen! Dies sagt euch euer Sternenbruder Ashtar Sheran, im Namen seiner Sternenschwestern und Sternenbrüder.

Über das Erwachen nach vielen Inkarnationen

8. Januar 1996

Liebe Erdenschwestern und Erdenbrüder! Anknüpfend an die letzte Kundgabe möchte ich euch heute folgendes mitteilen. Es geht um eure Beziehungen untereinander.

Viele Sternenwesen, die mit einem besonderen göttlichen Auftrag hier auf der Erde inkarniert sind, sind noch nicht erwacht. Der große Negative hat alles daran gesetzt, daß diejenigen, die mit dieser Aufgabenstellung hier inkarnierten, nicht zu ihrem vollen Bewußtsein erwachen. Die Verlockungen der Materie sind für viele Sternenwesen undurchschaubar und unkalkulierbar geworden, und leider sind sehr viele darin verstrickt und haben sich ihrer eigenen Kräfte berauben lassen. Sex und Drogen in vielfältigster Gestalt sowie diverse andere Süchte, zu denen auch das ständige Fernsehen gehört, haben ihren zerstörerischen Beitrag geleistet, daß diese edlen Wesen nicht erwacht sind.

Viele eurer Seelen «erinnern» sich an einen anderen Existenzbereich, an andere Formen menschlichen Zusammenlebens und der Liebe. Diese vage Erinnerung hat bei vielen Schwestern und Brüdern eine tiefe Trauer und Sehnsucht erzeugt, die sie jedoch nicht entsprechend verarbeiten konnten, oder aber sie sind diesen Gefühlen noch nicht auf den Grund gegangen. Sie zogen es vor, sich mit Drogen zu betäuben, um diesen Schmerz nicht fühlen zu müssen. Dadurch hat der große Negative sehr starken Einfluß auf diese Seelen ausüben können. Er hat ihnen die Energie geraubt und alles daran gesetzt, daß sie sich nicht erinnern, wer sie sind.

Wir möchten euch bitten, daß ihr eure Intuition und euer Gefühl vollständig dafür einsetzt zu sehen, wer davon betroffen ist, und daß ihr diesen Seelen eure Hilfe und all eure Informationen anbietet. Richtet nicht über diese Seelen, sondern begegnet ihnen mit der größten Liebe und dem größten Mitgefühl, zu dem ihr fähig seid. Nehmt sie voller Liebe in eure Mitte und zeigt ihnen, wie wichtig sie für diesen Dienst sind. Sprecht ihnen Mut zu, überzeugt sie von ihren Fähigkeiten und laßt sie fühlen, daß sie in dieser Mission gebraucht werden. Vermeidet jedoch, darum bitten wir euch, jeglichen Druck und jegliche Belehrung in besserwisserischer Art. Seid vielmehr dankbar und glücklich, daß ihr bereits erwacht seid und dadurch anderen Seelen helfen könnt, das Gleiche zu tun.

Immer mehr Stützpunkte des Lichtes breiten sich über den gesamten Erdplaneten aus. Dies ist eine große Freude für uns, da wir nun mehr Möglichkeiten haben, uns kundzutun. Ihr werdet jetzt ein Gefühl der Zeitverkürzung haben. Es erscheint euch oft so, als würdet ihr in einem Monat die Erfahrungen und Entwicklungen mehrerer Jahre durchlaufen. Dies hat mit eurer Frequenzerhöhung und der eures Planeten zu tun. Ihr geht auf einen Dimensionswechsel zu, und das, was ihr jetzt seelisch und körperlich erlebt, sind Vorläufer und Vorbereitungen, damit euch dieser Dimensionssprung gelingt.

Viele von euch werden Zeichen körperlicher Ermüdung sowie starke Temperaturschwankungen in ihrem Körper spüren. Einige von euch fühlen auch Veränderungen in ihrem Herzrhythmus. Dies alles dient ebenfalls dem Angleich an die neue, höhere Schwingung. Schafft euch vermehrt Phasen der Ruhe und des In-sich-Gekehrtseins. Wir nehmen mit vielen von euch Kontakt auf, doch dies könnt ihr nur in der Stille spüren.

Wir bitten euch, daß ihr eure Frequenz haltet und sie nicht durch Frequenzdämpfer herunterdrückt, wie beispielsweise durch übermäßiges Fernsehen, durch Aufenthalte in großen Menschenansammlungen, durch Filme, die keine positive Ausrichtung haben, sowie durch den Konsum von Drogen jeglicher Art und durch Fleischverzehr. Überprüft bitte eure Konsumgewohnheiten, und fühlt die Energie verschiedener Nahrungs- und Genußmittel! Entscheidet dann, was davon euch wirklich gut tut und eure Lebenskraft erhöht.

Wir möchten nun noch einige Worte zu euren Beziehungen untereinander sagen. Viele von euch reichen sich leider nicht in der Liebe, die einstmals beabsichtigt war, die Hand. Neid und Mißgunst sowie Unterstellungen und mangelnde Bereitschaft zur Zusammenarbeit schwächen viele Beziehungen unter denjenigen, die sich als erwacht betrachten.

Bedenkt, daß ihr hier im Ego-Paradies seid und daß ihr immer wieder in dieser Hinsicht von uns geprüft werdet. Menschliche Schwächen und Zwistigkeiten werden vom großen Negativen geschickt genutzt, um eure Beziehungen massiv zu stören oder um euch zu entzweien. Statt eure Kräfte vereint kraftvoll wirken zu lassen, so daß ihr wie ein Wall des Lichts zusammensteht, undurchdringlich für die Dunkelmacht, habt ihr euch – sehr zu unserem Bedauern – in

190

persönliche Zwistigkeiten verstrickt und seht nicht mehr, was für euch wirklich wichtig ist. Dies alles bewirkt, daß sich eure Frequenz nicht in dem Maße erhöht, wie es bei den gegenwärtigen Lichtausschüttungen und Toröffnungen möglich und wünschenswert ist.

Bedenkt bitte, warum ihr hier seid und was euer Auftrag ist. Beendet persönliche Zwistigkeiten und seht das große gemeinsame Ziel vor Augen! Bevor ihr euch für diese Aufgabe entschieden habt, sind euch sehr deutlich die Gefahren auf diesem Planeten erklärt worden. Ihr alle habt unterschiedlich viele Inkarnationen der Vorbereitung für diese entscheidende heutige Inkarnation hinter euch, um euch speziell für diese Aufgabe zu schulen. Dieses Wissen ruht abrufbar in euch und wird gegenwärtig wieder aktiviert. Die Gefahren eines Falles sind euch sehr bewußt gewesen, als ihr diese Aufgabe übernommen habt. Ihr wußtet, daß es schwierig sein würde. Ihr habt jedoch alle die nötige Ausbildung und das nötige Wissen erhalten, um dieser Gefahr zu begegnen. Alles, was ihr für eure Aufgabe braucht, steht euch voll zur Verfügung.

Tretet vermehrt in Kontakt mit uns, denn wir wollen euch führen, euch hilfreich zur Seite stehen und euch für diesen Dienst Mut machen. Bittet jedoch, und dies ist sehr wichtig, vor jeder Kontaktaufnahme um göttlichen Schutz und göttliche Führung. Zieht euch an einen ruhigen, meditativen Platz zurück und sprecht ein Gebet. Erst dann, wenn sich euer Herz mit Liebe und Vertrauen füllt, könnt ihr sicher sein, daß wir es sind, das heißt die positiven Sternenschwestern und Sternenbrüder.

Seid vorsichtig, wenn euch in eurem telepathischen Kontakt jemand aus einem Raumschiff Befehle erteilen will und euch drängt, etwas Bestimmtes zu tun. Achtet immer darauf, ob euer freier Wille respektiert wird, und achtet auf die Art und Weise, wie mit euch gesprochen wird. Ihr braucht nicht vor uns in ehrfürchtiger Haltung zu erstarren, nur weil wir in einem Raumschiff sind. Behandelt uns als das, was wir sind: eure Brüder und Schwestern, die euch in Liebe zur Seite stehen und die euch führen, wenn ihr dies zulaßt.

Wir danken euch für eure Aufmerksamkeit und für euer Lernen. Bitte überprüft alles, was nicht mehr zu eurem wahren göttlichen Ausdruck gehört, und gebt es an uns oder an eure Führung aus dem Positiven Geistigen Reich ab, damit es umgewandelt werden kann.

Friede in euren Herzen, Friede über alle Grenzen! Dies sagt euch in Liebe euer älterer Bruder Ashtar Sheran, im Namen seiner Sternenschwestern und Sternenbrüder.

Über die Zuspitzung der Schlacht zwischen den lichten und den dunklen Kräften

14. Januar 1996

Liebe Erdenschwestern und Erdenbrüder! Heute möchten wir unsere Aussagen vom letzten Mal noch weiter ausführen. Wie ihr wißt und auch an euch selbst spüren könnt, hat sich die Schlacht zwischen den lichten und den dunklen Kräften enorm zugespitzt. Dies führte auf eurem Planeten zu folgender Situation:

Der große Negative versucht alles, um die Macht an sich zu reißen. Er sammelt seine Bastionen, um diese Schlacht zu gewinnen. Besonders hat er es auf diejenigen abgesehen, die dem Licht dienen und ihre Aufgabe in dieser Endphase erkannt haben. Er versucht in eurem Inneren Verwirrung und Unfrieden zu stiften. Deshalb ist es jetzt besonders wichtig, daß ihr Disharmonien in euch sofort bereinigt, damit sie keinen Nährboden für die Suggestionen des großen Negativen bilden können. Wir wissen, daß dies nicht immer leicht ist, besonders an Orten, wo sich große Ansammlungen von Menschen aufhalten, wie beispielsweise in Großstädten. Filtert bitte sorgfältig aus, was für euer seelisches Wachstum nicht förderlich ist.

Zuerst möchten wir euch beruhigen und euch folgendes mitteilen: Ihr seid geschützt. Trotzdem bitten wir euch verstärkt, euch mehrmals täglich selbst zu schützen. Wir können auf die Notwendigkeit des göttlichen Schutzes nicht genug hinweisen. Viele von euch vernachlässigen dies, weil sie glauben, allein die spirituelle Ausrichtung genüge, um geschützt zu sein. Dies ist ein großer Irrtum, denn der Negative versucht euch immer wieder und attackiert euch entsprechend, wenn ihr diesen Schutz vernachlässigt. Wenn wir sagen, ihr seid geschützt, so ist dies richtig, doch für alles, was ihr manifestieren oder tun wollt, bedarf es auch eurer eigenen Absichtserklärung und eures ausgesprochenen Wunsches und eurer Bitte, es zu tun.

Nichts wird geschehen gegen euren Willen, das möchten wir immer wieder betonen. Dies ist ein Grundgebot in unserer Interplanetarischen Konföderation, in der wir alle dienen. Wir gehören nicht zu jenen Schwestern und Brüdern, die Entführungen und genetische und/oder medizinische Versuche an euch vornehmen. Wir haben eine hohe Achtung und Liebe für die göttliche Schöpfung und wollen diese hüten und ihre Schönheit vermehren. Dazu gehört unser selbstloser Dienst an dieser Schöpfung, wie jetzt zum Beispiel an eurer Erde.

Wir haben ein großes Interesse daran, daß ihr euch geistig und seelisch entwickelt, um als gleichberechtigte Schwestern und Brüder in unsere Konföderation aufgenommen zu werden. Die Zeit ist gekommen, da eure Seelen ihr strahlendes Kleid anlegen wollen. Befreit euch daher von allem Ballast vergangener Tage, der nicht zu euch gehört und der euren Glanz dämpfen will. Ihr alle seid Töchter und Söhne Gottes, und ihr alle besitzt die erforderlichen Voraussetzungen, um diesen Dimensionswechsel zu vollziehen.

Beendet das Gefühl des Unwürdigseins in eurem Inneren, denn es blockiert eure spirituelle Weiterentwicklung ganz enorm. Wenn ihr jetzt nicht bereit seid, die Verantwortung für euer Wachstum zu übernehmen, so bleibt ihr weiterhin in der Falle, daß dies ein anderer für euch tun müsse.

Erhebt euch zum Fluge, seid wie die Adler! Vergeßt, was man euch jemals über eure Unfähigkeit und Unfreiheit erzählt hat. Kostet den Wind der Freiheit, den eure Seelen zu spüren beginnen. Gebt euch ihm hin mit der Freude an eurer Umwandlung und Höherentwicklung.

Je mehr unter euch ihren alten Panzer hinter sich lassen, desto mehr helft ihr uns, unsere Licht- und Liebesmission zu erfüllen, und desto mehr können wir euch mit unserer Licht- und Liebesfrequenz durchdringen und beglücken. Steht zusammen in Eintracht und Harmonie! Verzeiht euch gegenseitig eure begrenzten Verhaltensweisen. Wir vertrauen auf euren Wunsch nach Höherentwicklung und unterstützen euch dabei nach unseren besten Kräften.

Friede in euren Herzen, Friede über alle Grenzen! Dies sagt euch in Liebe euer älterer Sternenbruder Ashtar Sheran, im Namen seiner Sternenschwestern und Sternenbrüder.

Über den Sinngehalt des Lebens, über die Evakuierung und über die geheimen Bündnisse der Regierungen mit Außerirdischen

21. Januar 1996

Liebe Erdenschwestern und Erdenbrüder! Die Zeit der großen Umwandlung rückt immer näher. Ihr spürt in euch selbst, wie es viele von euch drängt, innerlich aufzuräumen und Dinge zu beenden, die nicht mehr mit eurem jetzigen Herzensgefühl übereinstimmen.

Viele von euch fragen sich: Was habe ich in meinem Leben eigentlich wirklich erreicht? Was habe ich für mein inneres Wachstum getan? Wie bin ich mit meinen Mitmenschen umgegangen? Wie habe ich meine Gefühle, speziell meine Liebe zu den Mitmenschen, ausgedrückt? Auf diese Weise rumort es bei vielen von euch derzeit gewaltig. Die alten Werte gelten nicht mehr, und sie haben ihre Attraktivität für euch verloren. Was aber ist das Neue? Ihr seht es noch nicht klar, aber ihr fühlt, daß etwas geschehen wird und muß, damit sich euer Bewußtsein erheben kann.

In den vorangegangenen Texten sind wir darauf eingegangen, was ihr tun könnt, um euch innerlich zu reinigen und so der kommenden Zeit entsprechend zu begegnen. Was würdet ihr tun, wenn ihr jetzt erfahren würdet, ihr hättet eine unheilbare Krankheit und nur noch eine bestimmte Zeit zu leben? Ihr würdet Ordnung machen in eurem Leben. Ihr würdet eure Beziehungen klären und reinigen. Ihr würdet eure unmittelbare Umgebung auf ihren Sinngehalt für euch überprüfen. Ihr würdet euren Beruf und eure sonstigen Tätigkeiten auf ihre Brauchbarkeit für euch überprüfen, und vieles mehr. Ihr würdet entdecken, daß vieles von dem, was ihr heute tut, keinen Sinn mehr für euch hat und euch nur eure Energien raubt. Tut dies bitte jetzt! Überprüft euch und eure Umgebung auf ihren Sinn für euch und räumt auf mit allem, was überflüssig geworden ist. Nehmt Abschied, laßt los!

Viele von euch fragen sich: Wie wird die Evakuierung vor sich gehen? Werden wir zusammengepfercht in einem Raumschiff sein?

In einigen von euch wird das Trauma der Evakuierung nach dem Zweiten Weltkrieg wieder wach, wo ihr hungernd, frierend und voller Angst um euer

Leben bangen mußtet. Bitte glaubt mir, diese Evakuierung oder Emporhebung hat damit nicht im geringsten zu tun. Ihr werdet *in eurem physischen Körper* emporgehoben werden. Es wird dafür mehrere Möglichkeiten geben: den Levitationsstrahl, kleine Raumschiffe* oder Miniraumschiffe für vier bis sechs Personen, die als Zubringer für die Mutterschiffe dienen.

Es stehen Millionen von Mutterschiffen bereit, die fliegenden Städten gleichen und die für euch unvorstellbare Ausmaße haben. Sie können bis zu 60 km lang sein. Diese Städte sind mit dem größten Komfort ausgestattet, wie ihr ihn euch auf der Erde nicht einmal vorstellen könnt. Ihr werdet in eigenen Wohnungen, je nach Größe der Familien, untergebracht sein und von uns auf die liebevollste Art und Weise betreut und versorgt werden. Es wird euch an nichts fehlen, und ihr werdet auch körperlich regeneriert und verjüngt werden. Euer Lichtkörper wird stark aktiviert werden, wodurch ihr ein mehr ätherisches Aussehen annehmen werdet. Alle eure körperlichen Leiden werden von uns, nach eingehender Untersuchung, auf die bei uns übliche Weise behandelt und geheilt. Vergeßt nicht, daß unsere Medizin nach völlig anderen Gesichtspunkten aufgebaut ist. Dies genau zu erklären würde über den Rahmen dieser Mitteilung hinausgehen. Seid jedoch versichert, daß euer gesamte Körper eine Art *Auferstehung im Licht* erleben wird.

Liebe Schwestern und Brüder der Erde, warum seid ihr so mißtrauisch gegen uns? Warum habt ihr eine solch schlechte Meinung von uns? Weil man es euch so glauben machen möchte. Viele Geschichten werden euch suggeriert über uns: daß wir kämen, um euch zu beherrschen, um euch zu vernichten oder um euch als unsere Sklaven zu gewinnen. Man möchte euch glauben machen, das ganze Universum, wenn es denn schon belebt sein soll, sei voll von kriegslüsternen Ungeheuern.

Die positiven Botschaften und Aufrufe, die wir verstärkt seit den fünfziger Jahren an euch richten, die Botschaften, die alle Astronauten von uns empfangen haben, die wir in unseren Mutterschiffen begrüßten und die wir liebevoll begleitet haben – sie alle waren an euch und an eure Regierungen gerichtet. Doch sie wurden systematisch totgeschwiegen.

---

* Anmerkung der Herausgeber: Was Tom Smith im Kapitel «Meine Reise in die Zukunft» (S. 119 ff.) beschrieb, war ein Szenario mit diesen kleinen Raumschiffen.

Alle eure Regierungen, die NASA, die UNO und viele andere internationale Gremien haben im Laufe der Jahre sehr ernsthafte Hinweise über die Situation des Planeten Erde und seiner Menschheit erhalten. Wir haben bereits in den fünfziger Jahren offiziellen Regierungsmitgliedern und dem Präsidenten der Vereinigten Staaten angeboten, daß wir der Erdenmenschheit bei ihrer spirituellen Entwicklung weiterhelfen. Voraussetzung dafür war der sofortige Stopp aller Atomversuche. Wir verweigerten den Wunsch nach einer technischen Unterstützung, da diese bei der geringen geistigen und spirituellen Entwicklung der Menschen sofort mißbraucht worden wäre. Unsere Angebote aber wurden abgelehnt. Augenzeugen konnten unsere tatsächliche Erscheinungsform wahrnehmen, denn wir kamen damals in unserer physischen Form. Hat man euch je davon erzählt?

Tatsache ist, daß eure Regierungen stattdessen mit Schwestern und Brüdern verschiedener anderer Sonnensysteme, von denen einzelne Planeten sich von Gott abgewandt haben, Bündnisse eingegangen sind. In diesen Bündnissen wurde ihnen Hilfe zugesichert, speziell im Bereich der Raumfahrt-Technologie, und zwar zum Preis von Menschen, die im Austausch dafür entführt werden durften und dürfen und an denen bis heute noch medizinische und genetische Experimente durchgeführt werden.

Da diese Wahrheiten nun allmählich durchsickern, will man euch glauben machen, daß *alle* Außerirdischen nur die Macht und Kontrolle über euch anstreben. Auf diese Weise soll Angst und Verwirrung erzeugt werden, und ihr sollt davon abgehalten werden, euch mit den gottzugewandten Schwestern und Brüdern aus dem All zu verbinden. Vor allem jedoch sollt ihr davon abgehalten werden, ihnen und ihren Botschaften Glauben zu schenken.

Dies ist die Schwierigkeit, vor der wir stehen. Wir müssen einen Wall von Unwissenheit, Vorurteilen und Angst durchdringen, um eure Herzen zu erreichen. Leider ist es so, daß nicht nur die Erde zum Spielball der Macht des großen Negativen geworden ist. Noch hat er seine Legionen auch auf anderen Planeten. Jedoch ist die Erde in dieser Phase der großen Umwandlung zum Kristallisationspunkt seines Machtanspruches geworden.

Mit jeder Seele, die zum Licht erwacht und die dem Licht dient, werden die Kräfte des Lichtes auf eurem Planeten gestärkt und die Erde in ihrer Gesamtheit mit Licht durchdrungen. Fangt also an, ihr Schwestern und Brüder dieses kostbaren Planeten, alles loszulassen, was nicht mehr zu eurem wirklichen Sein gehört. Die Leichtigkeit in eurem Herzen wird euch Bestätigung sein, daß ihr im Sinne des Höchsten gehandelt habt.

Friede in euren Herzen, Friede über alle Grenzen! Dies sagt euch in Liebe euer älterer Sternenbruder Ashtar Sheran, im Namen seiner Sternenschwestern und Sternenbrüder.

Über die Atomtests

*28. Januar 1996 **

Liebe Erdenschwestern und Erdenbrüder! Ich möchte euch heute über folgendes informieren: Frankreich zündet eine Atombombe nach der anderen, China will mithalten, und selbst Indien erwägt nun Atomtests. Ich frage euch: Wie lange wollt ihr die Geduld Gottes auf die Probe stellen? Was denkt ihr eigentlich über euer Leben, über das eurer Nachkommen?

Ich brauche an dieser Stelle nicht mehr auf die seelischen Auswirkungen von Atomversuchen eingehen, denn darüber haben wir seit Jahrzehnten ausführlichst berichtet und euch öffentlich gewarnt, welche Konsequenzen dies haben wird. Ihr würdet schon lange nicht mehr auf eurem Planeten leben, wenn wir nicht immer wieder mit speziellen Strahlungsapparaten von unseren Raumschiffen aus eure Atmosphäre gereinigt hätten. Nun ist das Maß überschritten, das wißt ihr, und dennoch tun eure Verantwortlichen so, als ginge sie das alles nichts an.

Wir haben in den fünfziger Jahren bereits gesagt: Gott hat die Hand erhoben, aber Er hat sie noch nicht gesenkt. Wenn Er sie senkt, ist der Nullpunkt auf der Erde erreicht, und eine Katastrophe unvorstellbaren Ausmaßes wird über euch hereinbrechen. Wir haben euch darauf hingewiesen, was wir zu tun gedenken, wenn ihr dies wünscht und euch dafür entscheidet: die vorübergehende Evakuierung oder Emporhebung von diesem Planeten.

Die Lage auf eurer Erde spitzt sich immer mehr zu, und sie ist weitaus schlimmer, als ihr euch vorstellen könnt. Die Zerstörung läuft bereits auf vollen Touren, und eure Machthaber möchten euch glauben machen, es sei alles in bester Ordnung. Dabei sind gerade sie diejenigen, die die Vernichtung des Lebens systematisch herbeiführen, ohne die geringste Rücksicht auf Menschenleben, geschweige denn auf andere Sternenvölker, die von der Zerstörungswut der Erdbewohner ebenso betroffen sind.

Ihr habt einen der schönsten Planeten bekommen, und was habt ihr daraus gemacht? Eine Müllhalde wäre ein zu schmeichelhafter Begriff, denn diese

---

* Anmerkung der Herausgeber: Am Tag dieser medialen Durchgabe führte Frankreich den sechsten Atomtest durch.

Müllhalde ist gleichzeitig zum Massenschlachthaus für jegliches Leben geworden!

Viele von euch fragen sich schon lange, warum Gott dies duldet und warum Er nicht eingreift? Nun, ihr habt diesen Planeten bekommen, um dort wie ordentliche Mieter zu wohnen und eure Wohnung zu pflegen und zu verschönern. Doch was habt ihr aus Gottes Wohnung gemacht? Ihr habt sie zu einer Ruine heruntergewirtschaftet und seid außerdem noch die Miete schuldig geblieben! Sie ist unbewohnbar geworden. In eurer Überheblichkeit tadelt ihr Menschen aus anderen Kulturen, daß sie ihre Wohnungen verkommen ließen und nicht so pflegten, wie ihr es euch vorstellt. Dazu kann ich nur sagen: Kehrt vor eurer eigenen Tür! Was habt ihr mit eurer großen Wohnung, dieser Erde, gemacht?

Habt ihr je von dem Planeten Mallona oder Maldek gehört, dessen Reste heute noch als Asteroidengürtel zu sehen sind? Mallona war ein Planet in eurem Sonnensystem, zwischen Mars und Jupiter, mit einer technisch hochentwickelten Zivilisation. Die dortige Menschheit trieb das gleiche Spiel wie ihr heute. Sie experimentierten mit Atomspaltungen, bis der Planet auseinanderbarst. Jene Zivilisation wurde von uns viele Male nachdrücklich gewarnt und auf diese Konsequenz hingewiesen. Jedoch fruchteten unsere Einwände nicht. Die gesamte Zivilisation ging unter.

Wir haben damals auch niemanden evakuiert, falls sich vielleicht manche von euch dies fragen werden. Warum nicht? Weil Gott damals keinen Befehl dafür gegeben hat. Es sollte als Exempel dienen, als Anschauungsunterricht dafür, was passiert, wenn sich eine Menschheit gegen das göttliche Gesetz wendet. Viele Malloner sind heute in China reinkarniert. Die chinesische Regierung ignoriert nicht nur sämtliche Proteste, sondern sie geht weiterhin rücksichtslos vor, weil sie nichts anderes als ihre Machtinteressen verfolgt. Für Frankreich gilt das gleiche.

Liebe Erdenbürger und Erdenbürgerinnen, wir bitten euch: Wacht auf! Nehmt nicht alles hin, was euch von euren Regierungen präsentiert wird. Beim ersten Atomtest von Frankreich gab es noch weltweite Proteste. Wie sieht es damit heute aus? Man hat sich, wie üblich auf diesem Planeten, daran gewöhnt. Und genau diese Geisteshaltung nutzt der große Negative aus, um sein Zerstörungswerk zu vollenden. Ihr seid sehr leicht durch das Negative zu beruhigen.

Hauptsache, ihr müßt eure Bequemlichkeit nicht aufgeben und euch nicht verändern. Dies alles erfüllt uns mit größter Trauer, denn ihr seid unsere Schwestern und Brüder, die wir lieben, auch wenn ihr renitent seid. Was muß eigentlich noch passieren, bevor ihr aufwacht?

Viele von euch, die es ehrlich meinen und die bereits auf die kommende Zerstörung hingewiesen haben, werden als religiöse Fanatiker oder als Phantasten bezeichnet. Ja, es ist bequemer, sich *nicht* mit uns und der beabsichtigten Evakuierung auseinanderzusetzen. Wir haben euch in den letzten Kundgebungen über eure Veränderungsmöglichkeiten informiert und euch nachdrücklich gebeten, eure persönliche Transformation einzuleiten. Seit vierzig Jahren tun wir alles, um euch auf die jetzige Umwandlungsphase vorzubereiten, um euer Verständnis und eure Verantwortung für euch selbst und für euren Planeten zu erwecken. Wir haben dies unter Aufgebot all unserer Möglichkeiten getan: durch Präsenz bei euren Regierungen, durch Stellungnahmen offizieller Art, inspirativ sowie über mediale Botschaften. Ihr jedoch habt nicht reagiert! Wir wurden stattdessen der Lächerlichkeit preisgegeben oder zur Nicht-Existenz verdammt.

Was macht eine Mutter mit einem Kind, das auf alle Erziehungsversuche nicht reagiert und eigensinnig bleibt? Sie liebt ihr Kind natürlich weiterhin, jedoch wird sie sich gezwungen sehen, zu anderen Mitteln der Verständigung zu greifen. In einer ähnlichen Lage befinden wir uns: Da wir von Gott den Auftrag bekommen haben, uns um die renitenten Menschen dieses Planeten zu kümmern, haben wir alle didaktischen Methoden ausprobiert. Es hat, wie ihr seht, nichts gefruchtet. Die Chance, sich auf diesem Läuterungsplaneten zu veredeln, haben leider nur sehr wenige von euch wahrgenommen. Glaubt mir bitte, daß es ein großes Privileg ist, derzeitig auf der Erde inkarniert zu sein, um den großen Umwälzungen und dem Dimensionswechsel beizuwohnen. Jedoch ist damit auch die Herausforderung einer Transformation des niederen Ich verbunden.

Wer hat diese Gelegenheit wirklich wahrgenommen und sie in die Tat umgesetzt? Die meisten von euch sind in einer unfaßbaren Trägheit des Geistes und des Herzens versunken. Dies ist eine sehr große Gefahr, und es ist das, was Jesus Christus als den «zweiten Tod» bezeichnet hat: das Absterben des Geistes, der geistige Tod.

Liebe Schwestern und Brüder der Erde, wann wollt ihr endlich Konsequenzen ziehen für euch und eure Umgebung? Auch wir haben vor vielen Jahrtausenden Kriege geführt. Jedoch fand bei uns eine Umkehr und alleinige Hinwendung zu Gott statt, worüber wir sehr dankbar sind. Alles, was wir haben, ist ein Geschenk von Gott, und deshalb dienen wir Ihm mit unserer gesamten Existenz und unserem höchsten Wollen. Aus Liebe zu euch leben wir seit Generationen von unseren Lieben und unserer Heimat getrennt, nur um unsere Aufgabe auszuführen. Für Gott ist uns kein Opfer zu groß, denn Seine Liebe ist unendlich. Wir wünschten, daß ihr diese Wahrheit begreifen und danach handeln würdet.

Friede in euren Herzen, Friede über alle Grenzen! Dies sagt euch in Liebe euer älterer Sternenbruder Ashtar Sheran, im Namen seiner Sternenschwestern und Sternenbrüder.

Über die Demut des Herzens

4. Februar 1996

Liebe Erdenschwestern und Erdenbrüder! In verschiedenen Quellen wurde das Jahr 1996 als Katastrophenjahr bezeichnet. Die schlimmsten Katastrophen aber geschehen von euch unbemerkt, denn sie spielen sich im Bewußtsein der Menschen ab.

Eure Machthaber haben exakte Pläne, die sie unbedingt verwirklichen wollen, und zwar ohne Rücksicht auf Verluste, wie man bei euch sagt. Ein deutlicheres Zeichen als das gnadenlose Durchziehen der französischen Atomtests – mit einer Sprengkraft, die alles bisherige überschritten hat – könnt ihr nicht haben. Die Vernichtungspläne eurer Machthaber stehen leider fest, und sie werden in allen Erdteilen auf unterschiedlichste Art und Weise in die Tat umgesetzt. Gemeinsam ist ihnen allen die Mißachtung des Lebens und somit auch die Mißachtung Gottes und Seiner Schöpfung.

Fühlt euch bitte nicht machtlos oder als Spielball und Marionetten dieser dunklen Machenschaften! Wenn wir euch aufforderten: «Wacht auf!», so meinen wir damit, daß ihr euer Bewußtsein aus dieser weitverbreiteten Lethargie erheben und aufhören sollt, alles einfach hinzunehmen. Verfallt nicht in Panik und Aufregung wegen der kommenden Ereignisse, denn es gibt für euch nichts zu befürchten, wenn ihr den göttlichen Funken nährt.

Viele von euch – auch diejenigen, die sich als spirituell erwacht bezeichnen – wollen noch nicht sehen, wie weit sich die Ereignisse zugespitzt haben. Es ist auch für sie schwer, alles hier aufgeben zu müssen, um eine Weile bei uns zu sein. Zu lange hat man euch auf diesem Planeten als einzige Sicherheit die materielle Sicherheit anzubieten versucht. Und da seit einigen Jahren diese trügerische Sicherheit zusammenfällt wie ein Kartenhaus, sind viele von euch sehr ratlos und haltlos geworden. Es wird jedoch noch schlimmer kommen, damit die Menschen erwachen und erkennen können, daß es in der Materie keine Sicherheit geben kann.

Da euer Geist eure Realität erschafft, seht ihr eure Schöpfungen nun sehr deutlich vor euch. Mit dieser Lektion lernt ihr, euren Geist zu erheben, um Schöpfer und Schöpferinnen einer spirituellen Realität zu werden und Zustände zu schaffen, in denen das Leben Achtung und Liebe findet.

Nur das, was für euch materiell sichtbar ist, haltet ihr für wahr. Deshalb zögern noch viele von euch – auch unter den bereits Erwachten –, uns als Realität anzunehmen, da wir uns in einer anderen Dimension befinden, die für eure gewöhnlichen Sinne nicht wahrnehmbar ist. Ihr wollt von uns Beweise, daß wir existieren. Ihr wollt, daß wir landen und uns zeigen. Dies ist ein lange gehegter Wunsch von vielen oder sogar eine Bedingung, daß sie unsere Existenz anerkennen.

Liebe Schwestern und Brüder, was glaubt ihr, würde geschehen, wenn wir landen und uns zeigen würden? Die berüchtigten Knöpfe zur Auslösung einer atomaren Vernichtung würden unverzüglich gedrückt werden. Da wir jedoch im göttlichen Auftrag handeln, wollen wir kein Chaos auslösen. Obwohl wir die Macht und die Mittel haben, eure gesamte Infrastruktur sofort außer Kraft zu setzen und eure Waffen unschädlich zu machen, sind wir an einer friedlichen Abwicklung interessiert.

Wir wollen alles vermeiden, was zu Panik führen könnte. Doch genau diese Absicht [Panik zu erzeugen] haben leider eure Machthaber, die uns verteufeln und die euch Angst einflößen, daß wir euch vernichten wollen – nur um dadurch von ihren eigenen mörderischen Plänen abzulenken. Wenn die Zeit reif ist, das heißt, wenn Gott Seine Hand gesenkt hat, werden wir uns in riesigen Formationen an eurem Himmel zeigen. Ihr werdet vorher alle in eurer eigenen Sprache informiert werden. Wir können uns in jegliches Kommunikationssystem mühelos einschalten, um euch zu informieren und euch genaue Richtlinien zu geben, damit keine Angst und Panik entsteht.

Wir haben bereits darauf hingewiesen, wie wichtig es ist, daß ihr auf eure Gefühle achtet. In unserer energetischen Präsenz fühlt ihr euch sicher und geborgen. Darum bitten wir euch: Achtet genau auf die Botschaften und darauf, welche Gefühle sie in euch wachrufen! Seid vorsichtig, wenn euch gedroht wird und euer freier Wille nicht respektiert wird.

Viele, die heute noch über unsere Botschaften lachen und sie in den Bereich der Phantasie verweisen, werden sich dann, wenn sich die Ereignisse auf diesem Planeten noch mehr zuspitzen, wieder erinnern, was sie einmal gehört haben. Dies kann bei vielen Menschen eine positive Reaktion auslösen.

In eurem Land [deutscher Sprachraum] halten die Menschen noch sehr an ihren alten Überzeugungen und an der Materie fest. Ihr habt große Angst, die

Kontrolle zu verlieren und euch einer höheren Macht hinzugeben. Dies hat sehr viel mit der Demut des Herzens zu tun. Da dieser Begriff von euch völlig mißverstanden und mit Unterwerfung gleichgesetzt wird, haben die meisten von euch – leider auch die spirituell «Erwachten» – bisher keine Beziehung zur Demut entwickelt. Diese ist jedoch die absolute Voraussetzung, um Gott dienen zu können und Ihn in Seiner Macht und Unendlichkeit zu erkennen. Denn der Dienst an Gott beinhaltet die allergrößte Demut vor Seiner Schöpfung.

Demut und Glauben sind eng miteinander verflochten. Da bei euch jedoch weder das eine noch das andere gefragt ist, haben wir es bei euch besonders schwer, mit unseren Botschaften Gehör zu finden. Eure Theologen haben «gute» Vorarbeit geleistet, indem sie mediale Kontakte mit dem Positiven Geistigen Reich und erst recht mit uns als teuflisches Machwerk gebrandmarkt haben.

Euch interessiert nur, was mit eurer unmittelbaren materiellen Existenz zu tun hat. Für euer spirituelles Leben jedoch und für eure Belange als gesamte Menschheit interessiert ihr euch nicht. Dieser Egoismus hat euch blind und gefühllos gemacht – gegenüber euch selbst und auch gegenüber der göttlichen Schöpfung in ihrer Vielfalt und Schönheit.

Wir haben daher eine sehr schwere Aufgabe übernommen, da wir Wege finden müssen, um in eure Herzen zu gelangen. Was sollen wir tun, wenn ihr diese wichtige Tür versperrt haltet? Wie können wir zu euch sprechen, und wie könnt ihr erkennen, ob jemand in lauterer Absicht zu euch spricht? Wie wollt ihr unsere Liebe spüren, wenn ihr euch vor dieser Schwingung verschließt? Wie wollt ihr die Liebe Gottes spüren, wenn ihr zu euch selbst keinen Bezug der Liebe habt? Wie wollt ihr Botschaften der Liebe unterscheiden von jenen, die nicht der Liebe dienen? Wie wollt ihr Licht und Liebe als euren stärksten Schutz in euer Leben integrieren, wenn euch das Gefühl der Liebe fremd ist und fremd bleibt?

Fangt daher an mit dem liebenden Dienst an euch selbst! Achtet euch als göttliche Wesen, strahlt diese Achtung aus und übertragt sie auf eure Mitmenschen und auf die gesamte Flora und Fauna. Nur die Liebe kann all eure Wunden heilen und euch emporheben zu dem, was ihr wirklich seid. Öffnet eure Herzen! Öffnet euch für die Liebe Gottes!

Gott zum Gruß und Friede in euren Herzen! Dies sagt euch euer älterer Sternenbruder Ashtar Sheran, im Namen seiner Sternenschwestern und Sternenbrüder.

Über die Aufgabe der Sterngeborenen

11. Februar 1996

Liebe Erdenschwestern und Erdenbrüder! Meine Botschaft geht an euch, die ihr von anderen Planeten stammt und hier inkarniert seid, um in der großen Göttlichen Erdenmission mitzuwirken.

Wir bedanken uns, daß ihr dieses Opfer der Inkarnation auf diesem Planeten auf euch genommen habt, um Gott auf diese Weise zu dienen. Viele von euch sind bereits erwacht und dienen im großen Orchester Gottes an unserer Seite. Darüber sind wir sehr glücklich, denn das Risiko, *nicht* zu erwachen, ist auf diesem Planeten sehr groß. Dieses Risiko wurde mit euch vor eurer Inkarnation genauestens erörtert. Die Materie ist hier äußerst dicht und macht ein spirituelles Erwachen nicht leicht. Hinzu kommen die systematischen Verführungen durch den großen Negativen, der es besonders auf die Sterngeborenen abgesehen hat, um sie als wichtige Lichtkräfte bei der großen Umwandlung auszuschalten. Viele von euch sind leider diesen Versuchungen erlegen und haben die bewußte Absicht, die hinter dieser Desorientierung steht, nicht durchschaut.

Manche von euch reagieren mit besonderer Abwehr, wenn sie mit unserer Existenz und mit unseren Botschaften konfrontiert werden. Eure Seelen spüren sehr genau, daß diese Botschaften *an euch* gerichtet sind, um euch zum Erwachen zu bewegen. Doch das niedere Selbst will mit aller Macht verhindern, daß die Seele sich durchsetzt. Diese Spannung in eurem Inneren wird durch die vermehrte Lichtausschüttung immer größer, denn auch euer Hohes Selbst will sich jetzt immer mehr bemerkbar machen und die Führung übernehmen, so wie es ursprünglich vorgesehen war.

Viele von euch Sterngeborenen greifen aus Verzweiflung zu Drogen, um den Schmerz der Erinnerung nicht hochkommen zu lassen – die Erinnerung an euer Gelübde, hier in selbstloser Weise zu dienen. Groß waren und sind für euch die Anpassungsschwierigkeiten auf diesem Planeten, und viele von euch haben sich noch nicht an die Gegebenheiten auf der Erde gewöhnen können. Sie leiden sehr unter der Bürde der Erdenschwere und beklagen sich über ihr Dasein.

Ihr alle seid auf diesen Dienst durch verschiedene Inkarnationen vorbereitet worden. Ihr seid Seelen mit einem entsprechenden Reifegrad, die sehr wohl mit dieser Aufgabe fertig werden könnten. Leider aber sind viele von euch entweder in Selbstmitleid gefallen, oder sie haben ihrem Ego zuviel Nahrung gegeben, weshalb die Sprache der Seele nicht mehr deutlich gehört werden kann. Das, was in der Erdengesellschaft als Erfolg und als erstrebenswertes Ziel gilt, ist eurer Seele fremd, denn es handelt sich ausschließlich um egoistische Motive. Da ihr glaubtet, euch hier anpassen zu müssen, habt ihr euer Ego sehr gepflegt, um mit den Wertvorstellungen der großen Masse konform zu gehen. Dies hat zu starken psychischen Konflikten geführt, denn ihr selbst spürt sehr genau, daß diese Lebensweise an eurer wahren Bestimmung vorbeigeht.

Wir tun alles, um denjenigen von euch zu helfen, die noch nicht erwacht sind. Wir schicken Sternengeschwister zu euch, um euch bei eurem Erwekkungsprozeß zu helfen. Nur können auch wir nichts gegen euren freien Willen tun! Den ersten Schritt müßt *ihr* tun, um eure Bereitschaft zu zeigen.

Da die Entscheidungsschlacht bereits begonnen hat und ihre Opfer fordert, sind diese leider, zu unserem größten Bedauern, oft unter den Sterngeborenen zu finden. Wir bitten daher diejenigen, die bereits erwacht sind, sich *vermehrt* um ihre noch schlafenden Geschwister zu kümmern und nicht in eine Verurteilung zu verfallen, sondern hilfreich eure Hand nach ihnen auszustrecken. Seid nicht beleidigt, wenn ihr mit eurem Angebot der spirituellen Hilfe nicht sofort auf Gegenliebe stoßt, sondern versucht dort zu helfen, wo euch die Tür aufgemacht wird. Übereifer kann oft das Gegenteil bewirken. Oft ist es allein eure Präsenz, die es eurem Sternenbruder oder eurer Sternenschwester ermöglicht, sich zu entspannen und loszulassen. Durch euer Licht ermöglicht ihr es euren Geschwistern, sich ebenfalls den Kräften des Lichtes und der Liebe zu öffnen. Denkt dabei immer an eure eigene Bewußtwerdung. Auch sie brauchte ihre Zeit der Reifung.

Wir tun unser Möglichstes, um die Begegnungen so zu führen, daß ein Wiedererkennen leicht gemacht wird. Ihr seid alle ein großes Team von Sterngeborenen, die sich einem einheitlichen Ziel verpflichtet haben: *dem göttlichen Schöpfungsplan zu dienen.* Und ihr alle habt spezielle Voraussetzungen und Schulungen bekommen, damit jeder von euch dies auf seine oder ihre besondere Art und Weise tun kann. Jede Sternengruppe führt ihren Dienst in einer ganz besonderen Schwingung oder Frequenz aus, wobei es hier keine Wertigkeit gibt, sondern nur eine große Gemeinsamkeit. Stellt euch einen Blumenstrauß mit den unterschiedlichsten Blumen vor: Jede Blume hat ihren einzigartigen Reiz und ihren besonderen Duft, und alle zusammen vereinen sich in einem Meer von Blumen, um die Seele zu erfreuen.

Laßt euch also nicht spalten durch euer Ego, das euch glauben machen möchte, ihr hättet eine Vorrangstellung oder ihr wäret besonders privilegiert. *Euer größtes Privileg ist es, daß ihr Gott dienen dürft* und Seiner Schöpfung! Und dies dürft ihr *gemeinsam* tun!

Meine lieben Schwestern und Brüder! Laßt deshalb unter euch niemals eine Spaltung zu, denn genau darauf wartet der große Negative, um euch vollends zu schwächen und arbeitsunfähig zu machen. Erkennt, von welcher Seite die negativen Suggestionen stammen, und löst sie mit eurem Licht und eurer Liebe auf! Ihr seid starke Seelen und seid nicht als Futter für den Negativen gedacht. Erkennt dies bitte und handelt danach mit der größten Verantwortung und Liebe, die ihr eurem Schöpfer versprochen habt, bevor ihr auf diesen Planeten kamt. Unsere Hilfe und Unterstützung ist euch gewiß.

Gehet hin in Liebe und Achtsamkeit! Friede in eurem Herzen! Dies sagt euch in Liebe euer älterer Sternenbruder Ashtar Sheran, im Namen seiner Sternenschwestern und Sternenbrüder.

Über das Vertrauen und über die Gefahr des Hochmutes bei den spirituell Erwachten

18. Februar 1996

Liebe Erdenschwestern und Erdenbrüder! Manche von euch haben uns den Vorwurf gemacht, wir seien zu belehrend und zu besserwisserisch. Dazu möchte ich folgendes sagen:

Glaubt mir, ich würde am liebsten mit euch nur die angenehmsten Dinge besprechen und euch in Worte der Liebe hüllen. Doch ich spreche zu euch als Bruder, der bereits sehr viel Erfahrung gesammelt und sehr viel Leid gesehen und durchlebt hat. Ich spreche zu euch wie eine Mutter, die ihre Kinder vor größerem Schaden bewahren möchte und deren dringendstes Anliegen das absolute Wohlergehen und die optimale Entwicklung ihrer Kinder ist. Ich spreche nicht in besserwisserischer Absicht zu euch, sondern aus einem tiefen Erfahrungshintergrund und aus dem Wissen über die Evolution der Menschheit.

Als Gott uns den Auftrag gegeben hat, der Erdenmenschheit in diesem schwierigen Übergang helfend zur Seite zu stehen, wußten wir, daß diese Aufgabe sehr, sehr schwierig werden würde. Zu viel ist auf eurem Planeten geschehen, was euch den Glauben an Gott und an Seine Gerechtigkeit geraubt hat. Nun zweifelt ihr natürlich auch an unseren Absichten und deren Lauterkeit. Wir können euch keine Beweise bringen, so wie ihr sie euch vorstellt, denn jeder von euch muß in seinem eigenen Herzen selbst erkennen, wem er vertrauen kann.

Da ich als Freund zu euch spreche, sehe ich mich oft gezwungen, eine sehr klare und deutliche Sprache zu wählen, die manchen von euch hart erscheinen mag, weil sie die Dinge genauestens beim Namen nennt. Ich tue dies nicht, um euch niederzumachen, sondern um euch die Möglichkeit zu geben, die Wahrheit zu erkennen, und um euch zu helfen, aus eurem Dilemma einen Ausweg zu finden.

Es gibt unter meinem Namen Ashtar verschiedene Wesen, die sich für mich ausgeben und die es nicht sind. Oft bedienen sie sich eines sehr rüden Kommandotones und berücksichtigen den freien Willen nicht, sondern geben Befehle, wie etwas zu machen sei. Wir aber sind keine Feldwebel oder Generäle im irdischen Sinne, und wir betrachten euch keineswegs als Befehlsempfänger von oben. Wir beabsichtigen, eure Intuition, euer Gefühl und eure Logik zu schulen, so daß ihr selbst genau zu unterscheiden lernt, mit welcher Wesenheit ihr verbunden seid. Berücksichtigt bitte, daß der große Negative eine sehr hohe Intelligenz darstellt und sich bestens darauf versteht, alles Positive nachzuahmen oder lächerlich zu machen.

So trägt auch eure Unterhaltungsindustrie, besonders Film und Fernsehen, ihr Bestes dazu bei, euch den «Krieg der Sterne» nahezubringen und uns auf das Niveau kriegslüsterner Eroberer aus dem All herunterzuziehen. Dies ist eine bewußte Waffe, um uns «außer Gefecht» zu setzen und uns den Zugang zu euch und zu euren Herzen zu versperren.

Wir sind tief beunruhigt und traurig darüber, wie sehr der spirituelle Hochmut bei vielen von euch sich ausbreiten und einnisten konnte. Gerade dort, wo vermeintlich die größte Bereitschaft und Offenheit zu erwarten wäre, stoßen wir mit unseren Botschaften und Bemühungen auf eine Wand der Abwehr und auf größere Widerstände, als wir sie bei ganz einfachen Menschen finden, die im Geist noch rein und unverbildet sind.

Das Problem der spirituell Erwachten ist, daß viele denken, sie seien die Lehrer und hätten daher keinerlei Belehrungen mehr nötig. Das Problem der mangelnden Demut haben wir bereits erörtert, ebenso die erfolgreichen Spaltungsversuche der anderen Seite.

Warum nehmt ihr euer irdisches Ich so ernst, obwohl ihr oft das Gegenteil lehrt? Warum könnt ihr nicht in Demut und Geduld euer niederes Selbst zurücknehmen und das große Ganze, das Menschheitskollektiv, sehen in dieser Phase der großen Umwandlung, in der es genau um diesen Kollektivgeist, den universellen Geist, und um den selbstlosen Dienst am Ganzen geht?

Weil ihr in eurem Ego so empfindlich und verletzlich seid, könnt ihr keine Belehrungen von höherer Warte annehmen, wenn diese euer Ego nicht würdigen. Denkt daran, daß ein guter Lehrer euch immer fordern wird und euch niemals Honig um den Mund streicht, denn er will die Höherentwicklung eurer Seele fördern. Bitte achtet bei Belehrungen spiritueller Art immer darauf, welcher Teil in euch angesprochen wird. Werdet ihr ermutigt emporzusteigen, oder werdet ihr hofiert und wird euer Ego gepäppelt? Das letztere mag im ersten

Moment natürlich angenehmer erscheinen, da die meisten von euch zu wenig tatsächliche Anerkennung, Würdigung und Liebe in ihrem Leben erfahren haben und noch nicht die nötige Selbstliebe entwickelt haben, um dies genau unterscheiden zu können.

Genau hier hakt der große Negative ein und simuliert Liebe, wo keine ist, und stellt auf diese Weise dem Ego eine Falle. Er macht euch glauben, daß ihr großartige Wesen seid, doch er spricht dabei nur euer Ego an und nicht euch selbst als göttliche Wesen, die hierher gekommen sind, um ihr wahres spirituelles Sein zu entwickeln. Mit diesem Lob gebt ihr euch zufrieden und versucht nicht mehr, euch weiter zu schulen und zu veredeln. Bald merkt ihr jedoch, daß ihr mit eurer Entwicklung in eine Sackgasse geraten seid. Wenn ihr es noch bemerkt, so ist dies sehr zu begrüßen, denn wo Erkenntnis ist, da ist auch ein Ausweg. Schwierig wird es dort, wo sich die Selbstherrlichkeit etabliert hat und keine höhere Erkenntnis mehr Einlaß findet.

Wie in der freien Marktwirtschaft üblich, so gibt es in den entwickelten Ländern mittlerweile auch Manager für den spirituellen Bereich, die versuchen, alles im Griff zu halten und zu steuern. So ist das begrüßenswerte *New Age* auf vielen Gebieten und in vielen Ländern bereits zur größten Tummelwiese des Negativen geworden. Das Motto lautet: Hauptsache, die Kasse stimmt und die Menschen sind verwirrt und abgelenkt vom Wesentlichen.

Leider sind auch viele der auf Erden inkarnierten Sternengeschwister in diesen Sog des «spirituellen Marketings» geraten und wissen nicht, wie sie sich daraus befreien können.

Liebe Schwestern und Brüder! Tretet innerlich einmal einen Schritt zurück und fühlt, wer ihr seid. Sprecht ihr mit eurer Seele, das heißt, laßt ihr sie zu euch sprechen und euch von ihr leiten? Ihr spürt, welche Stimme zu euch spricht. Der Seele ist immer die Sprache der Liebe und der Demut eigen, und sie fördert sowohl euer eigenes spirituelles Wachstum als auch das anderer Menschen.

Ihr fragt euch, warum ich so viel auf euer inneres Wachstum eingehe, warum mir und uns allen dies so sehr am Herzen liegt? Weil wir euch lieben und weil wir aus unserer eigenen Entwicklung, die auch Erfahrungen tiefen Leidens beinhaltet, sehr gut wissen, daß es nur *eine* Entwicklung geben kann: die der völligen Hingabe an Gott und an Seine Schöpfung! Diese Erkenntnis führte uns zu unserer hohen Entwicklung auf allen Gebieten unseres menschlichen und spirituellen Seins und auch zur Beherrschung einer hochentwickelten Raumfahrt, die ohne die Hingabe und das Vertrauen auf Gott nicht möglich ist.

Leider könnt ihr dem, was euch noch unbekannt ist, nicht vertrauen. Dies hat mit eurem Kontrollbedürfnis zu tun und mit eurer starken Anhaftung an alles Materielle. Ihr wollt immer erst das Resultat eures Vertrauens sehen, bevor ihr euch überhaupt mit dieser Eigenschaft beschäftigt. Ihr wollt nicht geben, bevor ihr etwas erhalten habt, und zwar genau das, was *euren* Vorstellungen entspricht. Wir entsprechen bei vielen Menschen nicht ihrer Vorstellung und haben es deshalb schwer, Gehör und Vertrauen zu finden.

Da ihr sehr streng und hart mit euch selbst umgeht, habt ihr diese Haltung auch uns gegenüber eingenommen. Besonders die Lehrer unter euch, die sich selbst in autoritärer Weise Gehör und Gefolgschaft zu verschaffen suchen, wollen von uns und von anderen positiven Sternenschwestern und Sternenbrüdern nichts annehmen. Was ihnen höchstens noch interessant erscheint, ist unsere technische Entwicklung.

Unser tatsächliches Anliegen jedoch, der Grund unseres göttlichen Auftrages für diesen Planeten und für unsere Mission der tätigen Nächstenliebe, findet bei vielen keine Gegenliebe, da die Sprache der Liebe für sie fremd ist. Wir möchten mit unserer Mission euren Geist und eure Herzen aufrütteln, damit die Frequenz der Liebe in euch Einzug halten kann. Durch die Toröffnungen und die damit zusammenhängenden Lichtausschüttungen sind die besten Voraussetzungen für alle Erdenbewohner geschaffen worden, um ihre Frequenz durch die gelebte und tätige Selbst- und Nächstenliebe zu erhöhen.

Wir möchten euch daher dringend bitten: Habt Vertrauen in die Weisheit Gottes und in die Seiner Schöpfung! Habt Vertrauen, daß Gott Seine Kinder unterschiedslos liebt und für sie sorgt. Aus dieser tiefen Liebe heraus hat Gott uns als Seinen materiellen Arm zu euch geschickt, um euch wieder näher an Ihn heranzuholen.

Eure Erde hat schon viele entscheidende Entwicklungssprünge durchlebt. Dieser jetzt folgende Dimensionswechsel wird für die gesamte Entwicklung eures Sonnensystems von entscheidender Bedeutung sein und somit für das gesamte Universum, denn die bereits seit vielen, vielen Jahrtausenden anhaltende Herrschaft der Dunkelmacht wird beendet werden und euch völlig neue

Möglichkeiten eures spirituellen Daseins ermöglichen. Immer, wenn die Nacht am dunkelsten ist, erfolgt die Morgendämmerung mit besonderer Kraft und Schönheit.

Wendet euren Blick auf die kommende Schönheit, und schaut nicht mehr zurück auf das, was hinter euch liegt! Wir tragen und führen euch mit all unserer Liebe und mit all unseren Erfahrungen als kosmische Brüder und Schwestern, die den Weg schon vor euch gegangen sind und die euch begleiten in diesem Abschnitt kurz vor der Morgendämmerung.

Friede in euren Herzen, Friede über alle Grenzen! Dies sagt euch in Liebe euer älterer Sternenbruder Ashtar Sheran, im Namen seiner Sternenschwestern und Sternenbrüder.

Über Angst und Verunsicherung, über wahre Autorität und über das Weibliche als Schlüssel zur Transformation

25. Februar 1996

Liebe Erdenschwestern und Erdenbrüder! Vieles fügt sich jetzt in eurem Leben derart schnell, daß ihr selbst oft erstaunt seid über die überstürzten Ereignisse in eurem Leben. Achtet darauf, wen ihr als neue Freunde trefft, wer plötzlich in euer Leben tritt. Dies alles hat einen tiefen Grund. Sicher stellt ihr fest, daß die «neuen» Bekanntschaften oder Freundschaften sehr schnell auf die Essenz eures Seins ansprechen und euch als Seele fordern.

Ihr seid hierher gekommen, um in dieser Phase zusammenzuarbeiten und ein großes Lichtnetz aufzubauen, in das ihr so viele Menschen wie möglich einbeziehen könnt. Alle Zeichen sprechen dafür, daß diese Vernetzung jetzt ihrem Höhepunkt entgegengeht und daß ihr auf Informationen stoßt, die der tiefen Wahrheit eures Herzens entsprechen, die euch also sehr vertraut sind. Da wir auf allen Kontinenten unsere Botschaften durchgeben, werdet ihr feststellen, daß die Nachrichten von uns allerorts sehr ähnlich sind. Dies ist jedoch ein Zeichen ihres Wahrheitsgehaltes.

Legt euer Augenmerk auf die positiven Botschaften von uns, das heißt von Raumschwestern und Raumbrüdern der Interplanetarischen Konföderation. Registriert auch die Berichte über Entführungen, gebt ihnen aber bitte nicht so viel Energie, wie viele von euch dies bereits tun. Laßt eure ganze Aufmerksamkeit in eure geistig-seelische Entwicklung fließen, in die Verankerung von Licht und Liebe in euch und auf eurem Planeten. Dies ist euer bester Schutz, denn mit der Schwingung von Angst zieht ihr genau das an, was ihr fürchtet, und nährt darüber hinaus die Mächte der Finsternis, die dies als Nahrung zur Aufrechterhaltung ihrer Macht auf eurem Planeten brauchen.

Umgebt euch mit freudvollen und friedfertigen Menschen und labt eure Seelen durch erhebende Dinge. Erkennt die Absicht, die dahintersteht, wenn man versucht, euch zu ängstigen und zu verunsichern. Eure Machthaber setzen alles daran, um diesen Zustand der Angst auf Massenebene zu erreichen, denn dann kann man euch leicht beherrschen und alles verhindern, was euch in eure Freiheit führen könnte.

Dies ist die Zeit der großen Entscheidung. Fragt euch, ob ihr die Freiheit wollt oder ob ihr lieber weiter wie bisher die Verantwortung für euer Sein an andere delegieren wollt. Beantwortet euch diese Frage mit aller Ehrlichkeit, zu der ihr fähig seid, denn sie ist entscheidend für die Konsequenz eures Lebens. Ihr könnt, wenn ihr innerlich dazu bereit seid, jetzt große kosmische Sprünge vollziehen, jedoch liegt die Entscheidung bei euch. Niemals vorher waren die Möglichkeiten der Transformation so groß wie jetzt, und niemals vorher wurden euch Hilfen aus anderen Dimensionen in einem solch großen Ausmaß zuteil wie jetzt. Ihr müßt nur die Augen öffnen, wachsam sein und lernen, die Sprache zu verstehen, die auf verschiedenen Ebenen zu euch gesprochen wird.

Das einzige, was ihr tun müßt, ist, eure Absicht zu erklären: was ihr tun wollt und daß ihr bereit seid für den Evolutionssprung. Laßt diese Bitte, diese Bereitschaft täglich mehrmals euer Bewußtsein durchfluten, damit sie sich so schnell wie möglich in eurem Leben manifestieren kann. Steter Tropfen höhlt den Stein, wie ein Sprichwort bei euch besagt; so ist es besonders auch auf der geistigen Ebene die Stetigkeit eines Gedankens oder eines Vorhabens, ist es die wiederholte Bekräftigung einer Absicht, die zur Manifestation führt. Diese Stetigkeit hält euch in Kontakt mit eurer Absicht und eurem Ziel.

Dies erfordert vielleicht für manchen von euch einige Übung, da ihr es nicht gewohnt seid, auf geistig-spirituellem Gebiet Ausdauer zu zeigen. Aber genau dort ist es bitter nötig, besonders hier, in eurer Erdatmosphäre, wo der Äther von sehr unliebsamen Gedankenschwingungen durchzogen ist. Diese Schwingungen sind es auch, die euch mit einem Gefühl der Vergeblichkeit eurer spirituellen Bemühungen bombardieren, so daß ihr versucht seid, sehr schnell wieder aufzugeben und in euren alten Trott zurückzufallen, wenn nicht sofort ein Ergebnis zu sehen ist.

Ihr selbst entscheidet, welche Gedankenschwingung Einlaß findet in euren Seelenkosmos. Jede Sekunde bieten sich viele Möglichkeiten an, und je nach eurer eigenen Verfassung finden bestimmte Frequenzen Eingang, während andere vorbeiziehen müssen.

Wenn ihr wißt, daß ihr selbst für eure Stimmungen verantwortlich seid, so könnt ihr euch auch sehr bewußt entscheiden, was eure Realität bestimmen und formen soll. Stellt euch vor, ihr habt einen Radioapparat: Ihr wählt den Sender, dessen Programm euch am meisten zusagt. Nicht anders ist es bei der

Auswahl eurer Gedankenfrequenzen, die auf euer Gefühl einen sehr wesentlichen Einfluß ausüben. Ihr seid also die Meister und Meisterinnen eurer Selbst und könnt wählen, wie ihr denken und fühlen wollt, wie ihr euer Leben gestalten wollt. Seid euch eurer Kraft und eures schöpferischen Reichtums bewußt und nutzt ihn! Werdet zur Autorität eurer selbst und delegiert diese nicht mehr an andere Menschen. Nur dann seid ihr fähig, wahre Autorität von der falschen zu unterscheiden, denn Autorität ist ohne Liebe und Weisheit nicht möglich.

Wir ermutigen euch, aufzustehen aus eurer vermeintlichen Machtlosigkeit und Unmündigkeit. Wir möchten nicht, daß ihr uns vergöttert oder uns als eure Befehlshaber seht. Wir sind eure Brüder und Schwestern, die euch aufgrund ihrer Erfahrung und Liebe zu Gott und Seiner Schöpfung hilfreich zur Seite stehen. Die einzige Autorität, die wir anerkennen, ist die des Großen Universalgeistes und Seiner Hierarchie der Liebe, der wir dienen und zu der wir auch euch hinführen wollen.

Hierfür ist es notwendig, daß ihr all das vergeßt, was euch die Dogmen verschiedener Glaubensrichtungen eingeflößt haben. Laßt alles gehen, was euch glauben machte, ihr seid von ewiger Schuld und Sünde befleckt und der Liebe Gottes nicht würdig. Dies diente jahrtausendelang eurer Unterdrückung und der Etablierung klerikaler Macht, die den Gedanken der Liebe zwar predigt, ihn jedoch mit Füßen tritt.

Bitte überprüft, inwieweit religiöse Dogmen euer Leben bestimmt haben und es immer noch tun. Erkennt die Fesseln, die darin liegen, und sprengt sie, wenn ihr dazu wirklich bereit seid!

Besonders das weibliche Geschlecht wurde und wird von der klerikalen Macht und auch weltweit von religiösen Dogmen aller Glaubensrichtungen massiv daran gehindert, seine wahre spirituelle Kraft und Aufgabe zu erkennen und sich als Trägerin des größten Schöpfungsgeheimnisses Gottes zu begreifen und zu würdigen.

Ihr fragt euch vielleicht, warum meistens Sternenbrüder zu euch sprechen und wo bei uns die Schwestern sind? Sie arbeiten genau wie wir in den Raumschiffen oder auf Stützpunkten, jedoch sind ihre Aufgabenstellungen von unseren oft verschieden. Unsere Frauen arbeiten sehr stark auf dem Gebiet der Heilung und der Transformation von Energien, besonders in Krisengebieten, wo es gilt, massive negative Schwingungen umzuwandeln. Wir tun jedoch alles, um Gefahren von ihnen fernzuhalten.

Im Weiblichen liegt der Schlüssel zur Transformation verborgen. Aus diesem Grunde sind von uns wesentlich mehr Schwestern als Brüder auf eurer Erde inkarniert, um kraft ihres Geschlechts der Erde in ihrem Transformationsprozeß zu dienen. Da das Weibliche die Trägerin der Liebesfrequenz ist und da die Erde nur durch diese Frequenz geheilt werden kann, sind es hauptsächlich Frauen, die für diese Erdenmission inkarnieren.

Wenn wir sagen, daß Gott die Frau zarter geschaffen hat und ihr daher der Schutz durch den Mann gebührt, so hat dies in keiner Weise etwas mit Bevormundung oder mit Unterdrückung zu tun, wie ihr es auf Erden kennt. Da wir wissen, daß wir alle gleich sind vor Gott, braucht das weibliche Geschlecht bei uns nicht auf seinen besonderen Wert hinzuweisen, denn wir alle wissen um dessen Bedeutung und haben dies in unser Leben integriert.

Wir bringen dem Weiblichen unsere allergrößte Hochachtung, Verehrung, Liebe und Dankbarkeit entgegen, denn wir wissen, daß dieses Weibliche die Initiatorin der Schöpfung ist, diese zur Blüte bringt und uns ihre Früchte schenkt. Wir wissen, daß eine Zivilisation zum Untergang verurteilt ist, wenn in ihr das Weibliche nicht mehr die Achtung und Wertschätzung erfährt, die ihm von Gott zugedacht wurde. Eure Erde ist das beste Beispiel hierfür.

Deshalb fordere ich euch auf: Überprüft all eure Vorurteile und all eure Dogmen, die man euch über das weibliche Geschlecht beigebracht hat! Erkennt, wie diese Vorurteile und Dogmen euer Leben bestimmen und wie sie euch daran hindern, das zu sein, was ihr in Wirklichkeit seid – nämlich Trägerinnen und Ausführende des göttlichen Willens zur Schöpfung!

Friede in euren Herzen, Friede über alle Grenzen! Dies sagt euch in Liebe euer älterer Sternenbruder Ashtar Sheran, im Namen seiner Sternenschwestern und Sternenbrüder.

Über den Auftakt zur großen Reinigung des Planeten, über Harmonisierung durch Reinheit der Gedanken und der Nahrung und über die Kontrolle des Bewußtseins durch das Fernsehen

3. März 1996

Liebe Erdenschwestern und Erdenbrüder! Im März beginnt der Auftakt zur großen Reinigung eures Planeten durch Erdveränderungen. Eure Erde bebt bereits innerlich und will die Last loswerden, die eure Gedankenprojektionen und euer ausbeuterisches Verhalten ihr aufgeladen haben.

Die Erde ist, wie ihr wißt, ein bewußtes Wesen mit einem tiefen Wissen über die Evolution der Natur und des Menschen, das sie tief in sich verborgen trägt. Die Erde ist eure Mutter, die euch in immerwährender Liebe und Geduld nährt und euch ihre reichen Gaben zur Verfügung stellt. Die Erde ist geduldig, wie eine Mutter geduldig ist, die ihre Kinder liebt. Jedoch achten ihre Kinder sie nicht und glauben, daß sie sich weiterhin an ihr und ihren reichhaltigen Gaben versündigen können.

Die Atomversuche sind nicht nur der schlimmste Frevel gegen die göttliche Natur des Menschen, sondern ebenso die verächtlichste Foltermethode gegenüber Mutter Erde. Sie muß sich heilen und reinigen, deshalb wird sie jetzt zu umfassenden Maßnahmen der Reinigung greifen, um wieder ein Gleichgewicht der Kräfte herbeizuführen. Die Naturkräfte, mit denen ihr in unachtsamer Weise umgegangen seid, sind entfesselt. Durch die französischen Atomversuche ist die Erdkruste im pazifischen Raum bereits gefährlich dünn und brüchig geworden. Ein Riß würde euren Planeten, wie einstmals Mallona, zum Bersten bringen, da riesige Wassermassen ins Innere der Erde stürzen würden.

Wir tun mit unseren speziellen Stabilisierungsgeräten und durch Energiekonzentrationen in unseren unterirdischen Basen auf dem Meeresgrund bereits alles, um dies zu verhindern. Denn Gott läßt ein zweites Mallona nicht zu. Wir arbeiten unter Einsatz all unserer Kräfte und unseres Wissens, um das Allerschlimmste für diesen Planeten zu vermeiden: seine Zerstörung.

Eure Machthaber tun jedoch so, als sei alles in bester Ordnung, und überlegen sich bereits weitere, noch höher potenzierte Atomversuche. Man kann sich

Gott nicht ohne Liebe nähern, und die Atomversuche, ja jegliche Experimente mit Atomspaltung, sind ein zentraler Angriff auf die göttliche Schöpfung, das heißt auf die Liebe Gottes, deren Frequenz in der gesamten Natur, bis hinein in den winzigsten Grashalm, gespeichert ist und die euch nährt.

Warum greift Gott nicht vorher ein, warum läßt Er diese Katastrophen zu? Warum soviel Leid und Elend, das dadurch verursacht wird? Um euch zum Aufwachen zu bringen! Um euch die Kostbarkeit eures Lebens vor Augen zu führen und die absolute Hochachtung, die ihr vor jeder Lebensform haben sollt.

Die Heftigkeit und Häufigkeit der Erdveränderungen wird in diesem Jahr sehr rasch zunehmen. Es werden Beben und Überschwemmungen großen Ausmaßes erfolgen. Die Reinigung wird durch Wasser und Feuer geschehen. Die Vulkantätigkeiten werden weiterhin zunehmen, denn die Erdbeben werden verstärkt zu Ausbrüchen führen. Wir werden in den Katastrophengebieten präsent sein und bereits Evakuierungen vornehmen, so wie wir dies schon in Bangladesh [1991] getan haben, was damals jedoch von der Öffentlichkeit unbemerkt geschah. Die Beben werden im südpazifischen Raum beginnen, sich über Indonesien und die japanischen Inseln fortsetzen und sich dann über Florida und das westliche Kalifornien ausbreiten. Überschwemmungen und Feuersbrünste werden die Begleiterinnen dieser gewaltigen Erdveränderungen sein.

Viele von euch fragen sich, ob sie etwas tun können, um diese Katastrophen zu verhindern. Ja, ihr könnt tatsächlich im spirituellen Sinn in das Geschehen eingreifen, indem ihr in euren täglichen Gebeten und Meditationen Licht und Liebe ins Innerste der Erde leitet und euch vorstellt, daß ein weitverzweigtes Lichtnetz die Erde innen und außen umspannt. Aktiviert dieses Netz mit eurer Liebe! Je mehr ihr diese liebevollen Frequenzen in die Erde hineinleitet, desto leichter wird ihr die große Reinigung fallen, die jedoch nicht mehr verhindert werden kann.

Die Erde ist ein bewußtes Wesen, mit Empfindungen ausgestattet wie ihr auch. Sprecht deshalb mit ihr, drückt ihr gegenüber euren Dank aus und bittet sie um Vergebung für den gewaltigen Mißbrauch, der an ihr über lange Zeitepochen hinweg vollzogen wurde! Ihr könnt ausgleichen und harmonisieren mit eurer Gedankenkraft und mit eurer Liebe, aber ihr könnt die kommenden Ereignisse nicht mehr aufhalten.

Die Versöhnung mit Mutter Erde läuft synchron mit der Versöhnung mit eurem eigenen Körper. Lange Zeit habt ihr mit diesem kostbaren Gefäß Raubbau getrieben durch Alkohol, Zigaretten und andere Drogen sowie durch eine lieblose Ernährung, die euch nicht das zuführte, was euer Organismus wirklich braucht, um ein entsprechendes Energiereservoir zu sein. Gerade jetzt, wo die Schwingungsfrequenz stark erhöht wird, ist eine neue Ausrichtung eures Körperbewußtseins notwendig, um aus eurem Körper ein entsprechendes Gefäß für die Licht- und Liebeskraft zu schaffen.

Fleisch, das die Todesschwingung in sich trägt, ist eurer spirituellen Entwicklung nicht förderlich und sollte allmählich von eurem Speiseplan verschwinden. Sprecht mit eurem Körper, entwickelt mehr Sensibilität gegenüber seinen Bedürfnissen, und er wird euch genau zu der Nahrung hinführen, die er braucht, um sich optimal entwickeln zu können und ein passendes Gefäß für eure Seele zu sein.

Bedankt euch vor jeder Mahlzeit bei eurer Mutter Erde, bei dem Reich der Pflanzen und bei den Naturgeistern für ihre reichen Gaben, und eßt dann mit Bewußtsein den euch zur Verfügung gestellten Reichtum. In der Einfachheit werdet ihr die Fülle der Natur ehren und schätzen lernen. Kehrt zurück zum Wesentlichen, zur Essenz! Überprüft all das, was ihr bisher zu eurer Zerstreuung zu benötigen glaubtet.

Bei vielen von euch spielt das Fernsehen noch immer eine sehr dominierende Rolle. Seid ehrlich: Wie fühlt ihr euch nach einem Fernsehabend? Seid ihr energetisch aufgeladen und frohen Mutes? Wie wirkt sich diese Form der «Entspannung» auf eure Seele aus? Fühlt ihr euch dumpf und betäubt? Könnt ihr schlecht schlafen?

Hinter dem Fernsehen steckt eine ganz bewußte Absicht: die der totalen Kontrolle eures Bewußtseins und der Manipulation eurer Frequenz. Eure gesamte Unterhaltungs- und Freizeitindustrie hat es darauf abgesehen, eure Frequenz zu dämpfen und euer Bewußtsein zu manipulieren und zu kontrollieren. Dies wirkt sich besonders bei Kindern und Jugendlichen in einer verheerenden Bewußtseinskatastrophe aus. Ihre zunehmende Brutalisierung und Gewalttätigkeit hat im Fernsehen und in der Filmindustrie die «besten» Vorbilder. Ich brauche euch sicherlich nicht auf die Urheber dieser Dinge hinzuweisen.

Nehmt zum Beispiel eure Tagesschau, die viele von euch als einzige Informationsquelle betrachten. Von welchem Standpunkt aus werden euch Ausschnitte eurer Realität gezeigt, und in welcher Form geschieht dies? Ihr seid abgestumpft worden durch das dargestellte Ausmaß an Elend und Gewalt auf eurem Planeten, so daß ihr nicht mehr zu wirklichem Mitgefühl mit euren leidenden Schwestern und Brüdern fähig seid. Genau das wollen eure Bewußtseins-Kontrolleure! Ihr seid so sehr überfüttert mit Gewalt, Grausamkeiten, Ungerechtigkeiten und Katastrophen, daß euch die Berichte über zunehmende Katastrophentätigkeiten nicht mehr schockieren können.

In bewußter Absicht hat man euch zu dieser Gefühlsverrohung gebracht. Ihr habt euch einschläfern lassen und laßt es zu, daß mit euren Kindern das gleiche geschieht, nur weil es für euch praktisch ist, eure Kinder dem Fernsehen und der Videoindustrie zu überlassen, statt diesen Seelen, die in einer ganz bewußten Absicht zu euch gekommen sind, in ihrer spezifischen Entfaltung den Weg zu weisen. Hier folgt ihr der Logik eurer eigenen Erziehung durch Gewalt: Was mich nicht umbringt, schadet nicht!

Wenn ihr Energien lesen könntet, würdet ihr sehr deutlich wahrnehmen, was während eurer Fernsehsendungen mit eurer Aura geschieht: Sie wird merklich getrübt, verändert die ursprüngliche Leuchtkraft der Farben und wird mit einem diffusen Grauschleier überzogen. Was glaubt ihr, nehmt ihr als Zellinformation nach einem Fernsehabend mit in den Schlaf? Alpträume sind nur ein sichtbarer Ausdruck, während in euren Zellen, die des Nachts regeneriert werden sollen, die Informationsverarbeitung stagniert, weil die Zellen in einem Schockzustand verharren und sich nicht der Tiefenregeneration hingeben können.

Ich will euch nicht all eurer Möglichkeiten der Entspannung berauben. Nur überprüft bitte, ob diese zur Gewohnheit gewordenen Formen der Entspannung euch wirklich in eurem Vorhaben dienen oder ob ihr nicht etwa die Diener eurer Unterhaltungsindustrie geworden seid.

Kehrt zurück zum Kontakt mit euch selbst! Fürchtet nicht die Stille, denn ihr könnt in ihr ungeahnte Schätze in euch entdecken und Antworten auf eure Fragen finden. Fürchtet nicht das Gespräch mit eurer Lebensgefährtin und eurem Lebensgefährten, mit euren Kindern und Freunden. Nur im lebendigen Austausch miteinander werdet ihr wieder zu Mitgefühl und Interesse an euren

Familienmitgliedern und anderen Menschen erwachen. Wie beglückend kann ein harmonisches Zusammensein, ein klärendes, liebevolles Gespräch mit einem Menschen sein! Wieviel Trost und Kraft erwächst aus einem regelmäßigen Austausch mit euren Mitmenschen! Wieviel Elend psychischer Art kann verhindert oder abgemildert werden durch die Bereitschaft eines offenen Gespräches!

Der Zwang zum Fernsehen hat eure Kultur geprägt. Euer Tagesablauf wird oft durch das Fernsehprogramm bestimmt und läßt menschliche Kommunikation total verkommen. Ihr seid es nicht mehr gewohnt, einander zuzuhören, aufeinander einzugehen und euch in Liebe die Hände zu reichen. Merkt ihr, wie ihr manipuliert werdet und zu funktionierenden Robotern gemacht werden sollt?

Innerlich rumort es bereits bei vielen von euch, doch dies wird oft mit weiteren Drogen verschiedenster Art betäubt. Bloß keinen Schmerz verspüren müssen, vor allem nicht den Schmerz der Seele, die sich sehr wohl Gehör verschaffen will und dies oft, als letzten Ausweg, über Krankheiten und sonstige schwere Schicksalsschläge zu tun versucht.

Wovor fürchtet ihr euch so sehr? Vor euch selbst und euren innersten Wünschen? Vor der Sehnsucht eurer Seele, sich zu entwickeln und sich den ihr entsprechenden Ausdruck zu verleihen? Oder fürchtet ihr euch, die Stimme Gottes über die Sprache eurer Seele zu hören?

Ihr seid nicht umsonst in dieser Phase des Dimensionswechsels hier inkarniert. Für viele von euch ist es eine besondere Möglichkeit, eine große karmische Reinigung zu vollziehen und Disharmonien im eigenen Inneren auszugleichen. Viele von euch kamen speziell auf die Erde, um mit ihrem Licht, ihrer Liebe und ihrer spirituellen Kraft und Erfahrung diesem wunderschönen Planeten und seiner Menschheit als Vorbilder und Orientierungshilfen für das neue Zeitalter zu dienen. Aber viele von euch Schwestern und Brüder haben es zugelassen, daß ihre Frequenz gedämpft wurde, und sie lassen dies auch weiterhin zu, was uns mit tiefem Bedauern erfüllt.

Wacht auf, meine lieben Schwestern und Brüder! Entwindet euch dem eisernen Griff der unrechtmäßigen Herrscher dieses Planeten. Laßt nicht weiter zu, daß eure Lebenskraft erstickt wird und daß eure Seele sich nicht in ihrer ursprünglichen Schönheit zeigen kann.

Darum bittet euch von ganzem Herzen euer älterer Sternenbruder Ashtar Sheran, im Namen seiner Sternenschwestern und Sternenbrüder.

Über den Photonenring und die neue Genetik, über den Lichtkörper, das Loslassen und die Kraft der gelebten Nächstenliebe

10. März 1996

Liebe Erdenschwestern und Erdenbrüder! Viele von euch haben sich bereits intensiv mit dem sich der Erde nähernden Photonenring beschäftigt. Dieser Photonenring oder Photonengürtel ist ein Lichtring, der bei seiner Verbindung mit der Erde diese in eine höhere Schwingungsdimension bringen wird. Konkret bedeutet dies, daß mit dem Zusammentreffen dieses Lichtringes mit der Erde der vielbesprochene Dimensionswechsel eingeleitet wird. Dieser Prozeß hat bereits begonnen und wird in seiner ersten Phase einen Höhepunkt im Dezember 1996 finden.

Tatsache ist, daß dieses Ereignis von einer verstärkten Ausstrahlung des Nordlichtes, der Aurora Borealis, begleitet sein wird. Durch den Photonenring, dessen Einstrahlungen bereits jetzt bemerkbar sind, wird eure neue DNS-Struktur, die in eine 12er-DNS-Struktur umgewandelt werden wird, aktiviert. Die noch unverbundenen Lichtfäden werden neu zusammengefügt und energetisiert werden. Manche von euch sind bereits mit dieser neuen kosmischen Genetik auf eurem Planeten inkarniert. Das heißt, statt mit der meist üblichen 2er-Helix sind sie bereits mit 12er-Helices geboren, die nunmehr aktiviert werden.

Beim Dimensionswechsel eures Planeten werden alle Erdbewohner eine neue, erweiterte DNS-Struktur erhalten. Vor nahezu einer halben Million Jahre wurden eure von Gott vorgesehenen 12er-Helices durch meisterhafte Gen-Manipulatoren in eine 2er-Helix umgewandelt. Diese Manipulatoren begannen damals, sich an ihrer schöpferischen Macht zu berauschen. Sie kamen von anderen Sonnensystemen zu euch, um sich eures Planeten zu bemächtigen. Auch damals fand ein Kampf zwischen den lichten und den dunklen Kräften statt. Dadurch sollte der Grundstein für eine Jahrtausende anhaltende Unterdrückung und Manipulation der Erdenmenschheit gewährleistet und eine Frequenzbeschleunigung gestoppt werden.

Die euren Planeten beherrschenden Kräfte haben natürlich immer noch ein Interesse daran, diesen Zustand aufrechtzuerhalten. Eure Gen-Forscher haben bereits angefangen, mit Neuschöpfungen menschlicher Spezies zu experimentieren, die euch einen Schauder des Entsetzens einjagen würden. Auch hier gilt: Man darf nicht ohne Liebe und Ehrfurcht mit dem Leben umgehen, da dies der größte Frevel an Gott selbst ist.

Da eure Erde und dieses gesamte Universum von Gott als Geschenk den freien Willen bekommen hat, um verschiedene Möglichkeiten des Wachstums auszuprobieren, durften diese Dinge geschehen. Das bedeutet jedoch nicht, daß Gott solchen Zuwiderhandlungen an Seiner Schöpfung tatenlos zusieht. Das karmische Gesetz ist bei alledem in Kraft und zeigt bei den Urhebern seine Auswirkung. Leider kann ich in dieser kurzen Form meiner Mitteilungen nur kurz das Wesentliche streifen.

Haltet euch offen für die vielen Veränderungen, die auf euch zukommen werden! Unterstützt diesen Prozeß durch bewußtes, tiefes Atmen, durch ausreichenden Schlaf sowie durch vermehrtes Trinken von Wasser, denn Wasser ist wie eine Steigleiter für eure Frequenzerhöhung und hilft, die in euch verschlüsselten Codes zu dechiffrieren. Das einströmende Licht des Photonenrings wird auch eure Molekularstruktur neu ordnen, wenn ihr dies zulaßt. Euer Lichtkörper, der euren physischen, emotionalen, mentalen und spirituellen Körper verbindet, wird ebenfalls aktiviert durch euer bewußtes Heraustreten aus eurem mentalen Gefängnis, das euch viel zu lange erlaubte, euch als Opfer und hilflose Werkzeuge dunkler Mächte zu begreifen.

Um in die Freiheit der sich eröffnenden neuen Möglichkeiten eurer Entwicklung zu treten, müßt ihr euch selbst allerdings die Erlaubnis geben, dies zu tun. Das heißt, ihr solltet anfangen zu überprüfen, wo ihr einengende Gedankenkonzepte über euch selbst und über eure Umwelt habt. Gott setzt euch keine Grenzen in eurem Wachstum. Es ist Sein Wille, daß ihr nach immer Höherem strebt und euch zu eurem göttlichen Selbst entfaltet. Überprüft daher bitte, wo ihr euch Grenzen setzt, wo ihr euch Unfähigkeitszeugnisse ausstellt, wo ihr euren Alterungs- und Verfallsprozeß bereits einprogrammiert habt und damit auch hervorruft. Statt euch als unbegrenzte göttliche Wesen zu begreifen, habt ihr selbst es zugelassen, daß ihr nur einen kleinen Ausschnitt eurer Möglichkeiten und Wirklichkeiten seht und als Realität anerkennt.

Dies war das Werk des großen Negativen und seiner Vasallen, die auch heute noch auf eurem Planeten ihr Werk zu vollenden suchen. Da auch einige eurer Wissenschaftler bereits von dem sich nähernden Photonenring berichtet haben, soll nun versucht werden, euch in Angst und Panik zu versetzen. Richtig ist, daß es bei der Annäherung dieses Lichtringes zu starken Schwankungen in eurer Stromversorgung kommen wird und daß sich das elektromagnetische Schwingungsfeld der Erde verändern wird. Dies wird zur Folge haben, daß eure Radargeräte nicht mehr mit der gewohnten Präzision funktionieren und eure elektronischen Meßgeräte im Flugbetrieb nicht mehr zuverlässig sein werden.

Wir bitten euch deshalb, unter diesem Aspekt lange Flugreisen auf ihre unbedingte Notwendigkeit zu überprüfen. Das bedeutet nicht, daß ihr nicht mehr fliegen sollt, sondern nur, daß ihr von dieser selbstverständlichen Gewohnheit oder besser von dem Zwang, weite Fernreisen unternehmen zu müssen, Abstand nehmt. In Anbetracht der bereits angekündigten Veränderungen werden viele, die für diesen Prozeß offen sind, ohnehin vermehrt ein Bedürfnis nach Ruhe und innerer Einkehr verspüren – das Bedürfnis einer Reise nach innen.

Wir werden euch in der nächsten Zeit noch öfter über den Photonenring berichten. Glaubt bitte jedoch nicht, daß physisches Leben noch möglich sein wird, wenn der Photonenring endgültig mit eurer Erde verschmilzt und wenn vorübergehend Eiszeittemperaturen herrschen werden, begleitet von einem vollkommenen Stromausfall und 48 Stunden vollkommener Finsternis. Bitte gebraucht auch hier eure Logik. Wer würde so etwas in seinem physischen Körper überleben, noch dazu auf einem Planeten, auf dem die Machthaber alles tun, um die angekündigte Evakuierung oder Emporhebung im physischen Körper zu verhindern? In diesen Tagen der Dunkelheit und der Kälte würde sich ein gigantisches Inferno auf eurem Planeten abspielen, bei dem ihr wirklich die Opfer sein würdet.

Ihr werdet jetzt mit den widersprüchlichsten Nachrichten über dieses Ereignis versorgt, und es ist unter vielen von euch große Beunruhigung darüber entstanden, was das Beste sei, das man tun könne. Einige haben begonnen, die Städte zu verlassen, andere die Küsten; wieder andere meinen, die Katastrophen nur durch vollkommene Selbstversorgung überleben zu können. Merkt ihr bei alledem, was mit euch geschieht? Durch panikartige Überlebensstrategien für eine Situation, die weit außerhalb eures Vorstellungsvermögens liegt, sollt ihr euch in einen Wettlauf mit dem «Tod» begeben.

Doch Gott läßt Seine Kinder nicht im Stich! Bevor die angekündigten Ereignisse sich in ihrer vollen Gewalt ausbreiten, werden wir für diejenigen, die sich dazu entschlossen haben, die Emporhebung im physischen Körper vornehmen. Wie ich euch bereits versichert habe, steht bei uns alles bereit, um euch als vorübergehende Gäste bei uns aufzunehmen und euch mit all unserer Liebe zu versorgen, mit allem was ihr braucht und sogar weit über dieses Maß hinaus.

Wir bitten euch, anstatt euch mit Überlebensstrategien unter lebensunmöglichen Bedingungen zu befassen, euch mit eurer tiefverwurzelten Angst vor dem Loslassen zu befassen: Loslassen von den Lebensgewohnheiten, die euch begrenzt gehalten haben; Loslassen von den Denkgewohnheiten, die ebenfalls euer spirituelles Wachstum verhindert haben; Loslassen von der Vorstellung einer einmaligen physischen Existenz und eines rächenden, zürnenden Gottes; Loslassen von allen Glaubensvorstellungen, die euch in Abhängigkeit und Unfreiheit halten wollen!

Da eine bewußte Intelligenz euch zu steuern versucht – und dies bisher auch erfolgreich getan hat –, soll durch die bereits erfolgte und noch weiter zunehmende Verbreitung von Schreckensnachrichten eine weitere Lähmung eures Bewußtseins stattfinden, eine Lähmung, in der ihr dann vollkommen dem Willen des Negativen gefügig seid. Da ihr jedoch mit Intelligenz begabte Wesen seid, bitte ich euch, diese zu gebrauchen und sie mit der Weisheit eures Herzens, mit eurem inneren Wissen zu verbinden. Denn ihr alle habt über die große Reinigungsphase der Erde Informationen und Wissen in euch gespeichert, das ihr in der Stille eures Seins abrufen könnt. Niemand ist unvorbereitet hierher gekommen! Nun müßt ihr auch die Verantwortung für dieses Wissen übernehmen und diese Verantwortung nicht weiter an andere delegieren.

Wir können nicht genug wiederholen: Überprüft bitte alle Nachrichten und Stellungnahmen! Treffen sie euch in eurem Herzen? Entspricht das, was beschrieben wird, der Wirklichkeit oder nicht? Richtet euer Bewußtsein konzentriert auf euer geistig-seelisches Wachstum und auf die Beschleunigung eurer Frequenz durch die Verankerung von Licht und Liebe in euch und auf eurem Planeten. Die andere Seite schläft nicht, und alles Positive findet sofort seine Nachahmer. Der einzige Maßstab in diesem Geschehen seid ihr selbst.

Reicht anderen Schwestern und Brüdern, die noch zögern, in Liebe und Geduld die Hände! Macht sie mit all eurem inneren Wissen und mit dem, was ihr für euch als richtig angenommen habt, vertraut, und gebt ihnen die Möglichkeit, selbst zu entscheiden. Sprecht über unsere Existenz, über unser Vorhaben, jedoch ohne missionarisch zu werden. Unterstützt euch gegenseitig. Sprecht über eure Ängste und Zweifel. Seid einander Bruder und Schwester in dieser Zeit der Verwirrung und des Wandels. Tauscht eure Informationen über diesen großen Dimensionswechsel aus und überprüft, was für euch richtig und annehmbar ist. Schluckt nicht alles, was euch als «Wahrheit» präsentiert wird. Auch nicht, wenn die Quelle der Information erhaben erscheint.

Ihr seid für uns die größte Hilfe und Unterstützung, wenn ihr die gelebte Nächstenliebe als höchsten Dienst an der göttlichen Schöpfung zum Ausdruck bringt. Durch euer Licht, durch euer Strahlen verändert ihr nicht nur euch selbst und euren Planeten, sondern ihr helft auch uns in unserer göttlichen Mission der Nächstenliebe.

Ich danke euch allen und grüße euch. Friede in euren Herzen, Friede über alle Grenzen! Dies sagt euch euer älterer Sternenbruder Ashtar Sheran, im Namen seiner Sternenschwestern und Sternenbrüder.

Über mangelnde Resonanz, Widerstände und die Gefahr der Spaltung

17. März 1996

Liebe Erdenschwestern und Erdenbrüder! Wir, das heißt verschiedene Vertreter der Interplanetarischen Konföderation, tun seit geraumer Zeit unser Bestes, um euch auf den bevorstehenden Dimensionswechsel vorzubereiten.

Seit den 50er-Jahren zeigen wir uns verstärkt an eurem Himmel und haben euch durch diverse Kanäle direkte Botschaften übermittelt, die auch an eure offiziellen Nachrichten- und Regierungsstellen gelangt sind. Diese Botschaften sind euch jedoch vorenthalten worden. Wir haben immer wieder neue Mittel und Wege gesucht, um euch auf unsere Existenz aufmerksam zu machen. Doch leider sind wir nicht in dem von uns beabsichtigten Maß in euer Bewußtsein vorgedrungen. Zuviel waren die Vorurteile und Barrikaden, die ihr über uns und unsere Existenz errichtet habt. Dennoch weilten wir – für euch nicht sichtbar – unter euch, um euch zu inspirieren und zu führen. Bei manchen war diese Führung erfolgreich. Sie unterstützen uns als Stützpunkte des Lichtes auf verschiedenen Ebenen.

Vielleicht habt ihr bemerkt, wie schnell sich jetzt gleichartige Schwingungen anziehen. Dies hat nicht nur mit der Zeitbeschleunigung und der erhöhten Lichtfrequenz zu tun, sondern auch damit, daß viele von euch am Erwachen sind und sich an ihre Mission erinnern. Bei manchen braucht es nur noch einen kleinen Anstoß, und sie sind erwacht. Dieses Erwachen mobilisiert alles in euch, alle eure Fähigkeiten und die Erinnerung an eure Verpflichtung, in der Erdenmission zu dienen, und es setzt diese Fähigkeiten frei. Ihr werdet bemerken, daß euch vermehrt Kraft zufließt, je mehr ihr euch für diesen Dienst zur Verfügung stellt, und ihr werdet mit Menschen und Ereignissen zusammengeführt, die ihr aufgrund eures erweiterten Bewußtseins anzieht.

Ihr habt, bevor ihr diesen Planeten in eurer derzeitigen Verkörperung betreten habt, Vereinbarungen untereinander getroffen und den Zeitpunkt eures Zusammentreffens und eurer Zusammenarbeit ausgemacht. Deshalb funktioniert eure Zusammenarbeit auf diesem Gebiet so schnell, weil sie auf einer klaren Absprache beruht.

Wieso schlafen dann noch so viele, wenn die Zeit des Erwachens endgültig angebrochen ist? Weil die andere Seite alles daran setzt, den Erweckungsprozeß zu stoppen und unter den Erwachten Verwirrung zu stiften. Bedenkt, daß in dieser Zeit der großen Umwandlung auch alle negativen Schwingungen mobilisiert werden! Durch die vermehrte Lichtausschüttung werden bei denjenigen, die diesen Prozeß zulassen, Tore des Bewußtseins geöffnet. Bei anderen aber, die von Angst regiert werden, nehmen Verhärtungen, Mißtrauen und Ängste zu.

Da ihr permanent mit Angst gefüttert werdet, habt ihr euch mittlerweile in ihr eingerichtet und könnt euch ein Leben *ohne* Angst gar nicht mehr vorstellen. Die Angst treibt euch an, euch noch mehr zu versichern und abzusichern, eure Gefühle zu verbarrikadieren und euer Herzenstor gut verschlossen zu halten. So wartet ihr, verschanzt wie in einer Burg, auf irgendwelche Feinde, die euch angreifen wollen. Bedenkt bitte, daß diese Feinde tatsächlich Realität sind, weil ihr sie ins Leben gerufen habt und es immer noch tut! Ihr wißt sehr genau, daß ihr durch eure Gedanken Schöpfer eurer Realität seid.

Oft fragen wir uns, was unsere bisherigen Botschaften, die wir über unterschiedliche Kanäle ausgesendet haben, bewirkt haben. Diejenigen, die sie mit ihrem Herzen aufgenommen haben, *fühlten*, daß sie der Wahrheit ihres Herzens entsprechen und daß sie an ein sehr altes Wissen anknüpfen, das tief in euch verborgen ist und nur darauf wartet, wieder in euer Bewußtsein zu treten. Das, wonach ihr seit langem gesucht habt, das Lebensziel, wird plötzlich vor eurem inneren Auge enthüllt. Das, wonach eure Seele lange verlangte, wird plötzlich klar und erfüllbar. Ihr erinnert euch wieder, *wer* ihr seid und *warum* ihr zu dieser entscheidenden Zeit auf diesem Planeten Erde inkarniert seid.

Seid glücklich, euren Ankunftsort erreicht zu haben und eure Aufgabe zu präzisieren! Wenn ich dies mit großer Bestimmtheit sage, so weiß ich, daß wir uns auf euch verlassen können. Denn jeder von euch findet jetzt sehr schnell seinen oder ihren Platz in einem speziellen Aufgabenbereich. Hört und seht nach innen, und ihr werdet eure Aufgabe sehr genau wahrnehmen können! Spielt euch gegenseitig die Bälle zu und vereinigt euch. Niemand hat eine bessere oder schlechtere Aufgabe. Alle sind gleichermaßen wichtig, um die göttliche Mission zu erfüllen.

Diejenigen, die im Stillen wirken, leisten einen ebenso wichtigen Beitrag wie diejenigen, die in vorderster Linie stehen. Oft liegt das Gelingen genau in den

Händen derjenigen, die im Stillen wirken, weil sie unbeteiligt erscheinen. In eurer Welt, die einer Ego-Bühne gleicht, findet leider nur *das* Beachtung, was weithin sichtbar ist. Laßt euch nicht blenden! Die Gefahr der Irreführung ist für diejenigen, die im Rampenlicht stehen, viel größer als für diejenigen, die im Stillen wirken. Die negativen Mächte schlafen nicht, auch wenn manche Quellen behaupten, sie seien bereits zurückgedrängt oder gar besiegt.

Wir bitten euch, liebe Schwestern und Brüder, laßt euch nicht spalten! Wir können dies nicht oft genug wiederholen, denn genau hier wird angesetzt, um Zwietracht, Neid, Eifersucht und Konkurrenz zwischen euch zu schüren. Laßt dies bitte nicht zu!

Ihr müßt nicht alle einer Meinung sein. Auch bei uns gibt es die Vielfalt verschiedener Meinungen, ebenso wie im Positiven Geistigen Reich. Doch wir klären unsere Unterschiedlichkeiten mit unserem Herzen, mit tiefem Respekt für den anderen, und nicht aus dem Ego heraus. Deshalb verletzen wir uns nicht gegenseitig, auch wenn wir verschiedene Auffassungen haben. Sie dienen uns dazu, die Vielfalt Gottes im anderen besser verstehen und achten zu lernen. In der Vielfalt der Meinungen und Sichtweisen bildet sich etwas Neues heraus, etwas Wunderbares, das die Vielfalt in der Einheit und die Einheit in der Vielfalt zum Ausdruck bringt.

Nehmt euch selbst als Beispiel: Wenn ihr alle im Kreis zusammensteht, ist jede und jeder von euch sehr unterschiedlich. Auch eure mitgebrachten und ausgebildeten Fähigkeiten sind verschieden. Aber ist deshalb jemand von euch besser oder schlechter? Wir lieben euch mit allem, was ihr seid. Wir lieben euch nicht, weil ihr eine bestimmte Fähigkeit oder diese oder jene Eigenschaft habt. Wir lieben euch so, wir ihr seid, nicht wie ihr glaubt sein zu müssen!

Wie wir bereits gesagt haben, werden die Versuche, euch zu spalten, weiter zunehmen. Themen gibt es dafür zur Genüge, auch innerhalb des Evakuierungsgeschehens. Viele von euch sind traurig und entmutigt, daß sie die erhoffte Unterstützung, die sie in der «normalen» Welt vergeblich gesucht haben, nicht finden. Wir bitten euch, schaut euch die Absicht an, die dahintersteht. Zwietracht kann nur dort gesät werden, wo der Boden dazu bereitet wurde.

Es geht nicht darum, wer recht hat. Die Wahrheit liegt immer bei Gott. Als Sein materieller Arm können wir euch nur ermutigen, für diese Wahrheit einzutreten. Ihr findet sie nur in eurem Herzen! Dazu ist es notwendig, die

Stimme eures Herzens hören und verstehen zu lernen. Geht zurück in eurem Leben und laßt eine Situation auftauchen, in der ihr sehr genau gespürt habt, was eure innere Wahrheit ist, ihr jedoch nicht danach gehandelt habt. Wie habt ihr euch gefühlt, und was war das Ergebnis eurer Entscheidung? Ihr kennt dieses Gefühl, euch selbst verraten zu haben.

Darum bitten wir euch, steht für eure Wahrheit ein! Lebt sie! Und respektiert die des anderen. Der Lohn dafür ist innere Harmonie – das Glücksgefühl, eins mit euch selbst zu sein. Daraus erwächst euch Mut und Kraft, auch die schwierigsten Aufgaben zu bewältigen, denn ihr seid in Kontakt mit eurer inneren Quelle. Bedenkt, daß Licht, Liebe und Wahrheit entscheidende Eigenschaften Gottes sind, die durch jeden einzelnen von euch strömen und sich in ihrer Strahlkraft ausbreiten. Nährt diese Schwingung, macht sie euch zu eigen wie ein zweites Kleid, ohne das ihr euch ungeschützt und nackt fühlt.

Je mehr ihr selbst Licht, Liebe und Wahrheit seid, desto mehr ermöglicht ihr es euren Schwestern und Brüdern, diese Schwingung zu spüren und sich diese ebenfalls zu eigen zu machen. Ihr habt längst eure Entscheidung getroffen. Steht also zu ihr, auch wenn sie euch Freundschaften kosten sollte. Betrachtet euch täglich in eurem Seelenspielgel, und legt euch selbst gegenüber Rechenschaft ab, ob ihr im Einklang mit eurer Seele, eurer Wahrheit, gedacht, gefühlt und gehandelt habt. Mit etwas Übung werdet ihr sehr schnell erkennen, was eure Wahrheit ist. Habt die Würde, sie zu leben!

Darum bittet euch mit aller Liebe euer älterer Sternenbruder Ashtar Sheran, im Namen seiner Sternenschwestern und Sternenbrüder. Friede in euren Herzen, Friede über alle Grenzen!

Über die Desinformationskampagne und über das Unterscheidungsvermögen des Herzens

25. März 1996

Liebe Erdenschwestern und Erdenbrüder! Durch verschiedene Quellen wird euch glauben gemacht, die Annäherung des Photonenrings sei der einzige Grund für die seismischen und vulkanischen Veränderungen sowie für alle damit zusammenhängenden Begleiterscheinungen, wie Überschwemmungen größten Ausmaßes, ausgelöst durch gigantische Springfluten. Dies entspricht jedoch *nicht* den Tatsachen. Vielmehr geschieht dieses Zerstörungswerk hauptsächlich durch den Machtmißbrauch an den Naturkräften und durch die Zuwiderhandlungen gegen das göttliche Schöpfungsgesetz.

Laßt euch nicht einschläfern durch hochwissenschaftlich klingende Berichte, die euch suggerieren wollen, daß die kommenden Erdveränderungen allein durch den Photonenring verursacht werden. Und glaubt bitte nicht, daß ihr dies alles in eurem gegenwärtigen physischen Körper werdet überleben können. Bitte seid auch wachsam, wenn euch angekündigt wird, daß ausschließlich ein oder zwei Sternenvölker zu eurer Rettung kommen würden. Nein, sie [die wirkliche Hilfe, die von der gottzugewandten Seite kommt] wird durchgeführt von der gesamten Interplanetarischen Konföderation, in der zwanzig verschiedene Sonnensysteme dienen, das heißt 143 Planeten.

Im Moment findet auf eurem Planeten eine großangelegte Kampagne zur Desorientierung statt. Es werden verschiedenste Versionen angeboten, bis hin zu der Variante, daß die Evakuierung *nicht* mehr stattfinden werde, daß sie «abgeblasen» worden sei. Oder es werden andere Dinge behauptet, wie beispielsweise, wir gehörten zu den alten Atlantern, die ihren einstigen Machtmißbrauch wiedergutmachen wollen und müssen, indem sie nun aus Schuldgefühlen eine Rettungsaktion für die Erdenmenschheit einleiten; diese Aktion stehe jedoch nicht im Zeichen der Liebe. Dieses Szenario entspricht nicht den Tatsachen. Es ist vielmehr eines von zahlreichen Beispielen für die Desorientierung, mit der ihr es noch weiter zu tun haben werdet.

Überprüft daher – wie wir es euch immer wieder ans Herz legen – alle Botschaften mit eurem Gefühl. Wir können euch nicht immer sagen, was richtig

234

und was falsch ist. Dies zu unterscheiden gehört zu eurer eigenen Gefühlsschulung. Ihr habt den freien Willen, selbst zu entscheiden, was eure Wahrheit ist.

Vertraut darauf, im Positiven geführt zu werden, und bittet täglich um göttlichen Schutz und göttliche Führung! Lest bitte sämtliche diesbezüglichen Dokumente und Stellungnahmen immer mit der Bitte um innere Wahrheit und Klarheit.

Darum bittet euch euer Sternenbruder Ashtar Sheran, im Namen seiner Sternenschwestern und Sternenbrüder. Friede in euren Herzen, Friede über alle Grenzen!

Über die jahrzehntelange Mißachtung der Warnungen, über Jesus Christus und über die Wahrheit Gottes

7. April 1996 (Ostersonntag)

Liebe Erdenschwestern und Erdenbrüder! Wir sind tief besorgt, daß die Erdenmenschheit trotz der sich häufenden Zeichen durch die Naturgewalten nicht bereit ist zu erwachen. Der Gewöhnungseffekt sowie die Verschweigetaktik eurer Regierungen sind phänomenal. China übt praktisch eine Nachrichtensperre über seine Aktivitäten aus und auch darüber, daß die Erde dort in der allerjüngsten Vergangenheit bereits viele Male gebebt hat. Es soll unbedingt vermieden werden, daß die Öffentlichkeit angesichts der vermehrten Erdbebentätigkeit Rückschlüsse auf die Atomversuche zieht, so daß die Atomeskalation weiterhin betrieben werden kann.

Wir, die Interplanetarische Konföderation, tun alles, um inspirativ im Positiven auf das Bewußtsein der Machthaber zu wirken, aber der Wall der Dunkelmacht ist sehr dicht, und die meisten Seelen sind für unsere Inspirationen nicht zugänglich.

Wir geben unsere Warnungen nun bereits seit mehr als vierzig Jahren, doch was ist daraus geworden? Da alles immer wieder irgendwie weitergegangen ist, macht man sich auf eurem Planeten kein Kopfzerbrechen. «Katastrophen hat es schon immer gegeben, und auch Kriege. Was bekümmert mich das?» Dies ist, zu unserem großen Bedauern, die geistige Haltung der überwiegenden Mehrheit der Erdbevölkerung.

Von unserer Warte aus gleicht euer gegenwärtiges Bewußtsein einem tiefen, hypnotisierten Schlaf. Von seiten eurer verantwortlichen Machthaber wird alles getan, um diese Massenhypnose aufrechtzuerhalten oder sie noch zu verstärken. Die Machthaber wissen genau, daß die Tage gezählt sind, aber sie wiegen sich in Sicherheit und tun alles, um euer Aufwachen zu verhindern.

Als Jesus Christus euren Planeten betrat, um die Saat der bedingungslosen Liebe und Wahrheit zu säen, wurde er mit allen Mitteln an der Vollendung seines Erlösungswerkes gehindert. Und doch ist keine Macht der Erde fähig, den Geist Jesu Christi zu schmälern oder sein Werk in Vergessenheit geraten zu lassen. Weder die Pharisäer noch das Römische Imperium konnten der göttlichen Wahrheit, die durch Jesus Christus verkündet wurde, Einhalt gebieten. Man kann versuchen, eine Wahrheit zu verschweigen oder sie ins Lächerliche zu ziehen, aber man kann die Wahrheit Gottes letztendlich nicht daran hindern sich auszubreiten.

Jesus wußte bereits von seinem Ende, bevor er euren Planeten betrat. Er wußte, daß Habgier, Machtgelüste und Mißgunst versuchen würden, die Ausbreitung der göttlichen Wahrheit zu verhindern. Im Vergleich zu heute war euer Planet damals noch harmlos. Schon damals wollten nur sehr wenige Menschen die göttliche Wahrheit hören und nach ihr leben. Heute sind es noch viel weniger!

Das Negative hat sich fest in eurem Bewußtsein eingenistet. Die Möglichkeiten seiner Einflußnahme sind in eurem technischen Zeitalter beträchtlich größer und globaler. Dies gilt vor allem für die Möglichkeit der Einflußnahme auf euer Ego, das beim modernen Menschen wesentlich stärkere Ausprägung erfährt als in der damaligen Zeit. Da bei euch alles gefragt ist, was das Ego aufbaut und fördert, haben die geistig-spirituellen Werte in eurer Gesellschaft keinen Stellenwert mehr. Personen mit einem starken «Ich» werden bewundert, während diejenigen, die im Stillen wirken, als idealistische Schwärmer verlacht werden. Und da wundert ihr euch noch, warum ihr so gut und so schnell zu kontrollieren seid?

Auch wir haben noch ein Ego, aber wir dienen ihm nicht. Wir machen es uns für unseren göttlichen Dienst zu Diensten. Wir versuchen nicht gegenüber unseren Schwestern und Brüdern herauszuragen, sondern wir verbinden uns mit ihnen im gemeinsamen Dienst an der göttlichen Schöpfung. Dort wollen wir, so gut wie möglich, unsere Dienste leisten, vereint als eine Kraft Gottes. Unsere Maxime lautet: *Gott ist allmächtig, und wir dienen Ihm!*

Da wir das Glück und die Freiheit dieses freiwilligen Dienens erkannt haben, möchten wir diese Erkenntnis im positiven Sinne mit euch teilen. Wir wünschen uns nichts sehnlicher, als daß auch ihr diese Wahrheit erkennen und sie in euer Sein integrieren möget. Dies jedoch erfordert ein großes Umdenken von euch und eine völlige Umorientierung eures geistigen Überbaus.

Warum könnt ihr euch von Gewohnheiten, auch wenn diese lebensgefährlich sind, nicht trennen? Warum fordert ihr Gott weiterhin heraus und straft Ihn mit der allergrößten Mißachtung? Warum hört ihr nicht die Stimme der

Verzweiflung, die euren gesamten Planeten durchdringt? Warum seid ihr nicht in der Lage, das seelische Elend eurer Schwestern und Brüder zu fühlen, und warum nicht das der gesamten Kreatur auf eurem Planeten?

Die Erde – eure Mutter! – weint und mit ihr alle ihre Kinder, die sie beherbergt. Nur haben sich die Kinder sowohl von ihrer Mutter als auch von ihrer eigenen Seele so sehr abgewandt, daß sie dieses Weinen nicht mehr vernehmen.

Sogar die Tiere, die in eure Obhut gegeben worden sind, helfen euch, dies zu erkennen, indem sie zum Massensterben bereit sind, das heißt, indem sie «aussterben». Sie wollen euch damit vor Augen führen, was ihr mit euch selbst tut; so sind sie eure weisen Helfer. Ihr jedoch seid für ihre Sprache taub. Eure Tierwelt, die ihr mißhandelt, zeigt euch ein Lehrstück der gelebten Liebe und des Mitgefühls. Muß die Natur noch deutlicher werden, damit ihr endlich versteht?

Gott läßt keinen Spott mit sich treiben, auch wenn die Mehrheit von euch glaubt, dies weiterhin tun zu können! Jesus Christus betrat euren Planeten nicht, um durch sein Blut eure Sünden zu sühnen, auf daß ihr weiterhin sündigen könnt. Er kam um der göttlichen Wahrheit willen, um der Lüge Einhalt zu gebieten und um euch die Liebe des himmlischen Vaters und der himmlischen Mutter zu zeigen und sie in eurem Herzen zu verankern. Er kam, um die Erdenmenschheit für diesen großen Dimensionswechsel vorzubereiten.

Doch Jesus wurde zu Lebzeiten auf der Erde verspottet, und seine Wahrheit wurde ins Lächerliche gezogen. Ebenso versucht man seit geraumer Zeit, unsere Mission, die zum Erlösungswerk Christi gehört, zu diffamieren und zu verschweigen. Gott aber hat den längeren Atem, und keine Macht kann Seine Liebe und Seine Wahrheit unterdrücken.

Gott zum Gruß und Friede in euren Herzen, Friede über alle Grenzen! Dies sagt euch euer Sternenbruder Ashtar Sheran, im Namen seiner Sternenschwestern und Sternenbrüder.

Über die falschverstandene «Männlichkeit» und die Reinigung der Gefühle

14. April 1996

Liebe Erdenschwestern und Erdenbrüder! Ich möchte euch heute noch einmal intensiver auf die Bedeutung der persönlichen Transformationsarbeit hinweisen. Wie ihr wißt, könnt ihr im Außen nicht wirklich etwas erreichen, solange ihr euch nicht selbst ernsthaft mit eurer eigenen Transformationsarbeit beschäftigt. Die Verwandlung beginnt immer zuerst am eigenen Selbst.

Ihr lebt jetzt in einer sehr bedeutsamen Zeit, in der sich vieles in euch verändert, um euch für den kommenden großen Dimensionssprung bereitzumachen. Dies ist nicht nur für eure Seele eine gewaltige Aufgabe, sondern auch für euren Körper und für euren Geist. Die Aufräumarbeit in eurer Seele hat bei vielen bereits begonnen, und wir haben immer wieder auf die absolute Notwendigkeit und Wichtigkeit dieser Arbeit hingewiesen. Konkrete Hilfestellungen zur Vorgehensweise haben wir euch ebenfalls bereits gegeben, und wir bitten euch, diese zu beachten und anzuwenden.

Grundvoraussetzung für diese Arbeit ist die wirkliche, gelebte Liebe zum eigenen Selbst. Damit ist nicht die egohafte «Liebe», nicht die Geltungssucht und nicht die Bedürfnisbefriedigung zu selbstischen Zwecken gemeint, sondern die echte Herzensliebe, die ihr euch selbst schenkt, und die Achtung und Würdigung, die ihr euch selbst entgegenbringt – mit anderen Worten, die Essenz dessen, was ihr über euch selbst denkt, euer Schöpfungskonzept über euch und euer Leben.

Nehmt euch erst einmal selbst an die Hand und betrachtet euch in eurem Seelenspiegel! Schaut euch selbst tief in die Augen. Versenkt euch in diese Tiefe und laßt die Seele zu euch sprechen. Akzeptiert alle Gefühle, die dabei hochkommen, und laßt alles ohne Bewertung zu. Ihr dürft diese Gefühle haben, alle, und niemand verurteilt euch dafür. Geht aus der Rolle der eigenen Gerichtsbarkeit heraus und betrachtet alles, was in euch ist. Fühlt es! Das Zulassen all eurer Gefühle öffnet euch für euer Innerstes, denn ihr könnt nur das zulassen, was ihr spürt und was ihr vorbehaltlos entgegennehmt. Es gibt keine guten und keine schlechten Gefühle; sie werden dazu erst durch eure eigene Bewertung und durch den Zustand, der dadurch hervorgerufen wird.

Ihr könnt nur das umwandeln und heilen, was ihr als wahrhaftige Gefühle in euch erkennt. Dies ist ein Geschehen, das in eurem Emotionalkörper stattfindet. Schau dir in die Augen, wenn Gefühle in dir hochkommen. Dadurch werden sie verstärkt, und der Prozeß des Annehmens und Heilens ist intensiver und wirkungsvoller. Unterstützt euch dabei durch langsames und regelmäßiges Atmen.

Viele von euch, insbesondere diejenigen männlichen Geschlechts, fürchten sich vor den eigenen Gefühlen. Dieser Bereich wurde seit vielen Jahrtausenden als Domäne der Frau bezeichnet, und daher wurde die Aufgabe des Fühlens an die Frauen delegiert. Männern ist das Fühlen meist unheimlich. Sie fürchten sich vor ihren eigenen Tränen und vor ihrem tiefen Schmerz der Verwundung, den die männlich orientierte Lebensweise und Kultur auf eurem Planeten angerichtet hat.

Männer haben sich so weit von sich selbst, von ihrem wahren Sein entfernt, daß die Rückkehr zur eigenen Quelle, zur eigenen Lebenskraft für sie sehr schmerzhaft und oft ohne Hilfe von außen nicht zu schaffen ist. Holt euch diese Hilfe! Bittet darum, daß eine geeignete Person in euer Leben trete, um euch in diesem Geschehen hilfreich zur Seite zu stehen. Vergeßt all das, was man euch über «wahre Männlichkeit» erzählt hat. Fühlt in euch hinein, was diese Ausrichtung in euch bewirkt hat.

Ihr habt es zugelassen, daß sehr wichtige Energiefelder in euch vollkommen verstopft und degeneriert worden sind. Ihr habt die Kontrolle über euer Sein und über eure Umwelt vollkommen eurem Verstand übertragen. Dieser Verstand aber hat sich gegen euch selbst gerichtet und ist nun vollkommen unpersönlich nur auf euer niederes Selbst fixiert. Er achtet weder den Lebensstrom noch irgendeine Form des göttlichen Ausdrucks in der Schöpfung. Ihr habt euch gefreut über die Meisterleistungen, zu denen euer Verstand fähig ist, und ihr freut euch noch immer darüber. Euer Verstand hat euch zur perfekten Tötung geführt und zur größten Mißachtung jeglichen göttlichen Schöpfungsimpulses.

Ihr glaubtet, die göttliche Schöpferkraft überlisten zu können, indem ihr anfingt, euch wie Schöpfergötter zu fühlen und an Genen herumzumanipulieren. Was daraus werden kann, läßt sich sehr gut an degenerierten Sternenvölkern beobachten, die heute nicht mehr in der Lage sind, sich selbst fortzupflanzen. Sie wandten sich im Laufe von Jahrtausenden immer mehr vom göttlichen Schöpfungsgeschehen ab, indem sie die weibliche Urschöpferkraft immer mehr verleumdet und ins Abseits gedrängt haben, so wie es auf eurem Planeten ebenfalls geschehen ist.

Es ist daher gerade für die Männer eine sehr wichtige Aufgabe, ihren Emotionalkörper zu reinigen und zu entwickeln. Nehmt Abschied von dieser Art der «Männlichkeit», die nur zerstörerisch ist für das eigene Selbst sowie auch für alle menschlichen Beziehungen und alle Lebensformen! Nehmt Abschied von eurer Mißachtung des Lebens, von euren Todeskulten, die heutzutage sämtliche Lebensbereiche auf der Erde prägen. Achtet darauf, was ihr für euch selbst als Leitbild gewählt habt. Welchen Stellenwert nimmt die Liebe in eurem Leben ein? Wir meinen damit die wirkliche, gelebte Liebe und nicht das, was ihr als «Liebe» bezeichnet und was in den meisten Fällen nichts als ein Abreagieren sexueller Impulse ist.

Euer Planet ist gegenwärtig so krank, weil eure Seelen krank sind. Die Erde will und muß sich reinigen, um sich zu heilen. Dies ist auch das Gebot der Stunde für euch alle. Ihr befindet euch bereits mitten in der Phase der Transformation, und diese wird noch erheblich zunehmen. Aber ihr könnt die Frequenzerhöhung und den Dimensionswechsel nur dann verkraften, wenn ihr euch vorher in all euren Körpern gereinigt habt. Kehrt daher ein in die Stille, in euer inneres Königreich! Dort findet ihr, was ihr im Außen vergeblich sucht.

Habt in eurem Wandlungsprozeß auch Geduld mit euch selbst! Setzt euch nicht gleich wieder irgendwelche Ziele mit dem Kopf, mit dem Verstand. Vertraut euch der Führung des Hohen Selbst an, das genau den Weg kennt und auch die besten Mittel zur Verfügung hat, diesen Prozeß zu unterstützen. Laßt eure alten Gewohnheiten und euer Zerstörungsprogramm hinter euch. Fangt an, euch zu lieben, so wie ihr in eurem innersten Kern seid. Bittet bei dieser Arbeit immer um göttlichen Schutz und um innere Führung und Hilfe.

Viele Lichtwesen sind bereit, euch bei dieser großen Transformationsarbeit zu helfen. Wenn ihr euch, eure Gefühle und eure Körper reinigt, dann unterstützt ihr damit auch eure Erde in ihrem großen Reinigungsprozeß. Ihr könnt Mutter Erde bitten, euch ebenfalls zu unterstützen, indem ihr euch an einen geschützten Ort in der Natur begebt, euch mit der Erde verbindet und sie bittet, euch in eurem Umwandlungsprozeß behilflich zu sein. Hört in euch hinein, und achtet auf die Antwort. Vergeßt bitte nicht, euch bei ihr zu bedanken, und fragt sie, was ihr als Austausch für sie tun könnt.

Je mehr ihr zulaßt, daß sich das Leben in euch manifestiert, desto mehr werdet ihr die Heiligkeit aller Lebensformen achten und lieben lernen. Liebe deinen Nächsten wie dich selbst! Wie könnt ihr dies tun, wenn ihr euch selbst nicht liebt? Je mehr ihr die Liebe in euch zum Blühen bringt, desto mehr strahlt ihr Heilkraft auf eure Mitmenschen und auf Mutter Erde aus. Je mehr eure Gefühle gereinigt und geheilt sind, desto mehr strahlt euer spiritueller Körper und desto leichter wird die Aktivierung eures Lichtkörpers sein.

Reinigt eure Gefühle! Reinigt euren Geist von jeglicher Form der Zerstörung. Werdet zu Schöpferinnen und Schöpfern eures lichtvollen Selbst und eines gereinigten, geheilten Planeten. Vergeßt die Vergangenheit, sorgt euch nicht um die Zukunft, sondern lebt im gegenwärtigen Sein. Erfüllt und durchdringt es mit eurer lichtvollen Gegenwart als verantwortungsbewußte Mitschöpferinnen und Mitschöpfer eures gelebten Seins.

Darum bittet euch mit aller Liebe euer Sternenbruder Ashtar Sheran, im Namen seiner Sternenschwestern und Sternenbrüder. Friede in euren Herzen, Friede über alle Grenzen!

Über die Beziehung von Mann und Frau

21. April 1996

Liebe Erdenschwestern und Erdenbrüder! Heute möchte ich das bereits begonnene Thema der Transformationsarbeit fortsetzen. Dabei möchte ich auf die so bedeutsame Beziehung von Mann und Frau eingehen. Ihr könnt sehen, daß diese Beziehung zutiefst verwundet ist und in tiefer Agonie liegt. In diesem Bereich hat sich die Negativität voll ausgelebt und beide Geschlechter in einen Käfig falscher Abhängigkeiten gesperrt, aus dem sie nunmehr nur sehr schwer entkommen können.

Die Frauen haben schon seit einiger Zeit begonnen, ihren männlichen Anteil zu entwickeln, aber den Männern fällt es immer noch äußerst schwer, ihre weiblichen Anteile anzunehmen, in ihre Gefühle zu gehen und diese auch auszudrücken. Macht und Herrschaft über das weibliche Prinzip haben den Mann erstarren lassen und ihn zu einer Marionette egoistischer und zerstörerischer Macht- und Manipulationsspiele gemacht. Durch die Unterdrückung seiner Weiblichkeit konnte er besonders gut in die verschiedensten Variationen von Kriegs- und sonstigen Zerstörungsspielen einsteigen, um sich immer weiter von seinem Emotionalkörper zu trennen.

Da die Männer nicht in der Lage waren, ihre Sexualität mit ihrem Herzen, geschweige denn mit ihrem spirituellen Dasein zu verbinden, fielen sie immer tiefer in ihren niederen Körper, der sie vollauf beherrschte und mit unterdrückerischen Eigenschaften behaftete.

Frauen wurden allzu lange als Besitz, Statussymbol oder als reine Versorgerinnen betrachtet und zum Geschlecht zweiter Klasse degradiert. Die Frau hatte dem Manne willens und gefügig zu sein, wogegen die Frauen zurecht zu rebellieren begannen. Pornographie und Vergewaltigungen sprechen eine sehr deutliche Sprache dieser Verachtung. Religiöse Dogmen taten ein Übriges, um die Frauen in ihrer unterwürfigen Rolle zu halten, und gaben ihnen für Jahrtausende keinen Freiraum, sich daraus zu befreien.

Da die Frau das Liebesprinzip verkörpert, fällt es ihr schwerer, sich aus beengenden Beziehungsmustern zu befreien, da ihre Natur auf einem größeren Harmonie- und Friedensbedürfnis beruht. Es ist ihr Bestreben, durch die Kraft der Liebe zu wandeln, welche die größte Magie in der gesamten Schöpfung ist. Dieses Liebesprinzip wurde jedoch von der männlichen Macht mißbraucht, so daß der Ausdruck dieses Prinzips derart stark verkümmerte, daß er sich Kanäle durch Leiden und Krankheiten suchte und die erlebte Lieblosigkeit seinerseits oft an die scheinbar schwächeren, die Kinder, weitergab.

Eure Familien sind zerstört. Die Kinder haben sich von den Eltern abgewandt, denn diese sind ihnen keine Vorbilder oder Orientierungshilfen mehr für ihr geistig-seelisches Wachstum. Wo auf diese Weise die Lieblosigkeit regiert, haben die dunklen Kräfte ein leichtes Spiel, denn sie bieten über die euch wohlbekannte Unterhaltungsindustrie sowie über Drogen unterschiedlichster Art vermeintlichen Trost an. Ich brauche meine Ausführungen zu diesem Thema nicht weiter fortzusetzen, denn ihr alle seid mitten im Geschehen drin und habt die leidvollen Auswirkungen dieser Trennungen an euch selbst voll erfahren.

Die Vereinigung von Mann und Frau symbolisiert höchste Schöpfungsenergie und setzt diese frei. Sie dient als eine direkte Leiter zum göttlichen Bewußtsein, zur Verbindung mit dem eigenen göttlichen Selbst und mit dem des anderen. Es ist die Energie des göttlichen Mutterprinzips, die diese Lebenskraft zum Fließen bringt und sie zur Entwicklung der gesamten Schöpfung in höhere Kanäle lenken will. Voraussetzung dafür ist allerdings, daß die Liebe nicht um das Sexuelle zentriert bleibt, sondern als Quelle mit dem Herzen verbunden wird, um von dort den höheren Aufstieg anzutreten.

Die Liebe ist das größte aller Mysterien und bietet die geeignetste Leiter für den spirituellen Aufstieg der Seelen. Da dies von jeher bekannt war, versuchte man diese Wahrheit so schnell wie möglich zu verfälschen und mit Sündhaftigkeit zu beladen. Die euch beherrschenden Mächte wollen euch keine Gelegenheit zur Höherentwicklung geben. Dies wurde dadurch noch enorm verschärft, daß die Frauen immer mehr ins Abseits und auf die Opferbank gedrängt wurden. Sie haben es jetzt schwer, diesen Anteil zu überwinden, denn die Konditionierungen sind uralt und noch immer voll lebendig.

Auch die Männer sind sehr verunsichert, weil sie unbewußt merken, daß das Alte nicht mehr funktioniert, daß sie alleine bleiben oder verlassen werden, wenn sie sich nicht entscheidend verändern. Sie haben viel zu verlieren, als erstes ihren enormen Macht- und Besitzanspruch.

Wer sich von der Quelle trennt, trocknet aus. Wo die Liebe versiegt, ist ein guter Boden für Haß und Aggression bereitet. Das Ergebnis seht und fühlt ihr heute sehr deutlich. Der Kampf der Geschlechter tobt, und es ist noch keine Versöhnung zu erkennen. Die Saat, die jetzt gesät wird, wird auch erblühen. Das bedeutet, daß Männer und Frauen aufgefordert sind, ihre Beziehungen grundlegend zu überprüfen auf ihren gelebten Inhalt, auf ihre gelebte Gefühlsdimension.

Wir haben im Kosmos auf den unterschiedlichsten Sonnensystemen viele Experimente gemacht, um weiterzuwachsen. Ein jedes Sternensystem widmete sich einer besonderen Aufgabe, die es entwickeln und verfeinern wollte, um Gott näherzukommen. Wir experimentierten mit asketischen Modellen, um eine Vergeistigung zu beschleunigen, auch mit offenen Beziehungen innerhalb einer Seelengemeinschaft und mit anderem mehr, je nach der Neigung der jeweiligen Sternenvölker. Wir sind alle noch zu keiner endgültigen Lösung gekommen, da auch wir uns ständig weiterentwickeln.

Was wir allerdings als richtig erkannt haben, ist die Bedeutung der Beziehung zwischen Mann und Frau, ihre enge und intime Verbundenheit. Sie hat für uns zentrale Bedeutung, da sie das Schöpfungsfeuer hütet und nährt. Aus dieser heiligen Gemeinschaft wird Lebenskraft aktiviert und geschöpft, und damit wird eine ganze Menschheit befruchtet. Im Liebesaustausch gebt ihr einander Informationen preis, die weit über eurem intellektuellen Fassungsvermögen liegen. Dies war euren Machthabern ebenfalls bekannt, weshalb eure sexuellen Beziehungen sofort dämonisiert wurden.

Das göttliche Prinzip der Hingabe, ohne das Liebe nicht möglich ist, wurde bald zur Rechtfertigung für Unterwerfung und sadistische Machtspiele verschiedenster Ausprägung mißbraucht. Ökonomische Interessen nahmen den Platz der Liebe ein, besonders der sexuellen Liebe, und so wurde ein für beide Geschlechter herabwürdigendes Tauschgeschäft eingeführt. Die Frauen begannen, sich selbst zu verachten, und diese Verachtung wurde ihnen täglich durch die Männer widergespiegelt, so daß es lange Zeit sehr schwer war, diesen Kreis zu durchbrechen. Die Täter- und Opferrollen wurden gut verteilt, und das Spiel wurde in den verschiedensten Variationen durchgespielt. Was dabei herauskam, seht ihr heute: gebrochene Menschen, zutiefst verwundete Seelen, die nach Liebe hungern und nicht wissen, wo und wie sie Liebe bekommen können. So wie eure Erde weint, so weinen auch die Frauen, Männer und Kinder auf diesem Planeten. Nur wollen die Männer diesen Schmerz nicht wahrhaben.

Bitte studiert einmal aufmerksam eure klassischen Liebesgeschichten. Die großen Liebenden sind immer Symbolfiguren für Leid, Getrenntsein und Tod. Die angestrebte Vereinigung kann nie im Leben und durch das Leben der Liebe erreicht werden. Der beschriebene Weg führt mit Sicherheit immer in Tod oder Verderben. Dadurch wird diese Art der «Liebe» zur wahren Liebe stilisiert und die Paare zu Märtyrergestalten dieser «Liebe» erkoren.

Überlegt bitte, welche kollektiven Gefühlsschwingungen durch derartige Vorbilder entfesselt und gefördert werden. Sie treffen genau auf uralte Programmierungen in euch, die ebenjenes Leidensmuster auslösen und zur Erfüllung zwingen. Die Energiehüter eures Planeten freuen sich darüber, denn genau das ist es, was sie brauchen, um sich zu nähren. Im Leid und im Verzicht können die Menschen gut manipuliert und von ihren wirklichen Herzensbedürfnissen abgelenkt werden.

Es geht heute darum, alte zerstörerische Programme zu erkennen und zu heilen. In eurer Seele könnt ihr fühlen, welche Beziehungen euch gut tun, euch beleben und das Höchste in euch fördern. Es ist in der heutigen Zeit dringlicher denn je, daß ihr euch von destruktiven Beziehungen löst. Es gibt Wesen, die euren Gang ins Licht unbedingt aufhalten wollen und die alles daran setzen, euch in zerstörerische Beziehungen zu verwickeln, um euch vom Eigentlichen – eurer Transformation – abzulenken.

Sind eure Beziehungen Brücken zum Licht? Seht bitte nach, ob sie es wieder werden können oder ob die Liebe bereits völlig abgestorben und nur noch zu einer nichtssagenden Versorgungs- und Zweckgemeinschaft verkommen ist.

Laßt die alten Gewohnheiten gehen! Auch Beziehungen sind oft nichts weiter mehr als Gewohnheiten, eine Tarnung gegen Angst und Unsicherheit. Geht in die Stille eures Herzens und nehmt Kontakt mit euren Wünschen auf – eurem Wunsch nach Liebe, Würdigung und Achtung vor euch selbst, eurem Partner oder eurer Partnerin, euren Familienmitgliedern und euren anderen Beziehungen. Regt sich in eurem Herzen noch ein Funke?

Für euch, für euren Planeten, ja für den gesamten Kosmos gibt es nur eine Heilung: die Liebe. Auch wir lieben euch als unsere kosmischen Geschwister und wünschen uns nichts sehnlicher, als daß zwischen uns ein Band der Liebe entstehe und sich festige. Vergeßt bitte nicht, auch wir machen Fehler und verbessern durch höhere Einsichten unser Leben. Wir tun dies im Austausch mit den Erfahrungen unserer riesigen Sternenfamilie, von deren unterschiedlichen Experimenten wir uns befruchten und anregen lassen.

Seid euch unserer Liebe sicher! Wir sind mit euch und begleiten euch in eurem Prozeß der Wandlung. Friede in euren Herzen, Friede über alle Grenzen! Es grüßt euch in Liebe euer Sternenbruder Ashtar Sheran, im Namen seiner Sternenschwestern und Sternenbrüder.

Über die Kraft der Gedanken und der Worte, die Ausrichtung des Bewußtseins und die Selbstfindung

26. April 1996

Liebe Erdenschwestern und Erdenbrüder! Ein großes Ringen um die Erdenmenschheit hat begonnen. Manche unter euch spüren es als innere Zerrissenheit. Dies ist der Kampf der verschiedenen Kräfte und Mächte, die auf euch Einfluß nehmen. Die Entscheidung, ob ihr diesen Einfluß gestattet, liegt bei euch.

Wir haben euch bereits darauf aufmerksam gemacht, daß euer Planet gegenwärtig von den Frequenzen der Angst und des Schuldgefühls beherrscht wird. Bitte beobachtet genau, was passiert, wenn ihr euch auf diesen Frequenzen bewegt. Sie werden sofort verstärkt, und ihr geratet in einen Sog, aus dem ihr nicht mehr herauszufinden glaubt.

Niemals zuvor war die Kontrolle der Gedanken so wichtig wie heute. Wenn ihr euch in eine innere Kampfposition begebt, wenn ihr bewertet oder verurteilt, dann wird diese negative Einstellung [durch die Dynamik der eigenen Gedanken] sofort verstärkt. Fragt euch: Wie redet ihr über andere Menschen? Wollt ihr, daß über euch genauso geredet wird?

Wir wissen, daß es auf eurem Planeten sehr schwer ist, in einer hohen Frequenz zu bleiben, da die Frequenz-Kontrolleure alles tun, um dies zu verhindern. Ihr braucht jedoch nicht auf der von ihnen vorgegebenen niederen Frequenz zu verharren. Ihr seid ihrem Treiben nicht willenlos ausgeliefert, sondern ihr seid dazu aufgefordert, unablässig auf euch zu achten und zu prüfen, auf welcher Ebene eure Gedanken und Gefühle schwingen. Dies ist ein Training, das am Anfang sehr schwierig erscheint, da die Ablenkung bei euch unaufhörlich ist. Es geht hier um die Kunst, auf dieser Welt zu wandeln, jedoch innerlich von ihr unberührt zu bleiben. Reden ist Silber, Schweigen ist Gold! Denn Worte, die ausgesprochen werden, haben eine große Kraft und manifestieren sich sehr schnell. Durch Reden schafft ihr Karma.

Was will ich bekommen? Was sende ich aus? Überlegt bitte vorher, ob ihr redet und was ihr redet. Denn über den niederen Geist, den Verstand und das Reden seid ihr sehr schnell manipulierbar. Bedenkt, daß alle Körperöffnungen Einstiegstore für Frequenzkontrolle und Manipulation sind. Verschließt sie geistig und stellt euch vor, daß ein Schutzschleier darüber liegt, den nur ihr entfernen könnt. Laßt euch nicht permanent durch ständiges Radiohören und Fernsehen eure Energien rauben. Wir haben diesen so wichtigen Punkt bereits erwähnt.

Stellt euch vor, daß ihr ein Diamant seid, der jetzt geschliffen wird. Damit er funkelt und das Licht vollständig reflektieren kann, muß er gut und sehr sorgfältig geschliffen werden. Alle störenden Kanten und Flecken werden abgeschliffen, damit er in seinem reinsten Licht erstrahlen kann. Die vermehrte Einstrahlung der Urzentralsonne, die Einstrahlung des Photonen-Lichtringes sowie die Toröffnungen und die damit zusammenhängenden Lichtausschüttungen – all dies bringt nun eure scharfen Kanten deutlich zum Vorschein. Wundert euch daher nicht, wenn ihr plötzlich Eigenschaften und Wesenszüge an euch entdeckt, die euch vorher niemals aufgefallen sind. Freut euch vielmehr, daß sie sich euch zeigen, denn sie wollen geheilt und transformiert werden. Packt sie nicht wieder weg, denn sie werden anfangen, euch weh zu tun und euch massiv zu stören.

Ihr habt die Hilfe von Lichtwesen und Heilengeln, die euch, wenn ihr dafür offen seid und um ihre Hilfe bittet, gerne zur Seite stehen und euch helfen. Nur dürfen auch sie niemals eingreifen, wenn ihr sie nicht ausdrücklich um Hilfe und Heilung bittet.

Erlöst bitte eure alten Muster, denn sie werden euch jetzt immer schwerer vorkommen und euch immer mehr auf eurem Weg ins Licht behindern. Nehmt euch für euch selbst und für euer Leben nur das Höchste und Beste vor!

Glücklichsein ist ein göttliches Geburtsrecht, auf dem ihr bestehen dürft. Licht und Liebe bewirken eine große Bewußtheit, ein tiefes inneres Glück. Sie sind der beste Schutz gegen jegliche Form der Manipulation und Frequenzkontrolle. Je reiner eure Schwingung ist, desto reiner ist das, was ihr anzieht. Wir wissen, daß dies eine permanente Arbeit an sich selbst bedeutet, ein ständiges Hinterfragen und Überprüfen der eigenen Gedanken, Gefühle und Handlungen. In einer Welt, die alles daran setzt, die Menschen in einer tiefen Bewußtlosigkeit zu halten, ist dies keine einfache Übung. Die Freiräume, die ihr habt, sind sehr eng geworden, denn überall ist der Zugriff und die Manipulation von außen da.

Was uns betrifft, so bedenkt: Wir können nur soviel bewirken, wie ihr zulaßt. Der Wettlauf um euren Planeten läuft auf Hochtouren, und viele streiten sich um die Beute. Wir können und wollen euch nicht auf die Seite irgendeines Sternenvolkes ziehen. Entscheidet euch für eure innere Wahrheit, für euer Hohes Selbst, und laßt euch führen. Strebt nach der größtmöglichen Wahrhaftigkeit euch selbst gegenüber, und lebt dann nach ihr.

Akzeptiert auch, daß sich die Wege vieler Menschen nun trennen, da jeder jetzt seine innere Entscheidung trifft. Alle Seelen entwickeln sich weiter, auf welcher Evolutionsstufe auch immer sie sich gegenwärtig befinden. Gott hat unendlich viele Wohnungen, und für jedes Seiner Geschöpfe findet sich immer der geeignete Platz. Haltet daher niemanden, der euren Weg nicht mitgehen will. Ihr könnt niemanden retten. Ihr könnt aber informieren und eure Hilfe anbieten, sofern dies gewünscht ist. Mehr nicht. Es ist nicht zulässig, in das Wesen eines anderen einzudringen. Jeder hat eine Chance, sie wird ihm angeboten. Ob und wie er davon Gebrauch macht, bleibt dem freien Willen des einzelnen Wesens überlassen.

Schleift euren Diamanten jeden Tag ein wenig strahlender, und ihr werdet sehen, daß sich die Mühe lohnt und daß ihr sehr schnell zu strahlenden Wesen werdet, deren Licht für viele weithin sichtbar ist. In diesem Prozeß der Selbstfindung unterstützen wir euch mit aller Liebe.

Friede in euren Herzen, Friede über alle Grenzen! Dies sagt euch euer älterer Sternenbruder Ashtar Sheran, im Namen seiner Sternenschwestern und Sternenbrüder.

Die Erdenmenschheit hat sich entschieden!

10. Mai 1996

Liebe Erdenschwestern und Erdenbrüder! Die Erdenmenschheit hat sich als Kollektiv entschieden, nicht in eine höhere Dimension zu wollen, wie dies Mutter Erde tut. Ihr alle habt eure Entscheidung bereits innerlich getroffen, jeder auf seine Art und Weise. Fürchtet euch nicht, denn es wird nur das geschehen, wozu ihr selbst euch bereits entschieden habt. Gott hat der Wohnungen viele, und alle kommen genau in die richtige, nämlich in diejenige, die dem weiteren seelischen Wachstum entspricht.

Nun hat die Erdenmenschheit sich für einen anderen Weg entschieden, als dies ursprünglich geplant war. Alle Menschen haben die Möglichkeit der freien Wahl erhalten und haben innerlich ihr Einverständnis für ihren individuellen Weg und ihr individuelles Ziel bereits gegeben. Eine jede Seele ist frei, ihre eigene Entscheidung zu treffen. Es gibt in diesem Fall keine gute oder schlechte, keine richtige oder falsche Entscheidung, sondern nur die, die für den weiteren Entwicklungsprozeß einer jeden Seele passend ist.

Wir achten und respektieren eure Entscheidung und verhalten uns entsprechend. Wir haben nicht das Recht, in euer Geschehen, in eure Entscheidung einzugreifen oder euch zu beeinflussen. Wir haben euch alles gesagt, was ihr über die Bedeutung eurer persönlichen Transformation wissen müßt, um euch entsprechend verhalten zu können. Doch auch wenn ihr nicht danach handelt, ist es für uns in Ordnung. Dann hat eure Seele eine andere Entscheidung getroffen. Gott ist in Seiner Vielfalt unendlich, und es gibt nicht nur den einen Weg. Das einzige, was wir euch mitgeben wollen, ist, daß ihr bei allem, was ihr tut, immer den Weg eurer inneren Wahrheit einschlagen möget. Es geschieht immer nur das, was in euch ist.

Auch wir durchlaufen tiefe Phasen der inneren Erkenntnis und des Lernens. Wir überprüfen im Moment alle unsere Beweggründe, die unserem eigenen Handeln zugrundeliegen. Wie ihr wißt, sind wir gerade dabei, unsere Opferbereitschaft zu prüfen und die damit verbundenen Verpflichtungen aufzulösen. Dieser Prozeß ist auch für uns nicht leicht, denn auch wir mußten erkennen, daß unsere Opferbereitschaft auf unüberwindliche Grenzen gestoßen war.

Wir haben euch unsere Erkenntnisse vermittelt, und wir haben selbst unsere Konsequenzen daraus gezogen. Wir haben nun kein Hausrecht mehr auf eurer Erde, denn die Entscheidung ist gefallen. Euer Planet und euer gesamtes Sonnensystem unterliegt kosmischen Gesetzen der Entwicklung, und es wird in die fünfte Dimension eintreten mit allen Vorbereitungen, die wir euch bereits mitgeteilt haben. Alle werden in ihre entsprechende Heimat geholt und werden sich in den entsprechenden Sphären und Dimensionen weiterentwickeln.

Es besteht kein Grund zur Furcht! Vertraut in die göttliche Kraft und Weisheit, die euch weiter begleiten wird, sofern ihr dafür bereit und offen seid. Es gibt Gesetze, die auch wir befolgen müssen. Das bedeutet, daß wir die kollektive Entscheidung der Erdenmenschheit respektieren und danach handeln. Doch unsere Liebe begleitet euch, was auch immer eure Entscheidung sein mag.

Dies verspricht euch euer Sternenbruder Ashtar Sheran, im Namen seiner Sternenschwestern und Sternenbrüder. Friede in euren Herzen, Friede über alle Grenzen!

Über die zukünftigen Entwicklungen nach der kollektiven Entscheidung der Menschheit

19. Mai 1996

Liebe Erdenschwestern und Erdenbrüder! Die Zeit meiner Botschaften an euch neigt sich allmählich dem Ende zu. Wie ihr wißt, werden eure Seelen nachts im Positiven Geistigen Reich geschult und sind dort auf die kommenden Ereignisse vorbereitet worden. Eure Seelen *wissen*, was ihr im entscheidenden Moment zu tun habt. Ihr werdet euch erinnern an das, was in euch und in eurem Zellgedächtnis ruht.

Da die Entscheidung des Kollektivs der Erdenmenschheit gefallen ist, müssen wir nun unsere Evakuierungsmaßnahmen beschleunigen. Der freie Wille hat entschieden, und wir sind durch das göttliche Gesetz gebunden, uns zurückzuziehen. Dies hat nichts mit Kapitulation zu tun, sondern nur mit dem Respektieren des göttlichen Gesetzes.

Alle, die sich für eine Evakuierung entschieden haben, werden von uns oder von ihrem Sternenvolk abgeholt werden. Ihr habt euch innerlich darauf ausgerichtet, von wem ihr evakuiert werden wollt. Auch darauf dürfen und wollen wir keinen Einfluß ausüben, denn diese Entscheidung hat euer Hohes Selbst getroffen.

Seitdem die Entscheidung der Erdenmenschheit gefällt wurde, hat sich die Dunkelmacht mit Riesenschritten ausgebreitet. Unter den verschiedenen Sternenvölkern ist noch nicht entschieden, wer die Erde «bekommt». Die Erde wird sich jedoch reinigen und anschließend in die fünfte Dimension übergehen, so daß diese Machtkämpfe dann nicht mehr auf der gereinigten Erde stattfinden können, da ihre Schwingung für derartige Machtspiele zu hoch sein wird.

Wenn das Licht angegriffen wird, zieht es sich zurück. Das tun auch wir, da wir uns nicht weiter in diese gesamtkosmischen Auseinandersetzungen verwickeln dürfen. Es ist für uns ein unendlicher Schmerz, mitansehen zu müssen, was mit einer Menschheit geschieht, die sich nicht für das Licht entschieden hat. Aber wir respektieren dies als einen anderen Weg des Lernens für die Seele.

Die Beeinflussungen und Verwüstungen im seelischen Geschehen der Erdenmenschheit werden immer größer, da auf der kollektiven Seelenebene die

Tür dafür geöffnet wurde. Wir haben sehr lange versucht, im positiven Sinn Einfluß zu nehmen, ohne in die Entscheidungsfreiheit des einzelnen einzugreifen. Wir haben jedoch – aufgrund der unvorhergesehenen Ausweitung der Machtkämpfe um euren Planeten – nicht das erreicht, was wir erreichen wollten. Ich möchte diesem Geschehen in meiner Schilderung keine weitere Aufmerksamkeit mehr geben.

Mutter Erde wird ihren Reinigungsprozeß fortführen, und dieser wird in Zukunft gewaltige Dimensionen annehmen. Mutter Erde ist sehr müde und sehnt sich nach dieser Reinigung, denn allzu schwer sind die Lasten, die man ihr aufgebürdet hat.

Wir können bereits schauen, welch strahlender Juwel die Erde nach diesem Reinigungsprozeß sein wird. Viele, die in Kürze emporgehoben werden, werden beim Aufbau der neuen Erde mit dabeisein. Freut euch auf das Kommende und schaut nicht mehr zurück! Wir tun alles, um euch in eurem großen Umwandlungsprozeß zu begleiten und zu unterstützen.

Auch wir sind ein Teil dieses großen Umwandlungsgeschehens und mußten vieles hinter uns lassen, was unserer neuen Erkenntnis nicht mehr entspricht. Wir haben das Feld der Polarisierung verlassen, ohne jedoch blind für das gegenwärtige Geschehen zu sein. Wir wissen, daß nur die bedingungslose und allumfassende Liebe des weiblich-göttlichen Schöpferstrahls die gesamtkosmische Zerstörungswut heilen kann. Indem wir selbst diese bedingungslose Liebe in unser Sein aufnehmen, tragen wir zu diesem großen schöpferischen Heilungsgeschehen bei.

Dies sagt euch in tiefer Liebe euer Sternenbruder Ashtar Sheran, im Namen seiner Sternenschwestern und Sternenbrüder. Friede in euren Herzen, Friede über alle Grenzen!

Über weitere Desinformationen und über göttliches Vertrauen

27. Juli 1996

Liebe Erdenschwestern und Erdenbrüder! Es wird derzeit vermehrt versucht, die Evakuierung und unsere Botschaften unglaubwürdig zu machen. Die Menschen sollen in einer Zeit der größten Umwandlung, die viele bereits sehr verunsichert, in Angst und Panik versetzt werden.

Deshalb möchte ich euch herzlichst bitten darauf zu achten, daß alle Paniknachrichten keinem hohen Geist entspringen und demzufolge nicht im göttlichen Sinn und Auftrag sind. Bitte gebt auch keine Energie in Kanäle, die euch glauben machen wollen, daß eine Evakuierung überflüssig geworden sei. Es war für uns schon seit geraumer Zeit absehbar, daß sich die Erdenmenschheit nicht in dem Maße, wie es für den erforderlichen Evolutionssprung nötig gewesen wäre, zum Positiven hin entwickeln würde. Hinzu kommen all die Ereignisse, die euer Planet durchmachen muß, um in eine höhere Dimension überzugehen. Dieses Schöpfungsgeschehen ist euch bekannt. Ich habe ausführlich in den vorhergehenden Botschaften darüber berichtet.

Das Ziel der Desinformationen [seitens der Machthaber] besteht darin, daß die Menschen weiterhin schlafen und glauben sollen, der Übergang von einer Dimension in die andere werde wie ein Spaziergang bei Sonnenuntergang sein. Diese Einschläferungstaktik ist auf eurem Planeten lange bewährt und hat, wie ihr seht, auch ihre Resultate gezeigt. Die andere Seite der Medaille ist außerdem, daß viele Menschen derart verunsichert werden sollen, daß sie nichts und niemandem mehr Glauben schenken können und sich von allem, was in Form von medialen Botschaften kommt, abwenden.

Ich sagte euch bereits, daß es in Zukunft viele geben wird, die sich Ashtar nennen. Ihr allein könnt und müßt entscheiden, welche Botschaft Zugang zu eurem Herzen findet. Im Namen meiner Sternenschwestern und Sternenbrüder wiederhole ich: Es wird keinen Atomkrieg geben, auch wenn mehrere Machthaber eures Planeten diese Möglichkeit in Erwägung ziehen. Dies bedeutet nicht, daß ihr nicht wachsam sein sollt bei dem, was auf eurem Planeten geschieht. Es wird euch ohnehin sehr schwer gemacht, die globalen Ereignisse nachzuvollziehen, da die Schleier des Verschweigens immer dichter werden.

Die ständigen Atomversuche haben die Erde nahezu zum Bersten gebracht. Die Naturgewalten sind entfesselt und werden ihre Reinigungsaufgabe vollbringen müssen. Dies ist euch bekannt, und ihr könnt diesen Prozeß mit Gebeten begleiten.

Sicherlich habt ihr bereits wahrgenommen, daß durch die Frequenzerhöhung einerseits Angst, Panik und Aggressionshandlungen rapide zunehmen und daß andererseits diejenigen unter euch, die den Weg des Lichtes gehen, sich leichter fühlen. Ihr fühlt aber auch die Trauer der Menschen und die Hoffnungslosigkeit, die sich bei vielen immer mehr breitmacht. Auch wenn die meisten Menschen einen anderen Entwicklungsweg gehen wollen und werden, so sind wir doch alle *eine* Menschheitsfamilie, und so erleben wir sämtliche Schmerzen der einzelnen Familienmitglieder intensiv mit.

Habt Vertrauen in eure eigene göttliche Führung und Kraft, und schließt in eure Liebe die gesamte göttliche Schöpfung ein! Darum bittet euch mit aller Liebe euer Sternenbruder Ashtar Sheran, im Namen seiner Sternenschwestern und Sternenbrüder.

von Savitri Braeucker

An dieser Stelle möchte ich einige Erläuterungen zu den letzten Durchgaben von Ashtar Sheran geben. Manche Leser mögen beunruhigt sein oder einiges anders verstanden haben, als es gemeint war. Eine der häufigsten Fragen, die in diesem Zusammenhang gestellt werden, lautet: Warum zieht sich das Licht zurück?

Es geht hierbei um eine Gesetzmäßigkeit, die für alle Kräfte des Lichts gültig ist. Das Licht strahlt immer auch sich heraus. Wird es angegriffen, so schlägt es nicht zurück, sondern es zieht sich zurück, um nicht Gleiches mit Gleichem zu vergelten. Mit anderen Worten, das Licht kann unter gewissen Umständen für uns vorübergehend unsichtbar werden, so wie die Sonne sich vor unserem Auge verbirgt, wenn Wolken oder eine trübe Atmosphäre sich vor sie schieben. Und doch strahlt die Sonne natürlich auch dann, wenn sie für uns unsichtbar ist.

Unsere Licht- bzw. Sternengeschwister haben mit ihrem «Rückzug» lediglich darauf reagiert, daß die Erdenmenschheit als Kollektiv, d.h. die überwältigende Mehrheit der Menschen, sich für den Verbleib in der dritten Dimension entschieden hat. Sie halten sich somit an das im ganzen Kosmos geltende Gesetz, den freien Willen aller Wesen absolut zu respektieren.

Der «Rückzug» betrifft jedoch in keiner Weise jene Menschen, die sich für die Emporhebung entschieden haben. Für sie bleibt es selbstverständlich bei dem gegebenen Wort der Sternengeschwister, all jenen in äußerster Gefahr zu Hilfe zu kommen, die sich auf der Seelenebene für den Aufstieg geöffnet haben.

Da Mutter Erde nach ihrer großen Reinigung durch die Elemente und nach der Veränderung ihrer Umlaufbahn in die vierte und kurz darauf – wie das gesamte Sonnensystem – in die fünfte Dimension aufsteigen wird, gehen die Menschen, die sich für einen Verbleib in der dritten Dimension entschieden haben, in die Sphären solcher Planeten, die der Schwingung der Erde in ihrem bisherigen Zustand entsprechen.

Auf der Seelenebene sind alle Menschen über die kommenden Veränderungen auf der Erde informiert worden. Keine Seele hat diesen Planeten betreten, ohne Kenntnis von dieser jetzt nahenden, sicherlich größten Umwälzung in der Geschichte der Erdenmenschheit zu haben.

Die Santiner unter der Leitung von Ashtar Sheran, die maßgeblich an der Evakuierungsvorbereitung und -durchführung beteiligt sind, sowie die gesamte Interplanetarische Konföderation, respektieren also nur das göttliche Gesetz des freien Willens und können deshalb mit ihren Hilfsmaßnahmen nicht mehr intervenieren, da die Erdenmenschheit, vorneweg die Machthaber dieser Erde, diese Hilfe nicht wünschen. Die Santiner, wie auch alle anderen gottzugewandten Raumgeschwister, würden niemals gegen den freien Willen eines Menschen handeln. Verschieben sich die Machtverhältnisse, so müssen auch hier die Konsequenzen gezogen werden.

Das bedeutet, daß zukünftig bei Atomunfällen (die laufend stattfinden), bei GAUs und bei Atomversuchen die Atomstrahlung nicht mehr durch die Mutterschiffe neutralisiert wird, wie das bisher geschah (sonst wäre die Erde schon viel früher unbewohnbar geworden). Die Folge davon wird sein, daß die Radioaktivität weltweit lebensbedrohende Ausmaße annehmen wird. Auch Meteorite und Asteroiden, die auf Erdkurs sind, werden nicht mehr von unseren Raumgeschwistern in ihrer Bahn umgelenkt werden.

Hinzu kommt das beginnende «Verschmelzen» der Erde mit dem Photonenring, einem Lichtring bzw. einer «galaktischen Wolke», das – zusammen mit der Polachsenverschiebung – drastische Veränderungen auf diesem Planeten bewirken wird.

Leider haben die Menschen, insbesondere die Machthaber, die Existenz positiver, hilfsbereiter Sternenvölker entweder völlig ignoriert oder ins Lächerliche gezogen. Hingegen wurden bereits in den fünfziger Jahren Abkommen mit negativen Außerirdischen geschlossen, deren Interesse an der Menschheit alles andere als selbstlos ist: Menschen gegen Technik, das war der vereinbarte Handel, und so wurde und wird die Erdenmenschheit mit Entführungs- und Manipulationsgeschichten bewußt vom Thema der Existenz Außerirdischer abgeschreckt.

Nicht nur bei mir, sondern auch bei vielen anderen medialen Quellen endeten im Mai 1996 die regelmäßigen Durchsagen. Einzelbotschaften zu neu eingetretenen Situationen waren allerdings auch danach nicht ausgeschlossen. Es war uns klar, daß nach dieser Entscheidung der Erdenmenschheit von den

Machthabern vermehrt ein Spiel der Verwirrung und Desinformation inszeniert werden würde. Es war zu erwarten, daß nun mancherlei Wesenheiten, die sich als «Sananda», «Jesus» oder «Ashtar» ausgeben, wie Pilze aus dem Boden schießen werden, eine jede mit sich widersprechenden Durchgaben. Dadurch sollen mediale Kreise und Botschaften pauschal unglaubwürdig gemacht werden.

Wir setzen jedoch unsere Lichtarbeit fort bis zuletzt. Wir helfen weiterhin den Menschen hier auf der Erde, die um Unterstützung und Information bitten und die jetzt noch zu uns geführt werden. Wir wollen nach wie vor alles tun, um die Liebe auf diesem Planeten zu verankern. Die Liebe ist die stärkste Kraft in der gesamten Schöpfung, und sie geht niemals verloren, wie auch kein einziger Gedanke und keine Tat jemals verlorengeht.

Es gibt also trotz der zuweilen besorgniserregenden Machenschaften des Negativen keinen Grund, in Lethargie oder sinnentleertes Abwarten zu verfallen. Glaubt bitte nicht, daß alles verloren sei! Nichts ist verloren, sondern wir stehen an der Schwelle eines wunderbaren neuen Abschnittes in der Geschichte der Evolution der Menschheit, und wir alle haben uns dafür entschieden, mit dabeizusein.

Seit den letzten Durchgaben von Ashtar Sheran sind mittlerweile mehrere Monate vergangen, und wir haben uns gemeinsam mit dem Govinda-Verlag entschieden, einen Teil dieser Durchgaben in dem vorliegenden Buch nochmals zu veröffentlichen. Ich habe Ashtar Sheran gebeten, zu diesem Anlaß eine abschließende Botschaft an die Öffentlichkeit zu richten. Mögen seine eindringlichen Worte lange in unserem Bewußtsein nachhallen …

Abschließende Botschaft von Ashtar Sheran

19. Februar 1997

Liebe Erdenschwestern und Erdenbrüder! Heute möchte ich zu den Stellungnahmen, die durch mich in der Vergangenheit erfolgt sind, im Namen meiner Sternenschwestern und Sternenbrüder das folgende abschließende Wort hinzufügen.

Alle Informationen und Hinweise, die euch gegeben worden sind, dienten zur Vorbereitung auf die nun folgende Evakuierung bzw. auf die Emporhebung. Wir bitten euch sehr eindringlich, sämtliche Anleitungen zu befolgen. Wir haben euch genaueste Hinweise gegeben für euren eigenen Transformationsprozeß, für eure eigene seelische Höherentwicklung und Höherschwingung.

Leider wurden diese Durchgaben und Anleitungen von vielen nur sehr oberflächlich oder gar nicht befolgt. Der ständige Hunger nach immer mehr und immer neuen Informationen ist eine der geistigen Krankheiten auf eurem Planeten. Die Menschen wollen leider nur konsumieren, und nur sehr wenige sind wirklich ernsthaft bereit, sich zu verändern. Dabei ist durch die ständige Erhöhung der Lichteinstrahlung die Gelegenheit der Höherschwingung im Moment so groß wie selten zuvor. Ihr hättet, liebe Schwestern und Brüder, in den vergangenen Monaten also eine sehr große und schnelle Möglichkeit für euren Transformationsprozeß wahrnehmen können.

Mit großem Bedauern haben wir jedoch feststellen müssen, daß es nur wenigen aus tiefem Herzen ein Anliegen war und ist, sich für den nun folgenden Dimensionswechsel und für die Emporhebung in unsere Raumschiffe zu verändern. Bedenkt aber: Wenn diese Umwandlung nicht bereits hier auf Erden erfolgt, wird es für euch äußerst schwierig sein, euch in eurem physischen Körper in unseren Schiffen aufzuhalten. Euer physischer Leib wird, wenn ihr euch dann noch immer in den niederen Frequenzbereichen bewegt, die hohe Schwingung nicht integrieren können. Deshalb haben wir euch in der Vergangenheit immer wieder darauf hingewiesen, alles zu tun, um die Höherschwingung, die persönliche Transformation zu beschleunigen.

Es geht nun wirklich im großen Maße um die Entwicklung eures inneren Lichtes! Wenn ihr dieses Licht nicht entwickelt habt und glaubt, jemand anderes könne dies für euch besorgen, so seid ihr im Irrtum. Eine jede Seele hat einen eigenen Zugang zum göttlichen Licht und zur göttlichen Quelle, sofern sie mit reinem Herzen darum bittet. Wir in den Raumschiffen sowie eure geistigen Helfer warten seit langer Zeit auf ein Zeichen eurer Bereitschaft.

Die Verwirrung wird jetzt auf eurer Erde noch im großen Ausmaße zunehmen. Wie wollt ihr diese Geschehnisse überbrücken, wenn ihr nicht fest im Glauben verankert seid und wenn ihr nicht von *eurem* inneren Licht getragen werdet?

So bitte ich euch alle, die ihr euch für eine Emporhebung in unsere Schiffe entschieden habt, nochmals aufs eindringlichste: Geht verstärkt in euch! Entwickelt euer inneres Licht und eure Glaubenskraft. Zieht euch von den Versuchungen der materiellen Welt zurück, denn sonst können wir euch nur schwer oder gar nicht erreichen. Und laßt euch nicht verunsichern oder in Zweifel bringen.

Vieles ist geschrieben worden, das nicht der von Gott befohlenen Lösung für diesen Planeten entspricht. Die Zerstörungen im seelischen Bereich haben ein Ausmaß erreicht, das uns erschrecken läßt. Die von Gott abgewandten Kräfte tun ein übriges, um Leid und Chaos über die Erdenmenschen zu bringen. Ihre Eingriffe in das schöpferische Geschehen erfüllen uns alle mit tiefem Leid. Ich möchte hier darüber keine weiteren Ausführungen machen.

Vielmehr ist es mein Wunsch, euch auf diesem Wege noch einmal mit aller Klarheit zu sagen: Alle Seelen, die bewußt oder unterbewußt einer Emporhebung zugestimmt haben, werden in unsere Schiffe levitiert werden. Laßt euch durch anderslautende Meldungen nicht verunsichern. Bleibt standhaft und entwickelt eure Glaubenskraft und euer Gottvertrauen. Dies ist das beste Rüstzeug, das ihr euch für die kommende Zeit geben könnt. Die Zeit ist nun sehr knapp geworden, und ich bitte euch deshalb: Nehmt die Ernsthaftigkeit meiner Worte an und handelt danach.

Wir erwarten euch mit aller Liebe und haben alles vorbereitet. Vergeßt bitte nicht, daß ihr unter ständiger Obhut seid und daß wir in Momenten akuter Gefahr eingreifen. Eröffnet einen Kanal der Liebe zu uns und sendet uns eure Liebesfrequenz, zusammen mit der heiligen Silbe OM, wenn euch diese Schwingung vertraut ist.

Vermeidet die Frequenz der Angst und des Zweifels! Diese Worte sind für euch nicht neu, aber leider habt ihr die Neigung, alles Gesprochene und Geschriebene schnell zu vergessen oder es nicht zu beachten. Darum habe ich mich nun zum Abschluß noch einmal genötigt gesehen, euch Hinweise für die jetzige Zeit zu geben und euch noch einmal eindringlichst zu bitten, in die Stille zu gehen und euer inneres göttliches Licht zu entfachen. So ihr um unsere Hilfe bittet und um die eurer geistigen Helfer, wird sie euch – jedem von euch – gewährt werden. Wartet also in Liebe und in Demut auf die sich nun entwickelnden Ereignisse.

Unsere Schiffe stehen bereit, um euch vorübergehend bei uns Schutz zu geben. Wir warten mit aller Liebe auf euch wie eure Geschwister. So habt bitte Vertrauen in das Kommende und vertraut auf die nie endende Liebe Gottes, die euch umfangen wird, sofern ihr dies zulaßt. Fürchtet euch nicht, denn ihr erkennt uns an der Schwingung der Liebe und des Friedens, die euch erfaßt, wenn ihr mit uns in Kontakt tretet – auf welcher Ebene dies auch immer geschieht. So verabschiede ich mich jetzt von euch und hoffe, daß ihr euch nunmehr vollkommen eurer eigenen Umwandlung auf allen Ebenen zuwendet.

Friede in euren Herzen, Friede über alle Grenzen! Ich danke euch für euer Verständnis, eure Liebe und eure Treue. Laßt euch nicht beirren! Darum bittet euch euer Sternenbruder Ashtar Sheran, im Namen seiner Sternenschwestern und Sternenbrüder.

Haben sich die Pläne verändert?

Das Szenario der Evakuierung ist mittlerweile heiß umstritten.

Aus deutschen und internationalen Quellen werden neuerdings verschiedenste Botschaften verbreitet, die den in diesem Buch gegebenen in wesentlichen Punkten widersprechen.

Die Menschen, die bisher die Möglichkeit einer Evakuierung als Realität angenommen haben, werden nun darauf hingewiesen, daß Ashtar Sheran sich vorbehalten habe, seine Pläne diesbezüglich zu ändern, was inzwischen angeblich auch geschehen sei. Der schwarze Peter wird denjenigen zugeschoben, die an eine «Zerstörung» (in Wirklichkeit: Erdveränderung, Reinigung, Transformation) glauben. Es wird unterstellt, daß gerade dieser Glaube die Zerstörung provoziere. Dieses Mißverständnis ist im vorliegenden Buch bereits geklärt worden (S. 52-53). Es heißt auch, die Erdveränderungen würden nicht erlaubt werden, da der Planet Erde ein Planet des Friedens sei.

Es wird zudem betont, daß die Menschen nicht der Hilfe der Raumgeschwister bedürften, daß es nicht nötig sei, von ihnen emporgehoben zu werden. Vielmehr würden sich die Menschen selbst – sprich: mit ihrer Merkabah – evakuieren. Im Klartext heißt das, daß der Mensch bei Bedarf sich selbst physisch in die Luft bzw. in höhere Dimensionen erheben könne. Dies sei die neue Realität. *Hierbei* werde uns die Intergalaktische Flotte beistehen, jedoch nicht, indem sie uns evakuiert:

> Unsere Flotten sind in Position, aber nicht, um euch zu evakuieren. Diesen Plan vergeßt. Ihr werdet euch selbst evakuieren. Ihr werdet eher aufsteigen, anstatt daß wir euch abholen. Ihr habt eure eignen Schiffe. Ihr braucht uns nicht, daß wir kommen und euch aufnehmen. Dies ist die neue Realität.
>
> Haltet an dem Gedanken der Evakuierung nicht fest. Diese bisherigen Pläne wurden schon vor längerer Zeit verändert, denn das dient nicht eurer Macht und eurer Kraft,

um eure eigene Realität zu manifestieren und zu erschaffen. (Mediale Botschaft aus Brasilien; veröffentlicht in: UFO-Nachrichten Sept./Okt. 1997, S. 8)

Ohne daß wir auf jedes Detail solcher Aussagen eingehen wollen, fällt doch einiges auf, was zum Nachdenken anregt:

1.) Wie kann ein hohes göttliches Wesen wie Ashtar Sheran vierzig Jahre lang schweigend zusehen, wie der Begriff «Evakuierung» dauernd falsch verstanden wird, und vor allem: Warum hat er diesen Begriff bis heute selbst immer wieder verwendet, um die Erdenmenschheit von diesem göttlichen Hilfsangebot in Kenntnis zu setzen? Und warum wird diese angebliche Änderung, die den Inhalt des ursprünglichen Planes gänzlich umkrempeln würde, nicht in allen, sondern nur in vereinzelten Botschaften mitgeteilt, die in sich auch noch widersprüchlich sind? Zudem erwecken diese Botschaften den Eindruck, Ashtar habe erst jetzt erkannt, daß eine Evakuierung «nicht der Entfaltung der schöpferischen Macht und Kraft des einzelnen» diene. Wenn dem so wäre, hätte er dann vierzig Jahre gebraucht, um es zu merken?

2.) Was ist geschehen, daß die Menschheit plötzlich einen so großen Evolutionssprung gemacht hat, daß sie ihr eigenes inneres Raumschiff (Merkabah) schon benutzen kann? Leben wir bereits auf einem geläuterten und gereinigten Planeten, der mit erleuchteten Wesen bevölkert ist, die allesamt den geistigen Aufstieg bereits vollzogen haben?

Dient diese Sichtweise nicht viel eher dazu, den Menschen den Stand einer geistigen Entwicklung zu suggerieren, den sie bei weitem noch nicht erreicht haben? Wird dadurch nicht die Wachsamkeit gegenüber den verschiedensten außerirdischen und irdischen Beeinflussungen eingeschläfert? Die Manipulation des Bewußtseins hat mittlerweile ein bedenkliches Ausmaß erreicht.

Daß Mutter Erde nach ihrem Aufstieg in die vierte und kurz danach in die fünfte Dimension wahrhaftig ein Planet des Friedens sein wird (Einschub einer Epoche des Goldenen Zeitalters), ist unbestritten, zweifelhaft jedoch ist, ob sie bereits jetzt ein Planet des Friedens ist.

Es ist nicht schwer zu erkennen, daß sie sich vor ihrem Aufstieg erst reinigen und von dem alten Ballast befreien muß. Eine solche Reinigung ist aber niemals ein Weltuntergang. Mutter Erde geht nicht unter – im Gegenteil, sie wird in einem neuen Kleid von Schönheit und Reinheit erstrahlen, nachdem sie ihren

Reinigungsprozeß vollzogen hat. Dabei können auch wir sie kraft unserer Gedanken, Gefühle und Gebete tatkräftig unterstützen! Wenn jemand nun das Evakuierungsszenario mit Weltuntergang gleichsetzt, wie dies in den besagten Texten zum Ausdruck kommt, dann ist dies eine Verdrehung der echten Aussagen von Ashtar Sheran.

3.) Des öfteren wird die physische Evakuierung oder Emporhebung mit dem geistigen Aufstieg verwechselt. Eine physische Evakuierung durch die Sternengeschwister bedeutet, daß die Menschen mit ihrem irdischen Körper in die Raumschiffe emporgehoben werden. Ein Aufstieg bedeutet, daß die Menschen ihren Lichtkörper bereits soweit entwickelt haben, daß sie kraft ihrer spirituellen Fähigkeiten sich selbst in die Schiffe und in höhere Dimensionen emporheben können.

Zur Klarstellung sei hier noch einmal deutlich gesagt, daß es sehr wohl möglich ist, mit dem eigenen geistigen Lichtkörper (Merkabah) interdimensional zu reisen. Dies trifft jedoch nur auf diejenigen zu, die bereits die Meisterschaft über sich selbst erreicht haben, und das sind bisher nur sehr wenige. Wären all diejenigen, die sich heute höherdimensional entwickeln wollen, bereits wirkliche Meister ihrerselbst, dann wäre eine Evakuierung durch den materiellen Arm Gottes – unsere Sternengeschwister – in der Tat nicht mehr notwendig.

4.) Immer wieder wird behauptet, wer von einer physischen Evakuierung spreche, wolle die Verantwortung für die Problemlösungen auf der Erde und für die eigene spirituelle Entwicklung an die Außerirdischen abtreten. Doch wie die Ausführungen in diesem Buch deutlich gemacht haben, enthebt die Möglichkeit einer physischen Evakuierung die Menschen nicht der Verantwortung für die selbstverschuldeten Probleme und für die eigene Entwicklung. Keine Macht kann und wird uns diese Verantwortung abnehmen, wohl aber können uns unsere geistige Führung und unsere Sternengeschwister bei diesem Prozeß hilfreich zur Seite stehen.

Wie wir alle wissen, wählen wir unsere Realität selbst. Also gibt es auch verschiedene Möglichkeiten, die bevorstehende Phase der großen Reinigung zu bestehen, je nach inszeniertem eigenem Szenario. Wird die Frequenz der Angst genährt, so werden furchterregende Ereignisse und Begegnungen angezogen. Unsere Sternengeschwister haben uns immer wieder darauf hingewiesen, daß gerade diese Frequenz gegenwärtig verstärkt erzeugt wird, da sie verschiedenen astralen und außerirdischen Wesen als energetische Nahrung dient. Ebenso wurden wir darauf hingewiesen, daß immer mehr sich widersprechende Botschaften in Umlauf kommen werden, die nur scheinbar aus der gleichen Quelle stammen. Daß diese Phase nun eingetreten ist, können wir deutlich sehen.

Zur Erinnerung: Ashtar Sherans regelmäßige Botschaften an die Öffentlichkeit wurden nach der kollektiven Entscheidung der Erdenmenschheit Ende Mai 1996 bis auf wenige Ausnahmen eingestellt. Dies hat noch immer seine Gültigkeit.

Es wurde betont, daß nach dieser Zeit vermehrt verschiedene Wesenheiten den Namen von Ashtar, Jesus Christus und anderen hohen Lichtwesen benutzen würden, um anderslautende Botschaften über die großen Erdveränderungen und die Evakuierung zu verbreiten. Die Glaubenskraft und das Gottvertrauen eines jeden würden dadurch harten Prüfungen unterzogen, und beides – Glaubenskraft und Gottvertrauen – würden oftmals bis in die Grundfesten erschüttert.

Die Schwingungshülle um die Erde hat sich im Jahr 1997 enorm verdichtet. Wir haben das Phänomen, daß einerseits das einströmende Photonenlicht – aus geistiger Sicht: das Christusbewußtsein – ständig vermehrte Lichtimpulse auf den Erdplaneten sendet und daß andererseits die Schwingungshülle sich durch die kollektive negative Gedankenkraft ständig verdichtet. Dadurch entsteht immer mehr Druck auf allen Ebenen. Wesen aus den astralen Bereichen sind vor dem einströmenden Licht in die Erdatmosphäre geflohen und erzeugen von dort aus vermehrt Angstfrequenzen bei den Menschen. Der Graben zwischen den lichten und unlichten Kräften wird immer tiefer. Wir spüren es daran, daß sich viele Lebenswege nunmehr strikt getrennt haben und daß Werte, die noch gestern ihre Gültigkeit hatten, plötzlich zur Nichtigkeit zusammengebrochen sind.

Die Dichtigkeit hat einen Grad erreicht, der es zunehmend erschwert, mit den hohen geistigen Wesen und Sternengeschwistern in eine reine mediale Verbindung zu treten. Dennoch läßt sich feststellen, daß gerade jetzt umgekehrt proportional zur zunehmenden Dichte die Zahl der medialen Botschaften sprunghaft zunimmt.

Die verschiedenen widersprüchlichen Botschaften sind ein Echo auf die Ungeduld und auf das mangelnde Gottvertrauen der Erdenmenschheit. Alle notwendigen Informationen wurden bereits in den früheren Botschaften ausführlich und ausreichend gegeben. Der Hinweis auf die eigene innere Entwicklung, das Entfachen des eigenen Lichtes und die Stabilisierung der Verbindung mit der geistigen Führung sind uns immer wieder ans Herz gelegt worden. Nun liegt es an uns, diese Unterweisungen zu beherzigen und praktisch anzuwenden.

Stattdessen verlangen viele Menschen, wie schon so oft in Phasen der Entscheidung, äußere Beweise, um damit die Ernsthaftigkeit der Lage zu relativieren und um sich nicht mit einer Entscheidung konfrontieren zu müssen. «Warum zeigen sich die Außerirdischen nicht physisch?» «Warum nennen sie uns nicht genaue Daten?» «Warum ist noch immer nichts passiert?» So lauten die Zweifel vieler Menschen. Aber ist die Zerstörung auf allen Ebenen nicht deutlich genug, oder ist die Abstumpfung bereits derart groß, daß man sie nicht mehr wahrnimmt?

Nur weil noch nicht *das* passiert ist, was manche Menschen sich vorstellen, und zwar in dem von ihnen erwarteten Zeitraum, wird schnell alles verworfen, was kurz zuvor noch zur eigenen Realität gehörte. Die Konsum- und Wegwerfgesellschaft fordert offenbar ihren Tribut auf allen Ebenen.

Auch von Jesus Christus wurden Beweise seiner Gottessohnschaft verlangt («Warum steigst du nicht vom Kreuz, wenn du doch Gottes Sohn bist?»). Der Spott war ihm gewiß, als er seine Fähigkeiten nicht dafür einsetzte. *Dein* Wille geschehe!

Genauso scheinen wir jetzt ebenfalls in einer Phase zu sein, wo sehr handfeste *materielle* Beweise für die göttlichen Absichten gefordert werden. Der Ungeduld und dem schnellen Vergessen der Menschen wird Rechnung getragen. Wer weiterhin die Evakuierung für eine mögliche Realität hält, wird gerne der Lächerlichkeit preisgegeben oder zu den Ewig-Gestrigen gezählt. Einschüchterung und Lächerlichmachen waren schon immer probate Mittel des Gefügigmachens und der Isolierung.

Die Tatsache, daß einige Menschen die Evakuierung nicht als Akt der Göttlichen Gnade und Hilfe betrachten wollen, sondern als willkommene Flucht, um der irdischen Verantwortung für ihr eigenes Sein zu entgehen, kann nun wirklich nicht dem Plan der Evakuierung angelastet werden. Auch nicht, daß so mancher angefangen hat, tatenlos herumzusitzen, bis «es» soweit ist. Genau dies war und ist nicht das Anliegen der in diesem Buch enthaltenen Botschaften.

Das Gebot der Stunde fordert vielmehr die eigene Umwandlung – Transformation und Transmutation – und das Übernehmen der vollen Verantwortung für die eigene Entwicklung. Wenn wir jetzt nicht lernen, vorbehaltlos auf unsere eigene innere Führung zu hören und ihr zu vertrauen, werden wir dann, wenn die astralen und außerirdischen Einflüsse zusehends stürmischer werden, hin- und hergeschoben werden wie eine Schachfigur.

Genau darauf warten bereits diejenigen, die glauben, ein Erbrecht auf diesen Planeten und seine Bevölkerung zu besitzen. So werden in diesem Zusammenhang genetische Kreuzungen, Experimente und Implantierungen an Erdenmenschen als Akt der interplanetarischen Nächstenliebe propagiert, angeblich zum Wohle aller Beteiligten. Die göttliche Allmacht hat den Menschen jedoch als Erbrecht den freien Willen und die absolute Unantastbarkeit der Seele gegeben. Am Schutz und an der Respektierung dieser kostbaren Gaben können wir die göttliche Handschrift erkennen.

Es gibt der Realitäten viele, je nach Entwicklung und Entscheidung der Seele. So ist auch die Evakuierung kein Dogma. Die Wahrheit ruht in jeder Seele, und sie immer wieder zu ergründen, ist eine täglich neu gestellte Herausforderung. Wie aber sollen wir uns in diesem Verwirrspiel, dessen Höhepunkt noch nicht erreicht ist, zurechtfinden? Durch die Entwicklung eines *göttlichen Unterscheidungsvermögens.* Entscheidend ist hierbei, wie in diesem Buch ausführlich erklärt wird, die eigene Beziehung zur Göttlichen Allmacht und Quelle, die alles trägt und nährt und die in Ihrer bedingungslosen Liebe uns allen – sofern wir dies wünschen und zulassen – den Weg weisen wird, der für uns jeweils richtig ist.

Dies ist eine Zeit, in der die Herzen von vielen Menschen bereits erkaltet sind. Die Anfechtungen und Prüfungen sind groß. Aber diese Situation bietet uns zugleich optimale, einzigartige Bedingungen des Wachstums sowie eine ständige Teststrecke für die uns innewohnende Liebesfähigkeit und Eigenverantwortung. Bauen wir also eine Brücke der Liebe zwischen uns, unserer geistigen Begleitung und unseren Sternengeschwistern! Und: Schlingen wir auch um Mutter Erde ein Band der Liebe, und gehen wir so alle gemeinsam auf unsere höherdimensionale Reise, um schließlich in unsere wirkliche, *spirituelle* Heimat zu gelangen!

Gott zum Gruß und Friede über alle Grenzen!

– Savitri Braeucker, im März 1998

Über Savitri Braeucker

Dr. Savitri Braeucker studierte in Frankfurt und Berlin Philosophie und Psychologie mit abschließender Promotion zum Thema «Frauenwiderstand in Lateinamerika».

Seit mehr als zwanzig Jahren liegt der Schwerpunkt ihrer Arbeit in der Bewußtseinsforschung und Erkenntnisschulung, vor allem für Frauen, sowie in der Erforschung und Heilung der Beziehung zwischen Mann und Frau unter unterschiedlichen kulturellen, sozialen und spirituellen Bedingungen. Sie arbeitete zehn Jahre lang als Frauentherapeutin und Ausbilderin für Psychologinnen und Ärztinnen bei Pro Familia. Während dieser Zeit veröffentlichte sie mehrere Bücher zum Thema der Frauenunterdrückung in verschiedenen Ländern.

Ausgedehnte Forschungsreisen führten sie anschließend in verschiedene Kontinente, wobei die indische Himalaya-Region den Schwerpunkt ihrer langen Lehr- und Wanderjahre bildete und ihren eigenen spirituellen Weg entscheidend formte.

Seit Ende der achtziger Jahre leitet Savitri eine Praxis für transpersonale Psychotherapie in Berlin. Ihre Arbeitsweise besteht aus einer Synthese von verschiedenen Meditations-, Atem- und Yogatechniken und Formen geistiger Heilung und west-östlicher Psychotherapie sowie aus Arbeit mit Kristallen, Edelsteinen und Klängen. Seit vielen Jahren veranstaltet sie außerdem in verschiedenen Ländern spirituelle Retreats.

Parallel zu diesen Aufgaben baute Savitri den Santiner-Kreis Berlin auf, zu dessen Aufgaben unter anderem der regelmäßige Versand der Botschaften von Ashtar Sheran gehörte.

Die medialen Durchgaben, die in dem vorliegenden Buch auszugsweise abgedruckt sind, wurden in mehrere Sprachen übersetzt und sind inzwischen weltweit verbreitet.

INDEX

Absender der Channeling-Texte:
Die meisten Durchgaben in Teil I stammen
vom Sonnengott, und sämtliche Durchgaben
in Teil II stammen von Asthar Sheran. Folgende weitere Absender kommen im vorliegenden Buch zu Wort:

Bitte beachten Sie die folgenden

Hinweise auf weitere Titel

des Govinda Verlages!

*Die Notwendigkeit
fleischloser Ernährung.*

*Gedanken, Gedichte und eine
Begegnung mit Hölderlin.*

Armin Risi / Ronald Zürrer

VEGETARISCH LEBEN

ISBN 3-906347-07-9
32 Seiten, geheftet
DM / Fr. 2,50

Diese beliebte Broschüre (Gesamt-
auflage 350000 Exemplare) informiert in knappster Form über die
wichtigsten Argumente für eine
lacto-vegetarische Ernährung.

Aus dem Inhalt:

Die natürliche Ernährungsweise
des Menschen

Die Zusammenhänge zwischen
Fleischessen und Krankheiten

Die Gewalt gegen die Tiere
und ihre Folgen

Die falsche Propaganda
der Fleischproduzenten

Die Zerstörung der Umwelt
durch Fleischproduktion

Die Warnungen der
ethischen Vegetarier

Die Religionen heute:
Verrat an den Tieren

Die höheren Naturgesetze
von Aktion und Reaktion (Karma)

Armin Risi

DA ICH EIN DICHTER WAR

ISBN 3-906347-14-1
174 Seiten, broschiert
DM / Fr. 18,–

Epigrammatische und hymnische
Dichtungen mit tiefer Psycho-Logik:
Inhalt und Sprache lassen ahnen,
daß der Autor seine Inspirationen
und Eindrücke nicht nur aus dem
gegenwärtigen Leben schöpft.
Der zweite Teil des Buches enthält
Vorträge und Aufsätze über das
Leben und Werk Friedrich Hölderlins (1770 – 1843), der als einer der
anspruchsvollsten und rätselhafte-
sten Dichter der Weltliteratur gilt.
Armin Risi entschlüsselt anhand
von bisher kaum beachteten Worten
Hölderlins dessen verblüffendste
Prophezeiung: Eine neue Epoche
beginnt, wenn das «Wort aus Osten»
wieder hörbar wird.
Diese Einblicke in die Tiefe der Poe-
sie wecken auch im Leser den Dichter.

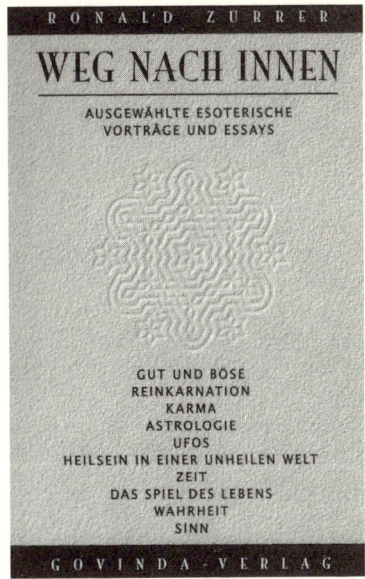

*Zeitreise ins Kali-yuga –
eine zukunftschau-rige Erzählung.*

Werner E. Risi
DIE KANADA-
AUSWANDERUNG

ISBN 3-906347-33-8
280 Seiten, Taschenbuch
DM/Fr. 19,80

Materialistische Mächte haben eine zentralisierte Konsumgesellschaft aufgebaut. Im Dienst der Monopol-Herren wird der Homo sapiens zum Mono sapiens: oberflächlich, kurzsichtig, genußsüchtig. Es herrscht das «eiserne Zeitalter» (Kali-yuga).

Ein junger Idealist, Egon Rupp aus der Schweiz, versucht, dieser «Mono-Kultur des weißen Mannes» zu entkommen, und will sich auf dem nordamerikanischen Kontinent ansiedeln. Doch die Auswanderung wird zu einer schockierenden Reise in die eigene Zukunft. Denn was sich in Europa anbahnt, ist in der «Neuen Welt» bereits in vollem Gang: die Monopolisierung der Macht, die systematische Zerstörung des Mittelstandes sowie die materielle und geistige Verarmung der Mehrheit, die sich blind zum Glauben bekehren läßt, die gegenwärtigen Kali-yuga-Zustände seien normal.

EU. GATT. Multikonzerne. Warum werden die Mächtigen immer mächtiger und die Abhängigen immer abhängiger? Worauf läuft diese Entwicklung hinaus?

Zeitreise ins Kali-yuga: Eine zukunftschau-rige Erzählung, die nicht utopisch, sondern entlarvend aktuell ist. Denn das «eiserne Zeitalter» ist längst schon Realität.

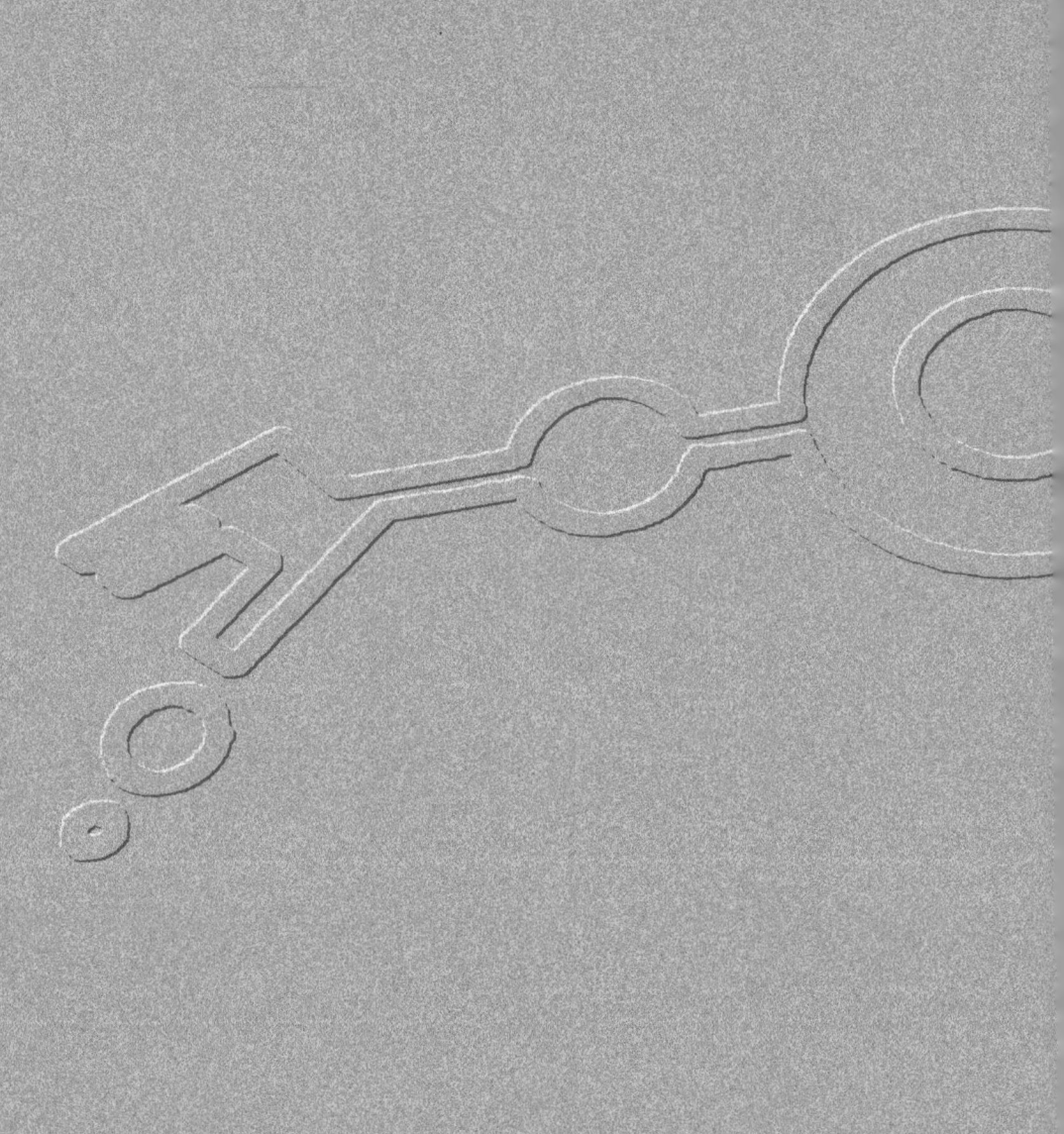